社会福祉法人
評議員会・
理事会運営と
指導監査
Q&A

法律事務所 First Penguin
弁護士・社会保険労務士
菅田 正明 著

ぎょうせい

はしがき

　本書は、主に社会福祉法人の役職員、社会福祉法上の所轄庁となっている自治体職員の方々向けに、評議員会及び理事会の運営並びにこれらに関する指導監査の実務において遭遇するであろう問題をできるだけ広くカバーし、弁護士及び元自治体職員の立場から解説を試みたものです。

　この度の社会福祉法改正は、社会福祉法人制度改革として位置付けられ、法人のガバナンスが大きく変更されており、社会福祉法人の法人運営及び自治体の指導監査に大きな影響を与える内容となっています。改正法が施行されて1年が経ちましたが、法人や自治体職員からは、未だにその対応についての疑問や相談をお受けする機会が多くあります。

　そこで、本書では、法人運営及び法人監査を行う上で、実務上押さえておくべき事項をQ&A方式でできるだけわかりやすく解説することを試みました。執筆者の力不足で必要かつ十分な解説となっていない部分もあろうかと思いますが、日々社会福祉法人から御相談いただいている弁護士としての経験と、横浜市で社会福祉法人の指導監査に従事していた経験を踏まえて解説させていただきました。本書が、社会福祉法人の役職員及び自治体職員の方々のお役に立つことができれば幸いです。

　最後になりますが、本書の企画から完成に至るまで、多大な御尽力と御助言をいただきました株式会社ぎょうせいの諸氏に心から御礼を申し上げます。

　平成30年5月

　　　　　　　　　　　　　　　　　　　法律事務所First Penguin
　　　　　　　　　　　　　　　　　　　　代表弁護士　菅田　正明

凡　例

社会福祉法	法
社会福祉法の一部を改正する法律 （平成28年法律第21号）附則	附則
社会福祉法施行令	令
社会福祉法等の一部を改正する法律の施行に伴う関係 政令の整備等及び経過措置に関する政令	整備令
社会福祉法施行規則	規則
社会福祉法等の一部を改正する法律の施行に伴う厚生 労働省関係省令の整備等に関する省令	整備規則
一般社団法人及び一般財団法人に関する法律	一般法人法
社会福祉法人指導監査実施要綱の制定について 別紙　指導監査ガイドライン（最終改正：平成30年 4月16日）	指導監査ガイドライン
「社会福祉法人の認可について」の一部改正について 別紙1　社会福祉法人審査基準	審査基準
「社会福祉法人の認可について」の一部改正について 別紙2　社会福祉法人定款例	定款例
社会福祉法人改革Q&A	厚生労働省Q&A
社会福祉法人	法人

目　次

Q&A　第1章　評議員・評議員会

第1節　評議員

1　評議員の資格　*2*

2　評議員の要件の確認方法　*7*

3　評議員になれない者でないことの確認方法　*10*

4　名目的・慣例的評議員　*14*

5　評議員の定数　*17*

6　評議員の選任方法　*19*

7　評議員の解任　*23*

8　評議員選任・解任委員会の人数と構成　*26*

9　評議員選任・解任委員会の運営方法　*27*

10　評議員の補欠選任　*30*

11　評議員の欠員時の対応　*31*

12　評議員の権限　*34*

13　評議員の報酬　*39*

14　評議員の損害賠償責任　*47*

第2節　評議員会

15　評議員会の決議・承認事項　*48*

16　監事の選任方法と任期　*51*

17　監事の資格　*56*

18　監事の要件の確認方法　*60*

19　監事になれない者でないことの確認方法　*63*

20　名目的・慣例的監事　*67*

21　監事の補欠選任　*71*

22　監事の報酬　*73*

23　監事の報酬額を毎年決議することの要否　*82*

24　会計監査人の選任方法と任期　*84*

25　会計監査人の資格　*88*

iii

26 会計監査人になれない者でないことの確認方法 *90*

27 会計監査人の報酬 *92*

28 評議員会の開催手続 *94*

29 定時評議員会の開催時期 *97*

30 定時評議員会の招集決議を行う理事会の開催日 *99*

31 定時評議員会の招集通知に際する計算書類等の提供 *102*

32 評議員会招集通知の記載事項 *104*

33 電子メールによる招集通知の可否 *108*

34 法定の招集通知期間短縮の可否 *110*

35 評議員会招集手続の省略 *112*

36 招集通知に記載のない議題・議案 *114*

37 招集通知発送後の議題の追加 *116*

38 招集通知の撤回と延期の可否 *118*

39 評議員会の決議方法 *120*

40 テレビ会議システム等を利用した決議方法 *121*

41 評議員会決議の省略 *123*

42 評議員会の議長 *130*

43 評議員会の議長の議決権 *132*

44 評議員会での説明・報告義務等 *136*

45 評議員会への報告の省略手続 *138*

46 理事及び監事の全員出席の要否 *143*

47 評議員会議事録の記載事項 *145*

48 評議員会議事録の記名押印における実印の要否 *148*

49 評議員会議事録が複数頁の場合の契印の要否 *149*

50 評議員会を途中出席又は途中退席した評議員がいる場合の議事録 *150*

51 特別利害関係評議員がいる場合の議事録 *152*

52 評議員会への報告を省略した場合の議事録 *154*

53 評議員会の決議を省略した場合の議事録 *157*

54 議事録の備置き *160*

55 評議員会議事録の閲覧・謄写 *162*

56 評議員会決議の効力を争う訴え *164*

目　次

第2章　理事・理事会

第1節　理事

57　理事の資格　*168*

58　理事の要件の確認方法　*172*

59　理事になれない者でないことの確認方法　*175*

60　名目的・慣例的理事　*179*

61　理事の選任方法と任期　*183*

62　理事の補欠選任　*187*

63　理事の欠員時の対応　*189*

64　理事の解任　*192*

65　理事の権限・義務　*195*

66　理事の報酬　*199*

67　理事の報酬額を毎年決議することの要否　*208*

68　理事の報酬額の決定と職員給与　*210*

69　理事の退職手当の支払いと報酬額の決定　*212*

70　理事の損害賠償責任　*215*

71　理事の法人に対する責任の免除・限定　*217*

72　競業取引に関する手続　*222*

73　利益相反取引に関する手続　*225*

74　利益相反取引の規制が及ばない取引　*229*

75　利益相反取引について低額基準を設けることの可否　*231*

76　理事長の選定等　*233*

第2節　理事会

77　理事会の権限　*237*

78　理事会における理事・監事との日程調整上の留意点　*239*

79　理事会の招集方法　*243*

80　法定の招集通知期間短縮の可否　*249*

81　招集通知を書面で行うことの要否　*251*

82　招集通知に議題等を示すことの要否　*253*

83　理事会招集手続の省略　*254*

v

84 招集通知に記載のない議題 *256*

85 業務執行の決定 *257*

86 内部管理体制の整備 *261*

87 評議員会の招集決議 *266*

88 理事会への報告事項 *268*

89 報告事項と理事会の定足数 *271*

90 理事長・業務執行理事の職務執行状況の報告 *273*

91 理事会への報告の省略手続 *276*

92 理事会の決議方法 *279*

93 テレビ会議システム等を利用した決議方法 *281*

94 理事会決議の省略の要件 *284*

95 理事会決議の省略の手続 *286*

96 理事会の議長 *296*

97 理事会の議長の議決権 *298*

98 特別利害関係理事 *302*

99 理事会の議長と特別利害関係理事 *311*

100 理事及び監事以外の者が理事会に出席することの可否 *312*

101 理事会議事録の記載事項 *314*

102 理事会議事録の記名押印における実印の要否 *322*

103 理事会議事録が複数頁の場合の契印の要否 *323*

104 理事会を途中出席又は途中退席した理事がいる場合の議事録 *324*

105 決議事項につき反対意見を述べた理事がいる場合の議事録 *326*

106 特別利害関係理事がいる場合の議事録 *328*

107 理事会への報告を省略した場合の議事録 *330*

108 理事会の決議を省略した場合の議事録 *333*

109 議事録の備置き *337*

110 理事会議事録の閲覧・謄写 *339*

資料 指導監査ガイドライン（抜粋） *341*

第1章

評議員・評議員会

Q&A

第1節　評議員

評議員の資格

評議員になれる人の要件はありますか。また、なれない人はいますか。

評議員は、「社会福祉法人の適正な運営に必要な識見を有する者」の中から選任することになります。
一方、評議員には欠格事由、兼職禁止、特殊関係者の就任制限がありますので人選の際には留意する必要があります。

解説

1　評議員の要件

　法改正前の社会福祉法人審査基準では、評議員には地域の代表を加え、家族代表を加えることが望ましいとされていました。しかし、法改正によって、評議員会は議決機関と位置付けられ、理事の選任・解任などの重要な権限が与えられたことなどから、評議員は「社会福祉法人の適正な運営に必要な識見を有する者」のうちから選任することと変更されました（法39条）。

2　社会福祉法人の適正な運営に必要な識見を有する者

　具体的に想定される人材の例としては、次のような者が考えられますが、各法人の実態に即した、適切な人選を行う必要があります。
　また、厚生労働省は、「法人において「社会福祉法人の適正な運営に必要な識見を有する者」として適正な手続により選任されている限り、制限を受けるものではない。」との見解を示していますので、要件該当性の判断は各法人によって行うことになります。

【人材例】
　① 社会福祉事業や学校その他の公益事業の経営者
　② 社会福祉に関する学識経験者
　③ 社会福祉法人に関与したことのある弁護士、公認会計士、税理士
　④ 退職後一定期間の経過した社会福祉法人職員ＯＢ

第1章　評議員・評議員会

3　法令上評議員になれない者

(1)　欠格事由

次に掲げる者は、評議員になることはできません（法40条1項）。

①　法人

②　成年被後見人又は被保佐人

③　生活保護法、児童福祉法、老人福祉法、身体障害者福祉法又は社会福祉法の規定に違反して刑に処せられ、その執行を終わり、又は執行を受けることがなくなるまでの者

④　③に該当する者を除くほか、禁固以上の刑に処せられ、その執行を終わり、又は執行を受けることがなくなるまでの者

⑤　所轄庁の解散命令により解散を命ぜられた社会福祉法人の解散当時の理事及び監事

(2)　兼職禁止

評議員は、次の職と兼職できないとされていますので、これらの職にある者は評議員になることはできません（法40条2項）。

①　当該法人の理事

②　当該法人の監事

③　当該法人の職員

また、公認会計士法により、会計監査人が評議員になることはできません（法45条の2第3項）。

(3)　各評議員についての特殊関係者

評議員のうちには、各評議員について、その配偶者又は3親等以内の親族その他各評議員と規則で定める特殊の関係がある者が含まれることになってはならないとされていますので、次の者は評議員になることはできません（法40条4項、規則2条の7）。

①　評議員の配偶者

②　評議員の3親等以内の親族

③　規則で定める特殊の関係がある者

i　当該評議員と婚姻の届出をしていないが事実上婚姻関係と同様の事情にある者

ii　当該評議員の使用人

iii 当該評議員から受ける金銭その他の財産によって生計を維持している
者

iv ⅱ及びⅲに掲げる者の配偶者

v ⅰからⅲに掲げる者の３親等以内の親族であって、これらの者と生計
を一にするもの

vi 当該評議員が役員（法人でない団体で代表者又は管理人の定めのある
ものにあっては、その代表者又は管理人。以下この号及び次号において
同じ。）若しくは業務を執行する社員である他の同一の団体（社会福祉
法人を除く。）の役員、業務を執行する社員又は職員（当該評議員及び
当該他の同一の団体の役員、業務を執行する社員又は職員である当該社
会福祉法人の評議員の合計数の当該社会福祉法人の評議員の総数のうち
に占める割合が、３分の１を超える場合に限る。）

vii 他の社会福祉法人の役員又は職員（当該他の社会福祉法人の評議員と
なっている当該社会福祉法人の評議員、理事及び監事の合計数が、当該
他の社会福祉法人の評議員の総数の半数を超える場合に限る。）

viii 次に掲げる団体の職員のうち国会議員又は地方公共団体の議会の議員
でない者（当該団体の職員（国会議員又は地方公共団体の議会の議員で
ある者を除く。）である当該社会福祉法人の評議員の総数の当該社会福
祉法人の評議員の総数のうちに占める割合が、３分の１を超える場合に
限る。）

ア 国の機関

イ 地方公共団体

ウ 独立行政法人通則法（平成11年法律第103号）２条１項に規定する
独立行政法人

エ 国立大学法人法（平成15年法律第112号）２条１項に規定する国立
大学法人又は同条３項に規定する大学共同利用機関法人

オ 地方独立行政法人法（平成15年法律第118号）２条１項に規定する
地方独立行政法人

カ 特殊法人（特別の法律により特別の設立行為をもって設立された法
人であって、総務省設置法（平成11年法律第91号）４条１項９号の規
定の適用を受けるものをいう。）又は認可法人（特別の法律により設
立され、かつ、その設立に関し行政官庁の認可を要する法人をいう。）

第1章　評議員・評議員会

⑷　各理事及び各監事についての特殊関係者

　　評議員のうちには、各理事及び各監事について、その配偶者又は3親等以内の親族その他各理事及び各監事と規則で定める特殊の関係がある者が含まれることになってはならないとされていますので、次の者は評議員になることはできません（法40条5項、規則2条の8）。

①　各理事及び各監事の配偶者

②　各理事及び各監事の3親等以内の親族

③　規則で定める特殊の関係がある者

　　i　当該理事及び当該監事と婚姻の届出をしていないが事実上婚姻関係と同様の事情にある者

　　ii　当該理事及び当該監事の使用人

　　iii　当該理事及び当該監事から受ける金銭その他の財産によって生計を維持している者

　　iv　ii及びiiiに掲げる者の配偶者

　　v　iからiiiに掲げる者の3親等以内の親族であって、これらの者と生計を一にするもの

　　vi　当該理事及び当該監事が役員（法人でない団体で代表者又は管理人の定めのあるものにあっては、その代表者又は管理人。以下この号及び次号において同じ。）若しくは業務を執行する社員である他の同一の団体（社会福祉法人を除く。）の役員、業務を執行する社員又は職員（当該他の同一の団体の役員、業務を執行する社員又は職員である当該社会福祉法人の評議員の総数の当該社会福祉法人の評議員の総数のうちに占める割合が、3分の1を超える場合に限る。）

　　vii　他の社会福祉法人の理事、監事又は職員（当該他の社会福祉法人の評議員となっている当該社会福祉法人の評議員及び役員の合計数が、当該他の社会福祉法人の評議員の総数の半数を超える場合に限る。）

4　審査基準において評議員になれない又は適当ではないとされている者

⑴　暴力団員等の反社会的勢力の者

　　審査基準において「暴力団員等の反社会的勢力の者は……評議員となることはできないこと。」とされています。

(2)　名目的評議員

　　審査基準において「実際に法人運営に参画できない者を、評議員……として名目的に選任することは適当ではないこと。」とされています。

(3)　慣例的評議員

　　審査基準において「地方公共団体の長等特定の公職にある者が慣例的に……評議員……として参加したりすることは適当ではないこと。」とされています。

5　厚生労働省Q&Aで適当でないとされている者

　厚生労働省Q&Aでは、「法人運営の基本的事項を決定する者と業務執行を行う者を分離する観点から、評議員が業務執行に該当する業務を行うことは適当でない。このため、例えば、法人から委託を受けて記帳代行業務や税理士業務を行う顧問弁護士、顧問税理士又は顧問会計士については、評議員に選任することは適当でない。」とされています。

　ただし、この点について指導監査ガイドラインでは指摘基準等で触れられていませんので、指導監査で助言を受けることはあっても指摘を受けることはないと考えられます。

第1章　評議員・評議員会

評議員の要件の確認方法

　評議員の要件を満たしているかはどのように判断されますか。

　指導監査では、要件を充足しているか否かの実体的な判断は行われず、要件を満たす者として法人において適正な手続により選任されているかで判断されます。

解説
1　評議員の要件
　評議員は「社会福祉法人の適正な運営に必要な識見を有する者」のうちから選任する必要があります（法39条）。

2　評議員の要件を充足しているかの確認方法
　実体法上は、当該要件を満たしていない者は評議員になることができないため、法人としては、要件を充足していることを客観的な資料に基づいて証明できるようにする必要があるように思えます。しかし、指導監査との関係においては、各法人の定款で定めた手続（評議員選任・解任委員会など）で、当該要件を充足した者として適正な手続で選任していれば指摘されることはありません。法人が当該要件を充足していると判断したのであれば、指導監査では当該要件の充足性について実質的な判断はしないこととされています。
　したがって、指導監査との関係では、定款で定めた手続（評議員選任・解任委員会など）において、各評議員がなぜ当該要件を充足していると判断して選任したのかがわかるような資料・議事録などを作成することが重要となります。具体的には、経歴や資格などを評議員選任・解任委員会等に提示した上で、要件該当性について議論・判断して選任する必要があると考えます。

指導監査のポイント
　1　指摘基準
　　①　法令又は定款に定められた方法により評議員の選任が行われていない場合

7

② 評議員として選任された者について「社会福祉法人の適正な運営に必要な識見を有する者」として、定款及び評議員の選任に関する規程に基づく適正な手続により選任されていない場合

2　着眼点
① 評議員については、「社会福祉法人の適正な運営に必要な識見を有する者」のうちから、定款の定めるところにより選任します。そのため、法人は、定款で評議員の選任のために必要な事項（例：評議員選任・解任委員会を設置し、当該委員会により評議員を選任する）を定め、その定めに基づき評議員の選任を行います。ただし、理事又は理事会が評議員を選任し、又は解任する旨の定款の定めは効力を有しません。
② 指導監査を行うに当たっては、評議員が「社会福祉法人の適正な運営に必要な識見を有する者」として選任された者であること、及び法令又は定款に定められた方法によりその選任が行われていることを確認します。

　　　この評議員の資格については、「社会福祉法人の適正な運営に必要な識見を有する」として法人において適正な手続により選任されている限り、制限を受けるものではありません。そのため、指導監査を行うに当たっては、監査担当者の主観的な判断で、必要な識見を有していない等の指摘を行うことや、識見を有する者であることの証明を求めることがないよう留意する必要があります。
③ 法人における評議員の選任の手続においては、評議員候補者が「社会福祉法人の適正な運営に必要な識見を有する」である旨を説明することが必要になります。

3　確認書類
　評議員の選任に関する書類（評議員選任・解任委員会の資料、議事録等）

第1章　評議員・評議員会

実務のポイント

　　評議員の要件の有無は、客観的な数字などで判断することができません
ので、ある人からすれば充足していないようにみえても、別の人は充当し
ていると判断する可能性があります。このような要件について、もし指導
監査で実体的な判断がされるとすれば、監査担当者によってどのような判
断がされるかわからず、法人は非常に不安定な立場におかれます。

　　そもそも、指導監査ガイドラインが制定された理由には、指導監査にお
けるいわゆる『ローカルルール』の根絶がありますので、監査担当者ごと
に異なる指導監査がされないよう、実体的な充足性を判断するのではな
く、手続に着目した監査内容になっていると考えられます。

　　したがって、指導監査において実体的な要件充足性について判断して、
要件を充足していないとする指摘はできませんので注意が必要です。

評議員になれない者でないことの確認方法

評議員になれない者でないことをどのように確認すればよいのでしょうか。

評議員になれない者であると疑うべき特段の事情がない限り、法人が積極的に調査をする必要はなく、履歴書や誓約書などで確認すれば指導監査で指摘されることはありませんが、インターネット検索する程度の調査はした方が無難です。

解説
評議員になれない者でないことの確認

法や審査基準によって、評議員になれない者が規定されています（Q1参照）が、法人としてどのようにして確認すればよいのでしょうか。

指導監査との関係では、履歴書や誓約書などの提出を受けて確認すれば足りるとされています。つまり、評議員候補者から、『自分は欠格事由に該当しない。』等の誓約をしてもらえれば、それによって法人としては確認したことと評価されるのです。これらは自己申告に過ぎないため、虚偽の申告をされる可能性は排斥できませんが、法人が実態を調査・確認することは容易ではなく現実的ではありませんので、このような確認方法を是認することにも相当の理由があります。

ただし、簡単な調査を行えば容易に欠格事由等に該当することが判明した可能性があったにもかかわらず、調査をせずに漫然と評議員に選任したような場合には問題となる可能性もあります。したがって、上記確認方法に加えて、インターネット検索する程度の調査は行った方が無難であると考えます。

指導監査のポイント
1　指摘基準
　①　評議員の選任手続において、評議員候補者が欠格事由に該当しないこと、当該法人の各評議員若しくは各役員と特殊の関係にある者がいないこと又は暴力団等の反社会的勢力に属する者でないことについて、法人において確認がされていない場合

② 法人が保有する書類により、欠格事由や特殊の関係にある者がいることが判明した場合

③ 評議員が当該法人の役員又は職員を兼ねている場合

④ 暴力団員等の反社会的勢力の者が評議員となっている場合

⑤ 社会福祉協議会において、関係行政庁の職員が評議員総数の5分の1を超えている場合

⑥ 欠席が継続し、名目的・慣例的に選任されていると考えられる評議員がいる場合

2 着眼点

① 評議員会は、役員の選任・解任の権限や定款変更の承認等の法人の基本的事項について決議する権限を有し、これらを通じて中立・公正な立場から理事等を牽制・監督する役割を担う機関です。そして、その評議員会を構成する評議員の職務については、個々の評議員の責任に基づき行われるものであることから、当該責任を全うさせるため、一定の場合が欠格事由として定められるとともに、当該法人の役員若しくは職員を兼ねることができないこと、当該法人の各評議員若しくは各役員と特殊の関係にある者を評議員として選任することができないことが定められています。

② 法人の高い公益性に鑑み、暴力団員等の反社会的勢力の者と関わりを持ってはならず、暴力団員等の反社会的勢力の者が評議員になることはできないとされています。

③ 法人は、評議員の選任に当たり、評議員候補者が欠格事由に該当しないか、各評議員又は各役員と特殊の関係にないか、暴力団員等の反社会的勢力の者でないかについて、確認を行う必要があります。

確認方法としては、履歴書又は誓約書等により候補者本人にこれらの者に該当しないことの確認を行う方法で差し支えないものですが、法人の判断により官公署が発行する書類により確認することも考えられます。

指導監査を行うに当たっては、法人が何らかの方法によりこれらの事項を確認した上で選任を行っているかについて確認します。

④ 当該法人の役員又は職員との兼職の有無の確認については、法人が

保有する関係書類によって、該当する者がいないかを確認します。

⑤　上記の特殊の関係にある者に該当しない場合であっても、関係行政庁の職員が法人の評議員となることは、法61条に「国及び地方公共団体は法人の自主性を重んじ、不当な関与を行わないこと」及び「法人が国及び地方公共団体に対して不当に管理的援助を求めないこと」と規定し、公私分離の原則を定める趣旨に照らすと適当ではないことに所轄庁等関係行政庁は留意する必要があります。

⑥　社会福祉協議会については、公私の関係者の協力によって組織され運営されるものであることから、関係行政庁の職員が評議員となることのみをもって不当な関与であるとはいえませんが、役員と同様に、評議員総数の5分の1を超える割合を占める場合は、不当な関与に当たるものと考えられます。

⑦　評議員会の役割の重要性に鑑みれば、実際に評議員会に参加できない者や地方公共団体の長等の特定の公職にある者が名目的・慣例的に評議員として選任され、その結果、評議員会を欠席することとなることは適当ではないため、評議員にこのような者がいないかについて確認します。

　　この場合に、評議員として不適当であるとの判断を行う基準は、原則として、当該年度及びその前年度の評議員会を全て欠席している者であることによるとされています。ただし、指導監査を行う時点において、上記の評議員会の開催が1回のみである場合には、直近2回の評議員会を欠席している者であることとされています。

3　確認書類
　① 　評議員の選任手続における関係書類（履歴書、誓約書等）
　② 　役職員名簿
　③ 　評議員会の議事録等

第1章　評議員・評議員会

実務のポイント

　上記着眼点で列挙されている「履歴書」及び「誓約書」は例示に過ぎないため、法人としては「何らかの方法」によって確認していれば足りることになります。そのため、候補者から口頭で確認することでも問題ないはずですが、指導監査の際に確認したことがわかるようにしておかなければなりませんので、少なくとも確認した旨のメモなどを残しておくことが必要になります。

　なお、たとえ重任の場合であっても、前回の就任時とは時点が異なり状況が変化している可能性も十分にありますので、選任する度に改めて確認する必要があります。

　また、事前に確認していたとしても、実態として欠格事由に該当していた場合には、やはり指導監査で指摘されますので、欠格事由に該当することが判明した場合には、法人として速やかに後任の評議員を選任するなどの対応をとる必要があります。

［誓約書例］

誓　約　書

　社会福祉法人〇〇会の評議員に就任することにあたり、次の各号を誓約します。

1　社会福祉法第40条第1項各号の欠格条項に該当しないこと
2　各評議員又は各役員と親族等特殊関係にある者が含まれないこと
3　暴力団員等の反社会勢力者に該当しないこと
4　今後、上記1号から3号の記載事項に該当したときは遅滞なく報告すること

　　　年　　　月　　　日

社会福祉法人〇〇会理事長　〇〇〇〇　殿

　　　　　　　　　　　　　　　住　　所
　　　　　　　　　　　　　　　氏　　名　　　　　　　　　　印

（東京都福祉保健局：「改正社会福祉法に対応した法人運営に関する講習会」資料）

名目的・慣例的評議員

評議員になることが適当ではない『名目的・慣例的評議員』とはどのような評議員を指すのでしょうか。

原則として、当該年度及びその前年度の評議員会を全て欠席している評議員が『名目的・慣例的評議員』と判断されます。

解説
1 名目的・慣例的評議員

審査基準において「実際に法人運営に参画できない者を、評議員……として名目的に選任することは適当ではないこと。」「地方公共団体の長等特定の公職にある者が慣例的に……評議員……として参加したりすることは適当ではないこと。」とされています。

そのため、どのような評議員が『名目的・慣例的評議員』に該当するかが問題となりますが、指導監査ガイドラインでは、原則として、当該年度及びその前年度の評議員会を全て欠席している評議員が『名目的・慣例的評議員』に該当するとしています。

2 例外事由

厚生労働省Q&Aにおいて、「法人側に責任のないやむを得ない理由がある場合に、欠席理由について、法人の説明を十分に聞いた上で、欠席回数のみをもって文書指摘が行われないこともあり得ることを留意されたい。」とされています。

（やむを得ない理由の例）
① 自然災害
② 本人の病気・けが
③ その他、法人の責めに帰さないやむを得ない理由があると、所轄庁が認めた場合

第1章　評議員・評議員会

指導監査のポイント

1　指摘基準

　　欠席が継続し、名目的・慣例的に選任されていると考えられる評議員がいる場合

2　着眼点

　　評議員会の役割の重要性に鑑みると、実際に評議員会に参加できない者や地方公共団体の長等の特定の公職にある者が名目的・慣例的に評議員として選任され、その結果、評議員会を欠席することとなることは適当ではないため、評議員にこのような者がいないかについて確認します。

　　この場合に、評議員として不適当であるとの判断を行う基準は、原則として、当該年度及びその前年度の評議員会を全て欠席している者であることとされています。ただし、指導監査を行う時点において、上記の評議員会の開催が1回のみである場合には、直近2回の評議員会を欠席している者であることとされています。

3　例外事由

　　厚生労働省Q&Aによれば評議員がその職責を果たす観点から、評議員会への出席が求められていることを踏まえ、以下の例のような法人側に責任のないやむを得ない理由がある場合に、欠席理由について、法人の説明を十分に聞いた上で、欠席回数のみをもって文書指摘が行われないこともあり得ることを留意されたいとされています。

　　（やむを得ない理由の例）
　　①　自然災害
　　②　本人の病気・けが
　　③　その他、法人の責めに帰さないやむを得ない理由があると、所轄庁が認めた場合

4　確認書類
　　評議員会の議事録

実務のポイント

　原則として2事業年度に開催された評議員会の全てを欠席すると『名目的・慣例的評議員』に該当するため、法人としては評議員会の日程調整をする際に、前回欠席した評議員がいる場合には、当該評議員が出席できる日に評議員会を設定するとともに、当該評議員に対して『次の評議員会を欠席されると指導監査で指摘され得るので、必ず来てもらいたい』旨を伝えることが重要になります。

　また、欠席理由によっては「やむを得ない理由」として指導監査での指摘を免れる可能性もありますので、評議員会に欠席した評議員がいる場合には、欠席理由を確認して記録に残しておくことも重要になります。記録の方法としては、次のような方法が考えられます。

① 　電話等で欠席理由を確認した上、評議員会議事録に記載する方法
② 　招集通知とともに出欠票を送付し、当該出欠票中に欠席理由を記載してもらう方法

第1章　評議員・評議員会

評議員の定数

評議員の定数は何人でしょうか。

評議員の数は、各法人で定めることになりますが、定款で定めた理事の員数を超える数である必要があります。
　ただし、平成29年4月1日に現に存する法人であって、平成27年度決算において収益4億円を超えない法人及び平成28年4月1日から平成29年3月31日までに設立された法人については、平成29年4月1日から起算して3年を経過する日までの間は、評議員の数は4人以上であればよいとされています。

解説

1　原則

　評議員の定数については、各法人で定めることになりますが、定款で定めた理事の員数を超える数でなければなりません（法40条3項）。
　理事は6人以上とされていますので（法44条3項）、最小限の員数とする場合には、理事6人、評議員7人となります。

2　経過措置による特例

　経過措置として、次のいずれかの法人については、平成29年4月1日から起算して3年を経過する日までの間は、評議員の数は4人以上であればよいとされています（附則10条、整備令4条）。
　①　平成29年4月1日に現に存する法人であって、平成27年度決算において、平成27年度会計年度に係る経常的な収益の額として整備規則で定めるところにより計算した額（法人全体の事業活動計算書のサービス活動収益計の項目に計上した額）が4億円を超えない法人
　②　平成28年4月1日から平成29年3月31日までに設立された法人
　そのため、上記法人については、平成32年3月31日までは4人以上であれば足りますが、同年4月1日以降は、原則に戻って、定款で定めた理事の数を超える数にする必要があります。
　なお、経過措置の対象となるのは、平成27年度の収益が4億円以内の法人に限

17

られますので、例えば、平成27年度の収益が４億円を超えていた法人は、平成28年度に収益４億円以内になったとしても、該当しませんのでご注意ください。

指導監査のポイント

1　指摘基準
　①　在任する評議員の人数が定款で定めた理事の員数及び在任する理事の人数を超えていない場合
　②　経過措置の対象法人について、評議員の人数が４名未満である場合

2　着眼点
　　評議員の数は定款で定めた理事の員数を超える数でなければなりません。指導監査を行うに当たっては、在任する評議員の人数が定款で定めた理事の員数及び在任する理事の人数を超えているかについて確認します。
　　なお、定款で定めた評議員の員数が定款で定めた理事の員数を超えていればよいということではないことに留意する必要があります。

3　厚生労働省Q＆A
　問　理事の定数を定款において６名以上８名以内と定めた場合、定款における評議員の定数を７名以上９名以内とすることは可能ですか。
　答　可能です。ただし、評議員の現在数は理事の現在数を常に超えていなくてはなりません。

4　確認書類
　①　定款
　②　評議員名簿
　③　役員名簿
　④　評議員の選任に関する書類（評議員選任・解任委員会の議事録、委嘱状、就任承諾書等）
　⑤　理事の選任・解任等に関する書類（理事が選任された評議員会の議事録、委嘱状、就任承諾書等）

第1章　評議員・評議員会

評議員の選任方法

評議員の選任はどのように行えばよいのでしょうか。

評議員は、定款の定める方法によって選任することになります。具体的な選任方法としては、評議員選任・解任委員会を設置して、同委員会で選任することが考えられます。

解説
1　選任方法

評議員は、定款の定めるところにより選任することになります（法39条）。

選任方法について、厚生労働省は「外部委員が参加する機関を設置し、この機関の決定に従って行う方法等が考えられる。」としており、定款例では、評議員選任・解任委員会を設置し、同委員会で選任を行うものとされています。

選任方法は、理事又は理事会が評議員を選任する旨の定款の定めは効力を有しないとされています（法31条5項）が、それ以外の方法について法律上の制限はありません。したがって、必ず同委員会を設置しなくてはならないわけではありませんが、ほとんどの法人がこの方法を採用しています。

2　選任・解任に係る議題又は議案の提案者

評議員の選任・解任は同委員会で行うとして、議題又は議案は誰が提案することになるのかが問題となります。

この点について、厚生労働省Q&Aでは、「評議員の選任又は解任に係る議題又は議案の提案は、理事が行うことが考えられる。その場合、恣意的な評議員の選任又は解任を防止する観点から、理事会の決定を必要とすることが適当である。」とされています。

理事又は理事会が評議員を選任し、又は解任する旨の定款の定めが無効であるとされている（法31条5項）ことからすると、評議員の選任・解任の議題又は議案を理事会決議の上、理事が提案することについては疑問がないわけではありませんが、少なくとも当面はこのような運用とせざるを得ないように思われます。

3 評議員の要件を充足していることの説明・確認

　評議員は「社会福祉法人の適正な運営に必要な識見を有する者」のうちから選任する必要があります（法39条）。

　そして、指導監査との関係においては、各法人の定款で定めた手続（評議員選任・解任委員会など）で、当該要件を充足した者として適正な手続で選任しているかが確認されます。そのため、評議員選任・解任委員会等において、各評議員がなぜ当該要件を充足していると判断して選任したのかがわかるような資料・議事録などを作成することが重要となります。具体的には、経歴や資格などを評議員選任・解任委員会等に提示した上で、要件該当性について議論・判断して選任する必要があると考えられます。

指導監査のポイント

　1　指摘基準
　①　法令又は定款に定められた方法により評議員の選任が行われていない場合
　②　評議員として選任された者について「社会福祉法人の適正な運営に必要な識見を有する者」として、定款及び評議員の選任に関する規程に基づく適正な手続により選任されていない場合
　③　評議員について、就任承諾書等により、就任の意思表示があったことが確認できない場合

　2　着眼点
　①　評議員については、「社会福祉法人の適正な運営に必要な識見を有する者」のうちから、定款の定めるところにより選任します。そのため、法人は、定款で評議員の選任のために必要な事項（例：評議員選任・解任委員会を設置し、当該委員会により評議員を選任する）を定め、その定めに基づき評議員の選任を行います。ただし、理事又は理事会が評議員を選任し、又は解任する旨の定款の定めは効力を有しません。
　②　指導監査を行うに当たっては、評議員が「社会福祉法人の適正な運営に必要な識見を有する者」として選任された者であること、及び法令又は定款に定められた方法によりその選任が行われていることを確

認します。

　この評議員の資格については、「社会福祉法人の適正な運営に必要な識見を有する」として法人において適正な手続により選任されている限り、制限を受けるものではありません。そのため、指導監査を行うに当たっては、監査担当者の主観的な判断で、必要な識見を有していない等の指摘を行うことや、識見を有する者であることの証明を求めることがないよう留意する必要があります。

③　法人における評議員の選任の手続においては、評議員候補者が「社会福祉法人の適正な運営に必要な識見を有する」である旨を説明することが必要になります。

④　法人と評議員との関係は、委任に関する規定に従います。そのため、定款の規定に基づき評議員として選任された者が就任を承諾することで、その時点（承諾のときに評議員の任期が開始していない場合は任期の開始時）から評議員となるものであるため、この就任の承諾の有無についての指導監査を行うに当たっては、評議員の役割の重要性に鑑み、文書による確認（就任承諾書の徴収等）によって行う必要があり、当該文書は法人において保存される必要があります。なお、評議員の選任の手続において、選任された者に対する委嘱状による委嘱が必要とされるものではありませんが、法人において、選任された者に委嘱状により評議員に選任された旨を伝達するとともに、就任の意思の確認を行うことは差し支えありません。

3　厚生労働省Ｑ＆Ａ
　問　評議員の就任日はいつになるのでしょうか。
　答　任期の始期は選任された日ですが就任日については選任及び本人による就任の承諾があった日になります。なお、就任承諾書は事前あるいは選任された日当日に受け取ることが望ましいです。

4　確認書類
①　評議員の選任に関する書類（評議員選任・解任委員会の資料、議事録等）
②　就任承諾書等

（③　定款※）

※　指導監査ガイドラインに記載はありませんが、定款に定める手続で選任する必要がありますので、定款も確認書類になると考えられます。

実務のポイント

①　評議員の資格の有無は、客観的な数字などで判断することができませんので、ある人からすれば充足していないようにみえても、別の人は充当していると判断する可能性があります。このような資格について、もし指導監査で実体的な判断がされるとすれば、監査担当者によってどのような判断がされるかわからず、法人は非常に不安定な立場におかれます。

　　そもそも、指導監査ガイドラインが制定された理由には、指導監査におけるいわゆる『ローカルルール』の根絶がありますので、監査担当者ごとに異なる指導監査がされないよう、実体的な充足性を判断するのではなく、手続に着目した監査内容になっていると考えられます。

　　したがって、指導監査において実体的な資格充足性について判断して、資格を充足していないとする指摘はできませんので注意が必要です。

②　実体法上は、評議員が就任の意思表示を口頭で行ったとしても問題はありません。しかし、指導監査においては、評議員の就任の意思表示が確認できるようにしておくことが求められています。そのため、実務上は、就任承諾書を徴収することになります（ただし、就任承諾書以外の方法でも、就任の意思表示が確認できれば問題ありません。）。

　　就任承諾書の徴収時期ですが、理事に関する厚生労働省Q&Aにおいて、事前又は選任決議日当日が望ましいとされていますので、評議員においても実務上はそのような手続とすべきといえます。しかし、仮に徴収時期が選任決議日の後になったとしても、そのことをもって指導監査で指摘事項となることはなく、あくまでも助言にとどまるものと考えます。

第1章　評議員・評議員会

評議員の解任

評議員を解任することはできますか。

評議員の解任は、定款に定める方法で行うことができると解されます。
一般的な定款では、評議員の解任は評議員選任・解任委員会によると定められていますので、同委員会の決議で解任することになると考えられます。
一方、解任の訴えを提起して解任することができるかは明らかではありません。

解説
1　評議員の解任に関する規律
　評議員、理事及び監事と法人との関係は、委任に関する規定に従うことになりますので（法38条）、契約の解除（解任又は辞任）は双方いずれからもすることができ、その際に解除理由は問わないとされています（民法651条1項）。そのため、民法の原則に従えば、評議員、理事及び監事を解任する場合には、特段の解任事由は不要ということになります。
　一方、社会福祉法においては、役員（理事及び監事）は評議員会の決議によって解任することができるとされ、解任事由が限定的に列挙されています（法45条の4第1項）。社会福祉法は、同規定によって上記民法の原則を修正し、役員を解任する手続とその解任事由を限定したものと解することができます。
　次に、評議員の解任についてですが、役員とは異なり、評議員の解任手続や解任事由を直接規定する条文は存在していません。評議員の解任に関係する条文としては、定款の記載事項として「評議員及び評議員会に関する事項」があり（法31条1項5号）、同事項について「理事又は理事会が評議員を選任し、又は解任する旨の定款の定めは、その効力を有しない。」（同条5項）とされていることから、評議員の解任については定款の記載事項であることまではうかがえます。そして、定款例においては「評議員の選任及び解任は、評議員選任・解任委員会において行う。」とされており、実際多くの法人はこの方法によるとしています。一方、解任事由については定款例では制限されておらず、自治体が公表している評議員選任・解任委員会に関する規程を見ても、解任事由が制限されていないも

23

のが多いように思います。

2 評議員の解任に関する私見

　それでは、評議員の解任は評議員選任・解任委員会で行うという定款と解任事由について制限していない定款及び規程を有している法人の場合、評議員の解任についてはどのように考えることになるのでしょうか。

　上述のとおり、民法の原則では、解任手続も解任事由も制限がないのですが、解任手続については、評議員選任・解任委員会の決議によって行うと法人自らが定款によって限定していると解されます。一方、解任事由については、定款及び規程によって制限を設けていませんので、民法の原則に従い、特段の解任事由の有無にかかわらず、法人が任意に解任できるものと解さざるを得ないように思われます。

　本来監督を受ける立場にある理事の解任事由が法令で限定されているのに対し、監督する側の評議員が解任事由の制限なく任意に解任できることになりますので、筆者としては違和感を覚えますが、少なくとも現行法の解釈としては、そのような結論にならざるを得ないように思います。

3 評議員の解任の訴え

　社会福祉法には『評議員の職務の執行に関し不正の行為又は法令若しくは定款に違反する重大な事実があったにもかかわらず、当該評議員を解任する旨の議案が評議員会において否決されたときは……訴えをもって当該評議員の解任を請求することができる。』という規定があります（法45条の4第3項、一般法人法284条）。

　当該規定は、解任されてしかるべき評議員の解任が法人内部の意思決定では否決された場合、裁判所の判断によって当該評議員を解任することができるとするものですが、訴えを提起する条件として「解任する旨の議案が評議員会において否決されたとき」とあります。しかし、これまで見てきたとおり、多くの法人では評議員の解任は評議員選任・解任委員会で行うとされています。そのため、評議員の解任議案が評議員会で審議されることはあり得ませんので、訴えを提起する条件を満たすことはないように思われます。この点について、筆者が厚生労働省に確認したところ『当該条文は評議員の解任については適用されないと考えているが、訴えを提起した際に裁判所がどう判断するかはわからない。』との回答でした。

第1章　評議員・評議員会

　現行法の文言からすれば、多くの法人が採用している評議員選任・解任委員会による解任決議が否決された場合に、評議員の解任の訴えが提起できると解することは難しいように感じます。しかし、解任されてしかるべき評議員を法人内部の意思決定では解任できない場合に、裁判によって解任する必要性は確かに認められますので、私見としては、疑義なく訴えを提起できるように立法によって解決されるべきと考えています。

指導監査のポイント

　　指導監査ガイドラインによれば、理事とは異なり、評議員の解任手続については確認することとされていません。そのため、仮に定款に定める方法によらずに解任していた場合にも、指摘基準には該当しないことになりますが、定款違反であることは明らかですので、今後の実務を注視する必要があります。

25

評議員選任・解任委員会の人数と構成

 評議員選任・解任委員会の委員数や構成はどのようにすればよいでしょうか。

 委員数や構成について法律上の制限はありませんので、定款例などを参考にしながら各法人の実情にあわせて決定することになります。

解説

1　委員数

評議員選任・解任委員会は、法律上の機関ではありませんので、人数について法律上の制限はありません。

しかし、厚生労働省Q&Aによれば、「合議体の機関であることから、3名以上とすることが適当である。」とされていますので、3名以上の任意の人数とすることが無難であると思われます。

2　構成

同委員会の委員構成については、法律上の制限はありません。しかし、理事又は理事会が評議員を選任する定款の定めは効力を有しないとされています（法31条5項）ので、理事が同委員会の委員になることは認められないと考えられます。

定款例では、同委員会は次のような構成となっています。
① 監事
② 事務局員
③ 外部委員

一方、厚生労働省Q&Aでは、同委員会が「監事・事務局員を委員としないことは可能であるが、評議員選任・解任委員会が法人関係者でない中立的な立場にある外部の者が参加する機関であることから、少なくとも外部委員1名を委員とすることが適当である。」、評議員が同委員会の委員になることは「自分を選任・解任することになるため、適当ではない。」とされています。

第1章　評議員・評議員会

評議員選任・解任委員会の運営方法

　評議員選任・解任委員会の運営はどのようにすればよいのでしょうか。

　運営方法について法律上の定めはありませんので、厚生労働省Q＆Aなどを参考に、各法人で決定することになります。

解説
1　委員の選任方法
　評議員選任・解任委員会は、法律上の機関ではないため、委員の選任方法について法律上の制限はなく、各法人で決定することができます。
　この点について、厚生労働省Q＆Aでは、同委員会の委員は「法人運営の状況を把握し、業務執行に関し責任を負う理事会において選任する方法が考えられる。」としていますので、この方法を参考にして各法人で決定することになります。

2　委員の任期
　委員の任期の有無や期間については、法律上の制約はなく、各法人で決定することができます。
　しかし、この点について、厚生労働省Q＆Aでは、同委員会は「評議員が欠けた場合等に迅速に対応できるよう常時設置することが適当であ」り、「理事や評議員の任期を参考に委員の任期を設けることが適当である。」とされています。
　そのため、同委員会を常設機関とし、理事や評議員の任期を参考に委員の任期を定める運用が無難であるといえます。

3　委員会の招集
　同委員会の招集権者や招集方法についても、法律上の制約はなく、各法人で決定することができます。
　この点については、厚生労働省Q＆Aにおいて、同委員会の「招集は、法人運営の状況を把握し、業務執行に関し責任を負う理事会において決定し、理事が行うことが適当である。」とされています。
　評議員の選任・解任を決議する必要性やタイミング等は、法人運営の状況を把

27

握している理事会が適切に判断できると考えられますので、厚生労働省Ｑ＆Ａの
いうとおり、理事会決議を経て、理事が招集する方法が妥当であると考えられま
す。なお、各委員に招集請求権を付与することなども検討に値するでしょう。

4　理事の出席の可否

　厚生労働省Ｑ＆Ａでは「評議員選任候補者等の提案は理事会の決定に従い、理
事が行うことが通常と考えられることから、その提案の説明・質疑対応のために
理事が出席することは可能である。」とされています。

　ただし、理事又は理事会が評議員を選任する旨の定款の定めは無効（法31条５
項）とする法の趣旨から、理事が同委員会の議決に加わることは認められず、議
事に影響を及ぼすことは適当ではありませんので、運営上注意する必要がありま
す。

5　決議条件

　定款例の６条５項には「外部委員の〇名以上が出席し、かつ、外部委員の〇名
以上が賛成することを要する。」との定めがあります。同委員会は法定の機関で
はないため、どのような決議条件とするかは法人の裁量によって定めることがで
きますが、厚生労働省Ｑ＆Ａによれば、「監事や職員等の法人内部の委員だけで
なく、外部委員によってもなお適当と判断されることが重要であり、外部委員の
出席及び賛成を条件とすることが適当である。」とされていますので、上記定款
例の定めと厚生労働省Ｑ＆Ａを参考に決議条件を定めることが無難といえます。

6　議事録作成の要否

　評議員会や理事会と異なり、法律上は議事録を作成する義務はありません。し
かし、厚生労働省Ｑ＆Ａでは「適正な手続により評議員の選任・解任を行ったこ
とについて説明責任を果たすことができるよう、議事録を作成することが適当で
ある。その際、出席委員又は委員長を置く場合には委員長の署名又は押印がされ
ていることが適当である。」とされています。

　さらに、作成した議事録は、「評議員会や理事会の議事録と同様に、10年間保
存しておくことが適当である。」とされています。

7　委員の報酬

　同委員会の委員に報酬を支払うことは可能とされています。ただし、その際に

第1章　評議員・評議員会

は、法人の経理状況その他の事情を考慮して、不当に高額なものにならないようにする必要があります。

指導監査のポイント

1　指摘基準

① 法令又は定款に定められた方法により評議員の選任が行われていない場合

② 評議員として選任された者について「社会福祉法人の適正な運営に必要な識見を有する者」として、定款及び評議員の選任に関する規程に基づく適正な手続による選任がされていない場合

2　着眼点

① 評議員については、「社会福祉法人の適正な運営に必要な識見を有する者」のうちから、定款の定めるところにより選任します。そのため、法人は、定款で評議員の選任のために必要な事項（例：評議員選任・解任委員会を設置し、当該委員会により評議員を選任する）を定め、その定めに基づき評議員の選任を行います。ただし、理事又は理事会が評議員を選任し、又は解任する旨の定款の定めは効力を有しません。

② 指導監査を行うに当たっては、評議員が「社会福祉法人の適正な運営に必要な識見を有する者」として選任された者であること、及び法令又は定款に定められた方法によりその選任が行われていることを確認します。

3　確認書類

① 評議員の選任に関する書類（評議員選任・解任委員会の資料、議事録等）

（② 定款※）

※ 指導監査ガイドラインに記載はありませんが、定款に定める手続で選任する必要がありますので、定款も確認書類になると考えられます。

29

評議員の補欠選任

評議員の補欠を選任することはできますか。

任期満了前に退任した評議員の補欠を選任することができます。

解説

1 補欠評議員の選任

法41条2項では「定款によって、任期の満了前に退任した評議員の補欠として選任された評議員」に関する任期が規定されていますので、法は補欠の評議員を選任できることを前提としています。

定款の定めについては、定款例では「任期の満了前に退任した評議員の補欠として選任された評議員の任期は、退任した評議員の任期の満了する時までとすることができる。」とされており、補欠評議員を選任できることを前提に、任期の定めを置いています。

2 補欠評議員の任期

(1) 原則

補欠の評議員も、原則は、通常の評議員と同様に選任後4年（定款で6年まで伸長可能）以内に終了する会計年度のうち最終のものに関する定時評議員会の終結の時までとなります。

(2) 定款による任期の変更

上記の原則による場合、補欠評議員とその他の評議員で任期にずれが生じてしまい、その後の改選に伴う選任時期もずれてしまうことがあり、選任手続が煩雑となってしまいます。

そこで、法は、定款によって「任期の満了前に退任した評議員の補欠として選任された評議員の任期を退任した評議員の任期の満了する時までとすることを妨げない。」としています（法41条2項）。

そして、定款例では「任期の満了前に退任した評議員の補欠として選任された評議員の任期は、退任した評議員の任期の満了する時までとすることができる。」とされています。

第1章　評議員・評議員会

評議員の欠員時の対応

評議員の員数が法又は定款で定めた数を下回った場合には、どのようになるのでしょうか。

欠員が生じた事由によって異なりますので注意が必要です。

解説

1　総説

　評議員の員数は、定款で定めた理事の員数を超える数でなければならない（経過措置があることはＱ５参照）とされていますが（法40条３項）、評議員の辞任などで、評議員の員数が当該規定に定める数を下回り、欠員が出てしまうことがあります。

　この場合には、欠員が生じた事由ごとに対応が異なりますので、注意が必要です。

2　任期満了又は辞任による欠員の場合

　評議員の任期満了又は辞任によって欠員が生じた場合には、任期満了又は辞任によって退任した評議員は、新たに選任された評議員（４記載の一時評議員を含みます。）が就任するまで、評議員としての権利義務を有することになります（法42条１項）。

　評議員としての権利義務を有するとは、すなわち評議員としての地位に留任することであり、評議員に認められている評議員会での議決権行使等の権利の全てが認められる一方、任務懈怠による損害賠償責任（法45条の20、45条の21）も引き続き負うことになります。

　なお、任期満了又は辞任によって評議員の一部が欠けたが、法及び定款で定めた評議員の員数を欠くにいたっていない場合（例えば、定款で８名以上としてあり、９名を評議員に選任した場合で、１名が辞任したような場合）には、引き続き評議員としての権利義務を有することにはなりません。

　この規定は、新しい評議員の選任には多少なりとも時間がかかるため、その間、法人として評議員不在としないための暫定的な措置と考えるべきであり、欠

31

員が生じた場合には新しい評議員を選任すべきといえます。

3　死亡又は解任による欠員の場合

　死亡又は解任によって、法又は定款で定めた評議員の員数を欠くにいたった場合には、上記のような規定はなく、欠員状態となってしまいます。

　そのため、法人としては、新しい評議員を選任する必要があります。

4　一時評議員の選任

　法又は定款で定めた評議員の員数が欠けた場合において、事務が遅滞することにより損害が生ずるおそれがあるときは、所轄庁は、利害関係人の請求により又は職権で、一時評議員の職務を行うべき者（以下「一時評議員」といいます。）を選任することができます（法42条2項）。

　一時評議員は、後任の評議員が選任されるまでの間は、本来の評議員と同一の権利と義務を有するものと解されます。

　なお、当該規定は任期満了又は辞任による欠員の場合にも適用がありますが、これは状況によっては退任した評議員が病気、他の評議員と対立する等の事情があることがあり、事実上、評議員に留任することが困難な場合があるためと考えられます。

指導監査のポイント

1　指摘基準
　①　在任する評議員の人数が定款で定めた理事の員数及び在任する理事の人数を超えていない場合
　②　経過措置の対象法人について、評議員の人数が4人未満である場合

2　着眼点
　①　評議員の数は定款で定めた理事の員数を超える数でなければなりません。指導監査を行うに当たっては、在任する評議員の人数が定款で定めた理事の員数及び在任する理事の人数を超えているかについて確認します。
　　　なお、定款で定めた評議員の員数が定款で定めた理事の員数を超えていればよいということではないことに留意する必要があります。

第1章　評議員・評議員会

② 　上記にかかわらず、小規模法人に配慮する観点から、平成27年度決
算における法人単位事業活動計算書のサービス活動収益が４億円以下
の法人については、平成29年度から平成31年度までの間の３年間につ
いて適用される経過措置が設けられており、当該経過措置により評議
員の数は４人以上であればよいこととされています。なお、平成28年
度に設立された法人については、その事業規模にかかわらず、この経
過措置の対象とされています。

3　確認書類
　① 　定款
　② 　評議員名簿
　③ 　役員名簿
　④ 　評議員の選任に関する書類（評議員選任・解任委員会の議事録、委
嘱状、就任承諾書等）
　⑤ 　理事の選任・解任等に関する書類（理事が選任された評議員会の議
事録、委嘱状、就任承諾書等）

評議員の権限

評議員にはどのような権限があるのでしょうか。

各評議員には、評議員会の議題・議案提案権や理事の行為差止請求権などの権限が認められています。

解説
1 総説
評議員には、評議員会での決議とは別に、各評議員が1名で行使できる権限として以下のものが認められています。

2 評議員の権限
(1) 議題提案権

評議員は、理事に対して、一定の事項を評議員会の議題とすることを請求することができます（法45条の8第4項、一般法人法184条）。例えば、「理事1名選任の件」などが議題となります。

ただし、当該請求は、評議員会の日の4週間（これを下回る期間を定款で定めた場合にあっては、その期間）前までに行う必要があります。

これは、評議員会は、招集通知に掲げられた議題以外の事項について決議することができない（法45条の9第9項）ため、評議員会の日の1週間（これを下回る期間を定款で定めた場合にあっては、その期間）前までに発出する招集通知に記載できるようにする必要があるためと考えられています。

(2) 議案提案権

評議員は、評議員会の場において、議題の範囲内で議案を提案することができます（法45条の8第4項、一般法人法185条）。

理事選任の例であれば、招集通知に「理事1名選任の件」という議題及び「A氏を理事として選任する。」という議案が記載されていた場合、評議員は評議員会において、「B氏を理事として選任する。」という議案を提出することができます。

ただし、次の場合には議案を提出することはできません（一般法人法185

第1章　評議員・評議員会

条ただし書き）ので注意が必要です。
① 　当該議案が法令又は定款に違反する場合
② 　実質的に同一の議案につき評議員会において議決に加わることができる評議員の10分の1（これを下回る割合を定款で定めた場合にあっては、その割合）以上の賛成を得られなかった日から3年を経過していない場合

(3)　評議員会招集請求権・評議員会招集権
　　評議員会の招集権限は、原則として理事にありますが（法45条の9第3項）、評議員は、理事に対し、議題及び招集の理由を示して、評議員会の招集を請求することができます（同条4項）。
　　そして、当該請求の後、次のいずれかに該当する場合には、所轄庁の許可を得て、当該請求をした評議員は、評議員会を招集することができます（同条5項）。
① 　当該請求の後遅滞なく招集の手続が行われない場合
② 　当該請求があった日から6週間（これを下回る期間を定款で定めた場合にあっては、その期間）以内の日を評議員会の日とする評議員会の招集の通知が発せられない場合
　　②の場合とは、例えば4月1日に当該請求を行ったにもかかわらず、その日よりも6週間以上先の8月1日を評議員会の日とする招集通知が発せられたような場合を指します。

(4)　理事の行為差止請求権
　　評議員は、次の要件を満たす場合、理事に対し、当該行為をやめることを請求することができます（法45条の16第4項、一般法人法88条1項）。当該請求は、訴えによる必要はなく、対象となる理事に対して直接、差止を求めることができます。
① 　次のいずれかの行為をし、又は行為をするおそれがある
　　ⅰ 　法人の目的の範囲外の行為
　　ⅱ 　法令又は定款に違反する行為
② 　①の行為によって法人に回復することができない損害が生ずるおそれがある

(5) 理事又は監事の解任請求提訴権

　　評議員は、次の要件を満たす場合、訴えをもって理事又は監事の解任を請求することができます（法45条の4第3項、一般法人法284条2号）。

① 　理事又は監事の職務の執行に関し、次のいずれかが認められること
　　i 　不正の行為
　　ii 　法令又は定款に違反する重大な事実
② 　①が認められるにもかかわらず、当該理事又は監事を解任する旨の議案が評議員会で否決されたこと
③ 　②の評議員会の日から30日以内であること

(6) 　評議員会決議取消提訴権

　　次のいずれかの要件を満たす場合、評議員は、評議員会の決議の日から3か月以内に、訴えをもって当該決議の取消を請求することができます（法45条の12、一般法人法266条1項）。

① 　評議員会の招集の手続が、法令又は定款に違反しているとき
② 　評議員会の招集の手続が、著しく不公正なとき
③ 　評議員会の決議の方法が、法令又は定款に違反しているとき
④ 　評議員会の決議の方法が、著しく不公正なとき
⑤ 　評議員会の決議の内容が、定款に違反するとき

(7) 　会計帳簿閲覧・謄写請求権

　　評議員は、法人の業務時間内は、いつでも、次に掲げる請求をすることができます（法45条の25）。

① 　会計帳簿又はこれに関する資料が書面をもって作成されているときは、当該書面の閲覧又は謄写の請求（同条1号）
② 　会計帳簿又はこれに関する資料が電磁的記録をもって作成されているときは、当該電磁的記録に記録された事項を紙面又は映像面に表示する方法により表示したものの閲覧又は謄写の請求（同条2号、規則2条の3第7号）

(8) 　計算書類等閲覧・交付請求権

　　評議員は、法人の業務時間内は、いつでも、次に掲げる請求をすることができます（法45条の32第3項）。

第1章　評議員・評議員会

① 計算書類等が書面をもって作成されているときは、当該書面又は当該書面の写しの閲覧の請求（同項1号）

② ①の書面の謄本又は抄本の交付の請求（同項2号）

③ 計算書類等が電磁的記録をもって作成されているときは、当該電磁的記録に記録された事項を紙面又は映像面に表示する方法により表示したものの閲覧の請求（同項3号、規則2条の3第8号）

④ ③の電磁的記録に記録された事項を電磁的方法であって法人の定めたものにより提供することの請求又はその事項を記載した書面の交付の請求（同項4号）

(9) 評議員会議事録の閲覧・謄写請求権

評議員は、法人の業務時間内は、いつでも、次に掲げる請求をすることができます（法45条の11第4項）。

① 評議員会の議事録が書面をもって作成されているときは、当該書面又は当該書面の写しの閲覧又は謄写の請求（同項1号）

② 評議員会の議事録が電磁的記録をもって作成されているときは、当該電磁的記録に記録された事項を紙面又は映像面に表示する方法により表示したものの閲覧又は謄写の請求（同項1号、規則2条の3第4号）

(10) 評議員会の決議の省略における同意書面等の閲覧・謄写請求権

評議員は、法人の業務時間内は、いつでも、次に掲げる請求をすることができます（法45条の9第10項、一般法人法194条3項）。

① 評議員会の決議の省略における同意の意思表示を記載した書面の閲覧又は謄写の請求（一般法人法194条3項1号）

② 評議員会の決議の省略における同意の意思表示を記録した電磁的記録に記録された事項を紙面又は映像面に表示する方法により表示したものの閲覧又は謄写の請求（同項2号、規則2条の3第3号）

(11) 理事会議事録等の閲覧・謄写請求権

評議員は、法人の業務時間内は、いつでも、次に掲げる請求をすることができます（法45条の15第2項）。

① 理事会の議事録等※が書面をもって作成されているときは、当該書面又は当該書面の写しの閲覧又は謄写の請求（同項1号）

37

② 理事会の議事録等が電磁的記録をもって作成されているときは、当該電磁的記録に記録された事項を紙面又は映像面に表示する方法により表示したものの閲覧又は謄写の請求（同項１号、規則２条の３第５号）

※ 議事録等
　理事会の議事録又は理事会の決議の省略における同意の意思表示を記載し、若しくは記録した書面若しくは電磁的記録

評議員の報酬

 評議員の報酬はどのようにして決定すればよいのでしょうか。

 評議員の報酬等の額は、定款で定める必要があります。
また、支給の基準を作成し、評議員会の承認を受けた上で、公表しなくてはなりません。

解説

1 報酬等の決定方法

評議員の報酬等の額は、定款で定める必要があります（法45条の8第4項、一般法人法196条）。ここでいう「額」とは、評議員個人ごとの報酬額である必要はなく、全評議員に対する報酬総額で足りると解されます。

また、無報酬とする場合にあっても、その旨を定款で定める必要があります。

定款例では次のような規定となっていますので、参考とすることができます。

［定款例］

> （評議員の報酬等）
> 　評議員に対して、各年度の総額が○○○○○○円を超えない範囲で、評議員会において別に定める報酬等の支給の基準に従って算定した額を、報酬として支給することができる。

2 支給基準の作成と承認

法人は規則で定めるところにより、次の要素を考慮して、不当に高額なものとならないような支給の基準を定め（法45条の35第1項）、評議員会の承認を受ける必要があります（同条2項）。

① 民間事業者の役員の報酬等
② 民間事業者の従業員の給与
③ 法人の経理の状況
④ その他の事情

3　支給基準の内容

　規則によれば、支給基準においては次の①ないし④の事項を定めるものとされています（規則2条の42）。

① 評議員の勤務形態に応じた報酬等の区分

　具体的には、常勤・非常勤別に報酬を定めることになります。

② 報酬等の額の算定方法

　　i 報酬等の算定の基礎となる額、役職、在職年数など、どのような過程を経てその額が算定されたか、法人として説明責任を果たすことができる基準を設定する必要があります。

　　ii 評議員会が役職に応じた1人当たりの上限額を定めた上で、各評議員の具体的な報酬金額については評議員会が決定するといった規定は許容されます。

　　iii 評議員会の決議によって定められた総額の範囲内において決定するという規定や、単に職員給与規程に定める職員の支給基準に準じて支給するというだけの規定は、どのような算定過程から具体的な報酬額が決定されるのかを第三者が理解することは困難であり、法人として説明責任を果たすことができないため、認められていません。

　　iv 退職慰労金については、退職時の月例報酬に在職年数に応じた支給率を乗じて算出した額を上限に各評議員については評議員会が決定するという方法も許容されます。

③ 支給の方法

　支給の時期として、毎月なのか出席の都度なのか、各月又は各年のいつ頃かなどを規定します。

　支給の手段として、銀行振込か現金支給かなどを規定します。

④ 支給の形態

　支給の形態とは、現金・現物の別等をいいます。ただし、「現金」「通貨」といった明示的な記載がなくとも、報酬額につき金額の記載しかないなど金銭支給であることが客観的に明らかな場合は、「現金」等の記載は必要ありません。

4　支給基準の備置き、閲覧、公表

（1）備置き

　毎会計年度終了後3月以内に、規則で定めるところにより、報酬等の支給

第1章　評議員・評議員会

の基準を記載した書類（電磁的記録でも可能です。）を作成し、当該書類を
5年間その主たる事務所に、その写しを3年間その従たる事務所に備え置か
なければなりません（法45条の34第1項3号）。

　ただし、当該書類が電磁的記録をもって作成されている場合であって、規
則で定める措置※をとっている法人については、5年間主たる事務所に備え
置くだけでよいとされています（同条5項）。

※　規則で定める措置（規則2条の5第4号）
　　社会福祉法人の使用に係る電子計算機を電気通信回線で接続した電子情報処
　理組織を使用する方法であって、当該電子計算機に備えられたファイルに記録
　された情報の内容を電気通信回線を通じて社会福祉法人の従たる事務所におい
　て使用される電子計算機に備えられたファイルに当該情報を記録するものによ
　る措置

(2)　閲覧

　何人も、法人の営業時間内は、いつでも、報酬等の支給基準を記載した書
類について、次の請求をすることができます（法45条の34第3項）。

①　報酬等の支給基準が書面をもって作成されているときは、当該書面又は
　当該書面の写しの閲覧の請求（同項1号）

②　報酬等の支給基準が電磁的記録をもって作成されているときは、当該電
　磁的記録に記録された事項を紙面又は映像面に表示する方法により表示し
　たものの閲覧の請求（同項2号、規則2条の3第10号）

(3)　公表

　報酬等の支給基準について、評議員会の承認を受けたときは、当該承認を
受けた報酬等の支給基準を、インターネットの利用により公表しなければな
りません（法59条の2第1項2号、規則10条1項）。

5　無報酬の定めと支給基準の要否

　評議員の報酬を無報酬とする場合にも定款の定めが必要となりますが、定款に
おいて無報酬と定めた場合にも、支給基準を策定しなければならないのかが問題
となります。

　この点について、厚生労働省Q＆Aにおいて「評議員の報酬については、無報
酬とすることも認められ、その場合には、原則として、報酬等の額や報酬等の支
給基準を定めるときに無報酬である旨を定めることになるが、定款において無報

41

酬と定めた場合については、法令により公表が義務付けられた定款により無報酬であることが確認できるため、支給基準を別途策定する必要はない。」とされています。

指導監査のポイント

1 指摘基準
① 評議員の報酬等の額が定款で定められていない場合
② 評議員の報酬等の支給基準が作成されていない場合
③ 評議員の報酬等の支給基準について評議員（筆者注：評議員会）の承認を受けていない場合
④ 評議員の報酬等の支給基準において規定すべき事項が規定されていない場合
⑤ 評議員の報酬等の支給基準が定款で定めた報酬等の額と整合がとれていない場合
⑥ 支給基準を作成する際に、民間事業者の役員の報酬等及び従業員の給与、当該法人の経理の状況その他の事情を考慮した検討が行われていない場合
⑦ 支払われた報酬等の額が定款で定められた額を超えている場合
⑧ 支払われた報酬等の額が報酬等の支給基準に根拠がない場合
⑨ 評議員の報酬等がインターネットの利用により公表されておらず、かつ、財務諸表等電子開示システムを利用した届出がなされていない場合
⑩ 必要な事項がインターネットの利用（法人ホームページ等）により公表されていない場合
　なお、所轄庁が、法人が法人ホームページ等の利用により公表を行うことができないやむを得ない事情があると認めるときは、この限りではなく、法人が適切にインターネットの利用による公表を行うことができるよう助言等の適切な支援を行うものとされています。

2 着眼点
① 評議員の報酬等※については、法人の公益性を確保するとともに、法人の事業運営の透明性の向上を図るために情報公開を徹底する観点

第1章　評議員・評議員会

から、報酬等の額について、評議員は定款で定める、報酬等の支給基準を作成し、評議員会の承認を受け、公表する、評議員、理事、監事の区分毎の報酬等の額の総額を公表する必要があります。

※　「報酬等」とは、報酬、賞与その他の職務遂行の対価として受ける財産上の利益及び退職手当をいうとされています。また、評議員会の出席等のための交通費は、実費相当額を支給する場合は報酬には該当しませんが、実費相当額を超えて支給する場合には、報酬等に含まれます。
　　なお、報酬等の額の定めと報酬等の支給基準は、報酬等の有無にかかわらず、必ず両方を規定する必要があることに留意する必要があるとされています。

②　報酬等の支給基準については、民間事業者の役員の報酬等及び従業員の給与、当該社会福祉法人の経理の状況その他の事情を考慮して、不当に高額なものとならないような支給の基準を定めなければなりません。この報酬等の支給基準や支給額（水準）の妥当性については、民間事業者の役員の報酬等及び従業員の給与、当該社会福祉法人の経理の状況その他の事情を考慮して、不当に高額なものでないことを具体的に検討した上で基準を作成し評議員会の承認を受けること並びに支給基準及び報酬総額を公表することにより担保する仕組みとしているものです。指導監査を行うに当たっては、法人内においてこれらの仕組みが適正に機能しているかを確認します。

③　報酬等の額や報酬等の支給基準を定めることとされていることは、評議員や役員に報酬等を支給しなければならないことを意味するものではなく、無報酬とすることも認められます。その場合には、原則として報酬等の額や報酬等の支給基準を定めるときに無報酬である旨を定めることとなりますが、定款において無報酬と定めた場合については、支給基準を別途作成する必要はありません。

④　評議員の報酬等の額は定款に定められることから、定款の規定を確認します。なお、無報酬とする場合には、その旨を定款で定める必要があります。また、評議員の報酬等の支給基準を定めますが、定款と別に支給基準を定め、評議員会の承認を得たことにより、定款の定めが不要となるわけではないことに留意する必要があります。

⑤　評議員の報酬等の額に係る定款の規定は所轄庁の認可事項であり、定款に定められていないことは想定されないため、指導監査を行うに

43

当たっては、報酬の支給基準や報酬の支給額との関係で確認するものですが、定款に規定されていない場合は指摘を行います。

⑥　評議員に対する報酬等について、民間事業者の役員の報酬等及び従業員の給与、当該法人の経理の状況その他の事情を考慮して、不当に高額なものとならないような支給の基準を定めなければならず、また、支給基準については、評議員会の承認を受けなければなりません。

⑦　支給基準の内容については、次の事項を定めます。

　　i　役員等の勤務形態に応じた報酬等の区分

　　　常勤・非常勤別に報酬を定めることが考えられます。

　　ii　報酬等の額の算定方法

　　　報酬等の算定の基礎となる額、役職、在職年数など、どのような過程を経てその額が算定されたか、法人として説明責任を果たすことができる基準を設定することが考えられます。

　　　注1　評議員会が役職に応じた1人当たりの上限額を定めた上で、各評議員の具体的な報酬金額については評議員会が決定するといった規定は許容されます。

　　　注2　退職慰労金については、退職時の月例報酬に在職年数に応じた支給率を乗じて算出した額を上限に各評議員については評議員会が決定するという方法も許容されます。

　　　注3　法人は、国等他団体の俸給表等を準用する場合、準用する給与規程（該当部分の抜粋も可）を支給基準の別紙として位置付け、支給基準と一体のものとして定めることになります。

　　　注4　評議員会の決議によって定められた総額の範囲内において決定するという規定や、単に職員給与規程に定める職員の支給基準に準じて支給するというだけの規定は、どのような算定過程から具体的な報酬額が決定されるかを第三者が理解することは困難であり、法人として説明責任を果たすことができないため、認められていません。

　　iii　支給の方法

　　　支給の時期（毎月か出席の都度か、各月又は各年のいつ頃か）や支給の手段（銀行振込か現金支給か）等が考えられます。

　　iv　支給の形態

　　　現金・現物の別等を記載します。ただし、報酬額につき金額の記載しかないなど、金銭支給であることが客観的に明らかな場合は、「現金」等である旨の記載は特段なくても差し支えありません。

第1章 評議員・評議員会

⑧ 役員等の報酬等の支給基準が「不当に高額」でないことについては、法人に説明責任があります。そのため、支給基準が、民間事業者の役員の報酬等及び従業員の給与、当該法人の経理の状況その他の事情を考慮した上で定められたものであることについて、どのような検討を行ったかを含め、具体的に説明できることが求められます。

⑨ 指導監査を行うに当たっては、評議員の報酬等の支給基準が作成されており、評議員会の承認を受けていること及び支給基準に規定すべき事項が定められていることを確認します。また、支給基準が「不当に高額」であるかどうかについては、所轄庁が「不当に高額」であるおそれがあると認める場合は、法人で支給基準を作成する際に、民間事業者の役員の報酬等及び従業員の給与、当該法人の経理の状況その他の事情を考慮して検討が行われたかを確認します（具体的な検討内容は問いません。）。

⑩ 指導監査を行うに当たっては、報酬等の支給基準がインターネットの利用による公表がなされているかを確認します。

⑪ 評議員の報酬等については、定款により定められた額及び報酬の支給基準に従って支給される必要があります。

指導監査を行うに当たっては、評議員の報酬が、定款で定められた額及び報酬等の支給基準に反するものとなっていないかを確認します。

⑫ 法人運営の透明性を確保する観点から、評議員の報酬等については、その総額を現況報告書に記載の上、公表することになります。

⑬ 指導監査においては、評議員の報酬の総額がインターネットの利用による公表又は財務諸表等電子開示システムを利用した届出がなされているかを確認します。

3 厚生労働省Q＆A
 問① 交通費は支給基準を定める必要がある報酬に含まれますか。
 答① 交通費の実費相当分は報酬に含まれません。なお、名称（「車代」等）にかかわらず、実質的に報酬に該当するものは、支給基準の対象とする必要があります。
 問② 役員及び評議員の報酬について、定款で無報酬と定めた場合につ

いても、役員報酬基準を策定し、無報酬である旨を定める必要はあ
りますか。

答② 役員及び評議員の報酬については、無報酬とすることも認められ、その場合には、原則として、報酬等の額や報酬等の支給基準を定めるときに無報酬である旨を定めることになりますが、定款において無報酬と定めた場合については、法令により公表が義務付けられた定款により無報酬であることが確認できるため、支給基準を別途策定する必要はありません。一方、役員の報酬等について、評議員会の決議によって定める場合については、別途支給基準を策定する必要があります。

4　確認書類
　① 定款
　② 評議員会の議事録
　③ 評議員の報酬等の支給基準
　④ 報酬等の支払いの内容が確認できる書類

第1章　評議員・評議員会

評議員の損害賠償責任

Q14 評議員に対して損害賠償請求がされる可能性があると聞きましたが、どのような場合に評議員は損害賠償責任を負うのでしょうか。

　法人に対しては、評議員がその任務を怠ったことにより法人に損害が生じたときに、損害賠償責任を負います。
　法人以外の第三者に対しては、職務を行うについて悪意又は重大な過失があったことにより第三者に損害が生じたときに、損害賠償責任を負います。

解説
1　法人に対する責任
　評議員は、その任務を怠ったときは、法人に対し、これによって生じた損害を賠償する責任を負います（法45条の20第1項）。
　当該責任は、総評議員の同意によって免除することができます（法45条の20第4項、一般法人法120条）。

2　法人以外の第三者に対する責任
　評議員がその職務を行うについて悪意又は重大な過失があったときは、当該評議員は、これによって第三者に生じた損害を賠償する責任を負います（法45条の21第1項）。

3　連帯責任
　評議員が法人又は第三者に生じた損害を賠償する責任を負う場合において、他の理事、監事、会計監査人又は評議員も当該損害を賠償する責任を負うときは、これらの者は、連帯債務者になります（法45条の22）。

第2節　評議員会

評議員会の決議・承認事項

評議員会で決議しなくてはならない事項には何があるのでしょうか。全ての決議事項が出席評議員の過半数による決議でよいのでしょうか。

評議員会での決議・承認事項（以下「決議事項」といいます。）は、法令に規定する事項及び定款で定めた事項になります。
　決議事項の中には、出席評議員の過半数の決議で足りる普通決議の他、3分の2以上での決議が必要となる特別決議がありますので、決議する際にはいずれに該当するか確認する必要があります。

解説
1　総論
　評議員会は、次の事項に限り、決議をすることができます（法45条の8第2項）。
　① 　法に規定する事項
　② 　定款で定めた事項
　①の法に規定する事項については、理事、理事会その他の評議員会以外の機関が決定することができることを内容とする定款の定めは無効となります（同条3項）ので、必ず評議員会で決議しなくてはなりません。

2　決議の種類
　(1)　普通決議
　　　次の決議事項については、議決に加わることができる評議員の過半数が出席し（定足数）、その過半数をもって行うことになります（法45条の9第6項）。なお、定足数及び議決要件ともに、定款でこれを上回る割合以上とすることができます。
　　① 　理事、監事及び会計監査人の選任（法43条1項）
　　② 　理事及び監事の補欠の選任（法43条2項）
　　③ 　理事の解任（法45条の4第1項）

第1章　評議員・評議員会

④　会計監査人の解任（法45条の4第2項）

⑤　理事、監事又は会計監査人の責任の一部免除後に退職慰労金その他の規則で定める財産上の利益を与えることの承認（法45条の20第4項、一般法人法113条4項、規則2条の24）

⑥　理事、監事又は会計監査人の定款の定めによる理事会の決議での責任の一部免除後に退職慰労金その他の省令で定める財産上の利益を与えることの承認（法45条の20第4項、一般法人法114条5項、規則2条の24）

⑦　理事、監事又は会計監査人責任限定契約による責任の一部免除後に退職慰労金その他の省令で定める財産上の利益を与えることの承認（法45条の20第4項、一般法人法115条5項、規則2条の24）

⑧　計算書類（貸借対照表及び収支計算書）の承認（法45条の30第2項）

⑨　理事、監事及び評議員に対する報酬等の支給の基準の承認及びその変更の承認（法45条の35第2項）

⑩　理事及び監事の報酬等の額決定（法45条の16第4項、一般法人法89条、法45条の18第3項、一般法人法105条）

⑪　社会福祉充実計画の承認及びその変更の承認（法55条の2第7項、55条の3第3項）

⑫　清算人の選任（法46条の6第1項3号）

⑬　清算人の解任（法46条の7第1項）

⑭　清算法人の財産目録及び貸借対照表の承認（法46条の22第3項）

⑮　監事設置清算法人又は清算人会設置法人の貸借対照表の承認（法46条の27第2項）

(2)　特別決議

次の決議事項については、議決に加わることができる評議員の3分の2以上に当たる多数をもって行うことになります（法45条の9第7項各号）。なお、この決議要件についても、定款でこれを上回る割合以上とすることができます。

①　監事の解任（法45条の4第1項）

②　理事、監事又は会計監査人の責任の一部免除（法45条の20第4項、一般法人法113条1項）

③　定款変更（法45条の36第1項）

④　解散（法46条1項1号）

49

⑤　吸収合併契約、新設合併契約の承認（法52条、54条の２第１項、54条の８）

指導監査のポイント

1　指摘基準
　①　成立した決議について、法令又は定款に定める出席者数又は賛成者数が不足していた場合
　②　決議を要する事項について、決議が行われていない場合

2　着眼点
　①　評議員会で決議を行うためには、議決に加わることができる評議員の過半数（定款で過半数を上回る割合を定めた場合にはその割合以上）の出席が必要です。なお、この「議決に加わることができる評議員」には、当該決議に特別の利害関係を有する評議員は含まれません。
　②　評議員会の決議は、法令及び定款に定める事項に限り行うことができます。
　③　評議員会における普通決議（特別決議以外の決議）は、出席者の過半数（定款で過半数を上回る割合を定めた場合にはその割合以上）の賛成をもって行い、特別決議は、議決に加わることができる評議員の３分の２（定款で３分の２を上回る割合を定めた場合にはその割合）以上の賛成をもって行われる必要があり、指導監査を行うに当たっては、評議員会の決議について、出席者数及び賛成者数が決議の成立に必要な数となっているかを確認します。

3　確認書類
　①　定款
　②　評議員会の議事録

第1章　評議員・評議員会

監事の選任方法と任期

監事の選任方法と任期について教えてください。

監事は、評議員会の決議によって選任することになりますが、評議員会に選任議案を提出するためには、監事の過半数の同意を得る必要があります。
任期は、定款に別段の定めがない限り、評議員会で選任された日から2年以内に終了する会計年度のうち最終のものに関する定時評議員会の終結の時となります。

解説
1　監事の選任手続
(1) 選任機関

監事は、評議員会の決議によって選任します（法43条1項）。

当該決議は普通決議ですので、定款に別段の定めがない限り、議決に加わることができる評議員の過半数が出席し、その過半数をもって行うことになります（法45条の9第6項）。

(2) 選任議案と監事の過半数の同意

監事の選任に関する評議員会の議題及び議案は、理事会の決議によって決定しますので、監事候補者を理事会で決定し、議案として評議員に通知することになります（法45条の9第10項、一般法人法181条1項2号、3号、182条3項、規則2条の12）。

上記監事の選任に関する議案を評議員会に提出するには、監事の過半数の同意を得る必要がありますので、注意が必要です（法43条3項、一般法人法72条1項）。

なお、評議員は、評議員会の場において、議題の範囲内で議案を提案することができます（法45条の8第4項、一般法人法185条）ので、議題が「監事○名を選任する件」であれば、理事会で決定した「A氏を選任する」という議案に対し、評議員が「B氏を選任する」という提案を行って、決議することができます。

51

2 任期

(1) 始期

　　ある者が法人の監事になるには、評議員会の選任行為（選任決議）と被選任者の監事への就任承諾が必要となります。そうすると、監事としての任期の始期は、選任行為と就任承諾の両方が行われた時点（どちらか遅い方がされた時点）となりそうです。

　　しかし、厚生労働省Q&Aによれば、任期の起算点を『就任時』とすると、就任承諾は被選任者の意向に委ねられる結果、評議員会の選任決議と就任承諾との間に長期間の隔たりがある場合などにおいて、任期の終期が評議員会の意思に反する事態が生じかねないため、任期の起算点は、評議員会における『選任時』になるとされています。

　　また、選任決議の効力発生時期を遅らせる決議をしたとしても、任期の起算点は、選任決議を行った日になるとされています。

　　したがって、監事の任期の始期は、評議員会において監事選任決議を行った日となります。

(2) 終期

　　監事の任期の終期は、選任後2年以内に終了する会計年度のうち最終のものに関する定時評議員会の終結の時となります。ただし、定款によって、その任期を短縮することができます（法45条）。

　　したがって、平成29年6月に選任された監事は、定款に別段の定めがない場合、平成31年に開催される定時評議員会の終結の時までが任期となります。

指導監査のポイント

1　指摘基準

　① 評議員会の日時及び場所等が理事会の決議により定められていない場合

　② 監事の選任が評議員会の有効な決議により行われていない場合

　③ 監事の選任に関する評議員会の議案について、監事の過半数の同意を得ていない場合

　④ 監事の就任の意思表示があったことが就任承諾書等により確認でき

第1章　評議員・評議員会

　　ない場合

2　着眼点
　①　理事会の決議により定めなければならない事項（招集通知に記載しなければならない事項）
　　　i　評議員会の日時及び場所
　　　ii　評議員会の目的である事項がある場合は当該事項
　　　iii　評議員会の目的である事項に係る議案（当該目的である事項が議案となるものを除きます。）の概要（議案が確定していない場合はその旨）
　②　監事の選任は評議員会の決議により行うため、評議員会の決議が適切になされていることを確認します。
　③　理事会が監事の選任に関する議案を評議員会に提出するためには、監事が理事の職務の執行（理事会の構成員として行う行為を含みます。）を監査する立場にあることに鑑み、その独立性を確保するため、監事の過半数※の同意を得なければならず、指導監査を行うに当たっては、監事の過半数の同意を得ているかについて確認します。
　　　※　「監事の過半数」については、在任する監事の過半数をいいます。
　④　理事会が提出する議案について監事の過半数の同意を得ていたことを証する書類は、各監事ごとに作成した同意書や監事の連名による同意書の他、監事の選任に関する議案を決定した理事会の議事録（当該議案に同意した監事の氏名の記載及び当該監事の署名又は記名押印があるものに限ります。）でも差し支えないとされています。
　⑤　法人と監事との関係は、評議員や理事と同様に、委任に関する規定に従います。そのため、評議員会により選任された者が就任を承諾することで、その時点（承諾のときに監事の任期が開始していない場合は任期の開始時）から監事となることから、この就任の承諾の有無についての指導監査を行うに当たっては、監事の役割の重要性に鑑み、文書による確認（就任承諾書の徴収等）によって行う必要があり、当該文書は法人において保存される必要があります。

3　厚生労働省Ｑ＆Ａ

問　監事の就任日はいつになるのでしょうか。

答　任期の始期は選任された日ですが就任日については選任及び本人による就任の承諾があった日になります。なお、就任承諾書は事前あるいは選任された日当日に受け取ることが望ましいです。

4　確認書類

①　評議員会の議事録

②　評議員会の招集通知

③　評議員会の議題（及び議案）を決定した理事会の議事録

④　監事の選任に関する評議員会の議案についての監事の同意を証する書類

（⑤　就任承諾書等※）

※　指導監査ガイドラインには記載がありませんが、監事の就任の意思表示があったことを就任承諾書等により確認することとなっていますので、就任承諾書等も確認書類になると思われます。

実務のポイント

実体法上は、監事が就任の意思表示を口頭で行ったとしても問題はありません。しかし、指導監査においては、監事の就任の意思表示が確認できるようにしておくことが求められています。そのため、実務上は、就任承諾書を徴収することになります（ただし、就任承諾書以外の方法でも、就任の意思表示が確認できれば問題ありません。）。

就任承諾書の徴収時期ですが、厚生労働省Ｑ＆Ａによれば事前又は選任決議日当日が望ましいとされていますので、実務上はそのような手続とすべきといえます。しかし、仮に徴収時期が選任決議日の後になったとしても、そのことをもって指導監査で指摘事項となることはなく、あくまでも助言にとどまるものと考えます。

第1章　評議員・評議員会

［就任承諾書兼誓約書例］

監事就任承諾書

　社会福祉法人○○会の監事に就任することを承諾します。監事に就任することにあたっては、次の各号を誓約します。

　　1　社会福祉法第40条第1項各号の欠格条項に該当しないこと
　　2　各役員と親族等特殊関係にある者が含まれないこと
　　3　暴力団員等の反社会勢力者に該当しないこと
　　4　今後、上記1号から3号の記載事項に該当したときは遅滞なく報告すること

　　　　　年　　　月　　　　日

社会福祉法人○○会理事長　　○○○○　　殿
　　　　　　　　　　　　　　　　　住　　所
　　　　　　　　　　　　　　　　　氏　　名　　　　　　　　　　印

（東京都福祉保健局：「改正社会福祉法に対応した法人運営に関する講習会」資料）

監事の資格

監事になれる人の要件はありますか。また、なれない人はいますか。

監事のうちには法が定める要件を満たす者が含まれる必要があります。一方、監事には欠格事由、兼職禁止、特殊関係者の就任制限がありますので、人選の際には留意する必要があります。

解説
1　監事に含めなくてはならない者
　監事は、必置の機関であり2人以上とされていますが（法44条3項）、監事のうちには、次に掲げる者を含めなくてはなりません（法44条5項）。①及び②に掲げる者がそれぞれ最低1名含まれる必要がありますので、注意が必要です。
　①　社会福祉事業について識見を有する者
　②　財務管理について識見を有する者

2　社会福祉事業について識見を有する者
　審査要領において「社会福祉事業について識見を有する者」は、例えば、次のような者が該当するとされていますが、これらはあくまで例示であり、これらの者に限定されるわけではありませんし、これらの者が必ず含まれなければならないものでもありません。
　①　社会福祉に関する教育を行う者
　②　社会福祉に関する研究を行う者
　③　社会福祉事業又は社会福祉関係の行政に従事した経験を有する者
　④　公認会計士、税理士、弁護士等、社会福祉事業の経営を行う上で必要かつ有益な専門知識を有する者

3　財務管理について識見を有する者
　財務管理について識見を有する者にはどのような者が該当するかについて、厚生労働省Q&Aでは「監事は、計算書類等の監査を行うため、財務管理について識見を有する者がいることが必須である。公認会計士や税理士の資格を有する者が望ましいが、社会福祉法人、公益法人や民間企業等において財務・経理を担当

第1章　評議員・評議員会

した経験を有する者など法人経営に専門的知見を有する者等も考えられる。」と
していますが、これらの者に限られるわけではありません。

4　法令上理事になれない者

（1）　欠格事由

　　次に掲げる者は、理事になることはできません（法44条1項、40条1項）。

①　法人

②　成年被後見人又は被保佐人

③　生活保護法、児童福祉法、老人福祉法、身体障害者福祉法又は社会福祉
法の規定に違反して刑に処せられ、その執行を終わり、又は執行を受ける
ことがなくなるまでの者

④　③に該当する者を除くほか、禁固以上の刑に処せられ、その執行を終わ
り、又は執行を受けることがなくなるまでの者

⑤　所轄庁の解散命令により解散を命ぜられた社会福祉法人の解散当時の理
事及び監事

（2）　兼職禁止

　　評議員は、監事と兼職ができないこととされていますので（法40条2項）、
評議員は監事になることができません。

　　監事は、理事又は当該社会福祉法人の職員と兼職ができないとされていま
す（法44条2項）。

（3）　各役員についての特殊関係者

　　監事のうちには、各理事又は各監事について、その配偶者若しくは3親等
以内の親族その他各理事と規則で定める特殊の関係がある次の者は就任する
ことができません（法44条7項、規則2条の11）。

①　理事又は監事の配偶者

②　理事又は監事の3親等以内の親族

③　規則で定める特殊の関係がある者（規則2条の11）

　　ⅰ　当該理事又は当該監事と婚姻の届出をしていないが事実上婚姻関係と
同様の事情にある者

　　ⅱ　当該理事又は当該監事の使用人

　　ⅲ　当該理事又は当該監事から受ける金銭その他の財産によって生計を維

持している者

iv　ii及びiiiに掲げる者の配偶者

v　iからiiiに掲げる者の３親等以内の親族であって、これらの者と生計を一にするもの

vi　当該理事が役員（法人でない団体で代表者又は管理人の定めのあるものにあっては、その代表者又は管理人。以下この号において同じ。）若しくは業務を執行する社員である他の同一の団体（社会福祉法人を除く。）の役員、業務を執行する社員又は職員（当該他の同一の団体の役員、業務を執行する社員又は職員である当該社会福祉法人の理事の総数の当該社会福祉法人の理事の総数のうちに占める割合が、３分の１を超える場合に限る。）

vii　当該監事が役員若しくは業務を執行する社員である他の同一団体（当該社会福祉法人を除く。）の役員、業務を執行する社員又は職員（当該監事及び当該他の同一の団体の役員、業務を執行する社員又は職員である当該社会福祉法人の監事の合計数の当該社会福祉法人の監事の総数のうちに占める割合が、３分の１を超える場合に限る。）

viii　次に掲げる団体の職員のうち国会議員又は地方公共団体の議会の議員でない者（当該団体の職員（国会議員又は地方公共団体の議会の議員である者を除く。）である当該社会福祉法人の理事の総数の当該社会福祉法人の理事の総数のうちに占める割合が、３分の１を超える場合に限る。）

ア　国の機関

イ　地方公共団体

ウ　独立行政法人通則法（平成11年法律第103号）２条１項に規定する独立行政法人

エ　国立大学法人法（平成15年法律第112号）２条１項に規定する国立大学法人又は同条３項に規定する大学共同利用機関法人

オ　地方独立行政法人法（平成15年法律第118号）２条１項に規定する地方独立行政法人

カ　特殊法人（特別の法律により特別の設立行為をもって設立された法人であって、総務省設置法（平成11年法律第91号）４条１項９号の規定の適用を受けるものをいう。）又は認可法人（特別の法律により設立され、かつ、その設立に関し行政官庁の認可を要する法人をいう。）

第1章　評議員・評議員会

5　審査基準において理事になれない又は適当ではないとされている者

　⑴　暴力団員等の反社会的勢力の者

　　　審査基準において「暴力団員等の反社会的勢力の者は……役員となること
　　はできないこと。」とされています。

　⑵　名目的監事

　　　審査基準において「実際に法人運営に参画できない者を……役員として名
　　目的に選任することは適当ではないこと。」とされています。

　⑶　慣例的監事

　　　審査基準において「地方公共団体の長等特定の公職にある者が慣例的に
　　……役員として参加したりすることは適当ではないこと。」とされています。

6　厚生労働省Q&Aで適当でないとされている者

　厚生労働省Q&Aでは、「監事は、理事の職務や法人の計算書類を監査する立
場にある。法人から委託を受けて記帳代行業務や税理士業務を行う場合に、計算
書類等を作成する立場にある者が当該計算書類等を監査するという自己点検に当
たるため、これらの者を監事に選任することは適当でないが、法律面や経営面の
アドバイスのみを行う契約となっている場合については、監事に選任することは
可能である。」とされています。

　ただし、この点について指導監査ガイドラインでは指摘基準等で触れられてい
ませんので、指導監査で助言を受けることはあっても指摘を受けることはありま
せん。

監事の要件の確認方法

監事の要件を満たしているかはどのように判断されますか。

指導監査では、要件を充足しているか否かの実体的な判断は行われず、要件を満たす者として評議員会の決議等適正な手続により選任しているかで判断されます。

解説

1 監事に含めなくてはならない者

理事は2人以上とされていますが（法44条3項）、監事のうちには、次に掲げる者を含めなくてはなりません（法44条5項）。
① 社会福祉事業について識見を有する者
② 財務管理について識見を有する者

2 監事に含めなくてはならない者の確認方法

上記①及び②については、どのようにして確認すればよいかが問題となります。

実体法上は、当該要件を満たしている監事がいない場合には法令違反となるため、法人としては、要件を充足している監事がいることを客観的な資料に基づいて証明できるようにする必要があるように思えます。しかし、指導監査との関係においては、当該要件を充足した者として評議員会の決議等適正な手続で選任していれば指摘されることはありません。つまり、法人が当該要件を充足していると判断したのであれば、指導監査では当該要件の充足性については関知しないこととされています。

したがって、指導監査との関係では、どの監事がどの要件を充足していると判断して選任したのかがわかるような議事録などを作成することが重要となります。具体的には、経歴や資格などを提示した上で、要件該当性について議論・判断して選任する必要があると考えます。

第1章　評議員・評議員会

指導監査のポイント

1　指摘基準

①　監事のうちに「社会福祉事業について識見を有する者」として、評議員会の決議等適正な手続により選任された者がいない場合

②　監事のうちに「財務管理について識見を有する者」として、評議員会の決議等適正な手続により選任された者がいない場合

2　着眼点

①　監事は、監査を行うに当たり、法人の業務及び財産の状況を確認するものであることから、「社会福祉事業について識見を有する者」及び「財務管理について識見を有する者」が含まれている必要があります。

②　「社会福祉事業について識見を有する者」及び「財務管理について識見を有する者」については、法人において、それぞれ「社会福祉事業について識見を有する者」及び「財務管理について識見を有する者」として適正な手続により選任されている限り、制限を受けるものではありません。

③　指導監査を行うに当たっては、監査担当者の主観的な判断で識見を有していないとの指摘を行うことや、識見を有する者であることの証明を求めることがないよう留意する必要があります。

3　確認書類

①　監事の選任手続における書類（履歴書等）

②　役員名簿

③　理事会及び評議員会の議事録

実務のポイント

　上記の要件は、客観的な数字などで要件充足性を判断することができませんので、ある人からすれば充足していないようにみえても、別の人は充当していると判断する可能性があります。このような要件について、もし指導監査で実体的な判断がされるとすれば、指導監査担当者によってどの

61

ような判断がされるかわからず、法人は非常に不安定な立場におかれます。

　そもそも、指導監査ガイドラインが制定された理由には、指導監査におけるいわゆる『ローカルルール』の根絶がありますので、担当者ごとに異なる指導監査がされないよう、実体的な充足性を判断するのではなく、手続に着目した監査内容になっていると考えられます。

　したがって、指導監査において実体的な要件充足性について判断して、要件を充足していないとする指摘はできませんので注意が必要です。

第1章 評議員・評議員会

監事になれない者でないことの確認方法

 監事になれない者ではないことをどのように確認すればよいのでしょうか。

 監事になれない者であると疑うべき特段の事情がない限り、法人が積極的に調査をする必要はなく、履歴書や誓約書などで確認すれば指導監査で指摘されることはありませんが、インターネット検索する程度の調査はした方が無難です。

解説
監事になれない者でないことの確認

　法や審査基準によって、監事になれない者が規定されています（Q17参照）が、法人としてどのようにして確認すればよいのでしょうか。
　指導監査との関係では、履歴書や誓約書などの提出を受けて確認すれば足りるとされています。つまり、監事候補者から、『自分は欠格事由に該当しない。』等の誓約をしてもらえれば、それによって法人としては確認したことと評価されるのです。これらは自己申告に過ぎないため、虚偽の申告をされる可能性は排斥できませんが、法人が実態を調査・確認することは容易ではなく現実的ではありませんので、このような確認方法を是認することにも相当の理由があります。
　ただし、簡単な調査を行えば容易に欠格事由等に該当することが判明した可能性があったにもかかわらず、調査をせずに漫然と理事に選任したような場合には、評議員などが善管注意義務に違反したと評価される可能性もあります。したがって、上記確認方法に加えて、インターネット検索する程度の調査は行った方が無難であると考えます。

指導監査のポイント
　1　指摘基準
　　①　法人において監事の選任手続の過程において、監事候補者が欠格事由に該当しないこと、理事又は職員を兼ねていないこと、各役員（理事及び監事）と特殊の関係にある者が含まれていないこと、暴力団等

63

の反社会的勢力の者が含まれていないことについて確認していない場合

② 法人が保有する書類により、監事のうちに欠格事由に該当する者がいること、理事又は職員を兼ねている者がいること、各役員（理事及び監事）と特殊関係にある者が含まれていることが判明した場合

③ 暴力団員等の反社会的勢力の者が監事になっている場合

④ 社会福祉協議会において、関係行政庁の職員が役員総数の5分の1を超えている場合

⑤ 理事会への欠席が継続しており、名目的・慣例的に選任されていると考えられる監事がいる場合

2 着眼点

① 監事は、適正な法人運営の確保に関する重要な役割を担っていることから、欠格事由が定められるとともに、理事の職務の執行を監査する役割を果たすため、理事又は職員を兼ねることはできないこと、各理事と特殊の関係にある者が含まれてはならないこと、また、複数（2人以上）の監事がそれぞれ独立して職務を執行することから他の監事と特殊の関係にある者が含まれてはならないことが定められています。

② 法人の高い公益性に鑑み、暴力団員等の反社会的勢力の者と関わりを持ってはならないものであり、評議員や理事と同様に暴力団員等の反社会的勢力者が監事になることはできないとされています。

③ 法人においては、監事の選任に当たり、欠格事由を有していないか、各役員（理事及び監事）と特殊の関係にある者が含まれていないか、暴力団員等の反社会的勢力の者でないかについて確認を行う必要があります。

確認方法としては、履歴書若しくは誓約書等により候補者本人にこれらの者に該当しないことの確認を行う方法で差し支えありませんが、法人の判断により官公署が発行する書類により確認することも考えられます。

指導監査を行うに当たっては、法人が何らかの方法によりこれらの事項を確認しているかについて確認することになります。

第1章　評議員・評議員会

④　上記の特殊の関係にある者に該当しない場合であっても、関係行政庁の職員が法人の監事となることは、法61条に「国及び地方公共団体は法人の自主性を重んじ、不当な関与を行わないこと」及び「法人が国及び地方公共団体に対して不当に管理的援助を求めないこと」と規定し、公私分離の原則を定める趣旨に照らすと適当ではないことに所轄庁等関係行政庁は留意する必要があります。

⑤　社会福祉協議会については、公私の関係者の協力によって組織され運営されるものであることから、関係行政庁の職員が役員となることのみをもって不当な関与であるとはいえませんが、役員総数※の5分の1を超える割合を占める場合は、不当な関与といえるため、法により認められていません。

※　役員総数に対する関係行政庁の職員である役員の割合について規定しており、役員、すなわち、理事と監事の合計数で判断されます。

⑥　上記の監事の役割の重要性に鑑みれば、実際に理事会に参加できない者や地方公共団体の長等の特定の公職にある者が名目的・慣例的に監事として選任され、その結果、理事会を欠席することとなることは適当ではないため、監事にこのような者がいないかについて確認します。

　　この場合の監事として不適当であると判断するための基準は、原則として、当該年度及びその前年度において理事会を2回以上続けて欠席している者であることによるとされています。

3　確認書類
　①　監事の選任手続における書類（履歴書、誓約書等）
　②　役員名簿
　③　理事会及び評議員会の議事録
　（④　職員名簿※）
　　※　指導監査ガイドラインでは確認書類となっていませんが、職員を兼ねている者がいないかを確認する必要がありますので、職員名簿も確認書類になるものと思われます。

65

実務のポイント

　上記着眼点で列挙されている「履歴書」及び「誓約書」は例示に過ぎないため、法人としては「何らかの方法」によって確認していれば足りることになります。そのため、候補者から口頭で確認することでも問題ないはずですが、指導監査の際に確認したことがわかるようにしておかなければなりませんので、少なくとも確認した旨のメモなどを残しておくことが必要になります。

　なお、たとえ重任の場合であっても、前回の就任時とは時点が異なり状況が変化している可能性も十分にありますので、選任する度に改めて確認する必要があります。

　また、事前に確認していたとしても、実態として欠格事由に該当していた場合には、やはり指導監査で指摘されますので、欠格事由に該当することが判明した場合には、法人として速やかに後任の監事を選任するなどの対応をとる必要があります。

［誓約書例］

誓　約　書

　社会福祉法人○○会の監事に就任することにあたり、次の各号を誓約します。

1　社会福祉法第40条第1項各号の欠格条項に該当しないこと
2　各役員と親族等特殊関係にある者が含まれないこと
3　暴力団員等の反社会勢力者に該当しないこと
4　今後、上記1号から3号の記載事項に該当したときは遅滞なく報告すること

　　年　　　月　　　日

社会福祉法人○○会理事長　　○○○○　殿

　　　　　　　　　　　　　　　住　所
　　　　　　　　　　　　　　　氏　名　　　　　　　　　　印

（東京都福祉保健局：「改正社会福祉法に対応した法人運営に関する講習会」資料）

第 1 章　評議員・評議員会

名目的・慣例的監事

監事になることが適当ではない『名目的・慣例的監事』とはどのような監事を指すのでしょうか。

原則として、当該年度及びその前年度において理事会を 2 回以上続けて欠席している監事が『名目的・慣例的監事』と判断されますが、例外事由もありますので、欠席理由を確認する必要があります。

解説
1　名目的・慣例的監事
　審査基準において「実際に法人運営に参画できない者を……役員として名目的に選任することは適当ではないこと。」「地方公共団体の長等特定の公職にある者が慣例的に……役員として参加したりすることは適当ではないこと。」とされています。
　そのため、どのような監事が『名目的・慣例的監事』に該当するかが問題となりますが、指導監査ガイドラインでは、原則として、当該年度及びその前年度において理事会を 2 回以上続けて欠席している監事が『名目的・慣例的理事』に該当するとしています。

2　例外事由
　厚生労働省 Q & A において「法人側に責任のないやむを得ない理由がある場合に、欠席理由について、法人の説明を十分に聞いた上で、欠席回数のみをもって文書指摘が行われないこともあり得ることを留意されたい。」とされています。
　（やむを得ない理由の例）
　①　自然災害
　②　本人の病気・けが
　③　その他、法人の責めに帰さないやむを得ない理由があると、所轄庁が認めた場合

67

指導監査のポイント

1　指摘基準

　　理事会への欠席が継続しており、名目的・慣例的に選任されていると考えられる監事がいる場合

2　着眼点

　　監事の役割の重要性に鑑みれば、実際に理事会に参加できない者や地方公共団体の長等の特定の公職にある者が名目的・慣例的に監事として選任され、その結果、理事会を欠席することとなることは適当ではないため、監事にこのような者がいないかについて確認します。

　　この場合の監事として不適当であると判断するための基準は、原則として、当該年度及びその前年度において理事会を2回以上続けて欠席している者であることによることとされています。

3　例外事由

　　厚生労働省Q&Aによれば監事がその職責を果たす観点から、理事会への出席が求められていることを踏まえ、以下の例のような法人側に責任のないやむを得ない理由がある場合に、欠席理由について、法人の説明を十分に聞いた上で、欠席回数のみをもって文書指摘が行われないこともあり得ることを留意されたいとされています。

（やむを得ない理由の例）

①　自然災害

②　本人の病気・けが

③　その他、法人の責めに帰さないやむを得ない理由があると、所轄庁が認めた場合

4　確認書類

　　理事会の議事録

実務のポイント

　　原則として2回以上続けて理事会を欠席すると『名目的・慣例的監事』

に該当するため、法人としては理事会の日程調整をする際に、前回欠席した監事がいる場合には、当該監事が出席できる日に理事会を設定するとともに、当該監事に対して『次の理事会を欠席されると指導監査で指摘され得るので、必ず来てもらいたい』旨を伝えることが重要になります。

また、欠席理由によっては「やむを得ない理由」として指導監査での指摘を免れる可能性もありますので、理事会に欠席した監事がいる場合には、欠席理由を確認して記録に残しておくことも重要になります。記録の方法としては、次のような方法が考えられます。

① 電話等で欠席理由を確認した上、理事会議事録に記載する方法
② 招集通知とともに出欠票を送付し、当該出欠票中に欠席理由を記載してもらう方法

［出欠票例］

第○回社会福祉法人○○会理事会

出欠票

（ＦＡＸ　○○-○○○○-○○○○）

社会福祉法人○○会理事長　殿

　○年○月○日（○曜日）開催の、第○回社会福祉法人○○会の理事会に

出席　・　欠席

します。

（ご欠席の場合、欠席理由を
備考欄にご記入ください。）

各決議事項に係る特別の利害関係については、下記のとおりです。

決議事項	特別の利害関係の有無
第1号議案 ○○○○の件	有　・　無
第2号議案 ○○○○の件	有　・　無

氏名　　　　　　　　　　　　　　　　　　　㊞

住所

【備考欄・ご意見欄】

（東京都福祉保健局：「改正社会福祉法に対応した法人運営に関する講習会」資料）

第1章　評議員・評議員会

監事の補欠選任

Q21 監事の補欠を選任することはできますか。

 法又は定款で定めた監事の員数を欠くこととなるときに備えて補欠の監事をあらかじめ選任しておくことができます。
また、任期途中で退任した監事がいる場合に、その監事の補欠として新たに監事を選任することができます。

解説
1　予備的補欠監事選任に関する定め
　監事は、評議員会の決議によって選任されるところ、当該決議をする場合には、法又は定款で定めた監事の員数を欠くこととなるときに備えて補欠の監事を選任することができ、監事の予備的補欠選任の際は、次の事項をあわせて決定しなければなりません（法43条2項、規則2条の9第2項）。
　①　当該候補者が補欠の監事である旨
　②　当該候補者を1人又は2人以上の特定の監事の補欠の監事として選任するときは、その旨及び当該特定の監事の氏名
　③　同一の監事（2人以上の監事の補欠として選任した場合にあっては、当該2人以上の監事）につき2人以上の補欠の監事を選任するときは、当該補欠の監事相互間の優先順位
　④　補欠の監事について、就任前にその選任の取消しを行う場合があるときは、その旨及び取消しを行うための手続

2　予備的補欠監事選任決議の効力
　予備的補欠の監事の選任に係る決議が効力を有する期間は、定款に別段の定めがある場合を除き、当該決議後最初に開催する定時評議員会の開始の時までとなります。ただし、評議員会の決議によってその期間を短縮することができます（規則2条の9第3項）。

3　補欠監事の選任と任期
　任期途中で退任した監事がいる場合に、その監事の補欠として新たに監事を選

任することができます。

　補欠の監事も、原則は、通常の監事と同様に選任後2年以内に終了する会計年度のうち最終のものに関する定時評議員会の終結の時までとなります（法45条）が、定款によって短縮することが可能であり、定款例のように「補欠として選任された監事の任期は、前任者の任期の満了する時までとすることができる。」とすることができます。

第1章　評議員・評議員会

監事の報酬

監事の報酬はどのようにして決定すればよいのでしょうか。

監事の報酬等の額は、定款又は評議員会で定める必要があります。
また、支給の基準を作成し、評議員会の承認を受けた上で、公表しなくてはなりません。

解説
1　報酬等の決定方法

監事の報酬等の額は、次のいずれかの方法で定める必要があります（法45条の18第3項、一般法人法105条1項）。

① 定款にその額を定める
② 定款にその額の定めがない場合、評議員会の決議により定める

ここでいう「額」とは、監事個人ごとの報酬額である必要はなく、全監事に対する報酬総額で足りると解されます。

また、無報酬とする場合にあっても、その旨を定める必要があります。

なお、各監事の報酬等について定款の定め又は評議員会の決議がないときは、当該報酬等は、監事の協議によって定めるとされています（法45条の18第3項、一般法人法105条2項）が、厚生労働省Q&Aにおいて『監事の報酬等の支給基準が評議員会の承認を受けて定められている場合、監事の報酬等の具体的な配分について評議員会の決議があったものとして、改めて監事の協議により、具体的な配分を決定する必要はない』とされていますので、事実上、監事の協議が必要な場面はないものと考えられます。

2　支給基準の作成と承認

法人は規則で定めるところにより、次の要素を考慮して、不当に高額なものとならないような支給の基準を定め（法45条の35第1項）、評議員会の承認を受ける必要があります（同条2項）。

① 民間事業者の役員の報酬等
② 民間事業者の従業員の給与
③ 当該法人の経理の状況

73

④　その他の事情

3　支給基準の内容

支給基準では、次の事項を定める必要があります（規則2条の42）。

① 　監事の勤務形態に応じた報酬等の区分

具体的には、常勤・非常勤別に報酬を定めることになります。

② 　報酬等の額の算定方法

i 　報酬等の算定の基礎となる額、役職、在職年数など、どのような過程を経てその額が算定されたか、法人として説明責任を果たすことができる基準を設定する必要があります。

ii 　評議員会が役職に応じた1人当たりの上限額を定めた上で、各監事の具体的な報酬金額については評議員会が決定するといった規定は許容されます。

iii 　評議員会の決議によって定められた総額の範囲内において決定するという規定や、単に職員給与規程に定める職員の支給基準に準じて支給するというだけの規定は、どのような算定過程から具体的な報酬額が決定されるのかを第三者が理解することは困難であり、法人として説明責任を果たすことができないため、認められていません。

iv 　退職慰労金については、退職時の月例報酬に在職年数に応じた支給率を乗じて算出した額を上限に各監事については評議員会が決定するという方法も許容されます。

③ 　支給の方法

支給の時期として、毎月なのか出席の都度なのか、各月又は各年のいつ頃かなどを規定します。

支給の手段として、銀行振込か現金支給かなどを規定します。

④ 　支給の形態

支給の形態とは、現金・現物の別等をいいます。ただし、「現金」「通貨」といった明示的な記載がなくとも、報酬額につき金額の記載しかないなど金銭支給であることが客観的に明らかな場合は、「現金」等の記載は必要ありません。

第1章　評議員・評議員会

4　支給基準の備置き、閲覧、公表

(1)　備置き

　　毎会計年度終了後3月以内に、規則で定めるところにより、報酬等の支給の基準を記載した書類（電磁的記録でも可能です。）を作成し、当該書類を5年間その主たる事務所に、その写しを3年間その従たる事務所に備え置かなければなりません（法45条の34第1項3号）。

　　ただし、当該書類が電磁的記録をもって作成されている場合であって、規則で定める措置※をとっている法人については、5年間主たる事務所に備え置くだけでよいとされています（同条5項）。

※　規則で定める措置（規則2条の5第4号）

　　社会福祉法人の使用に係る電子計算機を電気通信回線で接続した電子情報処理組織を使用する方法であって、当該電子計算機に備えられたファイルに記録された情報の内容を電気通信回線を通じて社会福祉法人の従たる事務所において使用される電子計算機に備えられたファイルに当該情報を記録するものによる措置

(2)　閲覧

　　何人も、法人の業務時間内は、いつでも、報酬等の支給基準を記載した書類について、次の請求をすることができます（法45条の34第3項）。

①　報酬等の支給基準が書面をもって作成されているときは、当該書面又は当該書面の写しの閲覧の請求

②　報酬等の支給基準が電磁的記録をもって作成されているときは、当該電磁的記録に記録された事項を紙面又は映像面に表示する方法により表示したものの閲覧の請求

(3)　公表

　　報酬等の支給基準について、評議員会の承認を受けたときは、当該承認を受けた報酬等の支給基準を、インターネットの利用により公表しなければなりません（法59条の2第1項2号、規則10条1項）。

5　無報酬の定めと支給基準の要否

　　監事の報酬を無報酬とする場合にも定款の定め又は評議員会の決議が必要となりますが、無報酬と定めた場合にも、支給基準を策定しなければならないのかが問題となります。

この点について、厚生労働省Ｑ＆Ａにおいて「役員及び評議員の報酬については、無報酬とすることも認められ、その場合には、原則として、報酬等の額や報酬等の支給基準を定めるときに無報酬である旨を定めることになるが、定款において無報酬と定めた場合については、法令により公表が義務付けられた定款により無報酬であることが確認できるため、支給基準を別途策定する必要はない。一方、役員の報酬等について、評議員会の決議によって定める場合については、別途支給基準を策定する必要がある。」とされています。

指導監査のポイント

　1　指摘基準

　①　定款に監事の報酬等の額が定款で定められていない場合に、監事の報酬等の額が評議員会の決議によって定められていない場合

　②　評議員会の決議によって監事の報酬総額のみが決定されている場合に、その具体的な配分が監事の全員一致の決定により定められていない場合

　③　監事の報酬等の支給基準が作成されていない場合

　④　監事の報酬等の支給基準について評議員（筆者注：評議員会）の承認を受けていない場合

　⑤　監事の報酬等の支給基準において規定すべき事項が規定されていない場合

　⑥　監事の報酬等の支給基準が定款等で定めた報酬等の額と整合がとれていない場合

　⑦　支給基準を作成する際に、民間事業者の役員の報酬等及び従業員の給与、当該法人の経理の状況その他の事情を考慮した検討が行われていない場合

　⑧　支払われた報酬等の額が定款等で定められた額を超えている場合

　⑨　支払われた報酬等の額が報酬等の支給基準に根拠がない場合

　⑩　監事の報酬等がインターネットの利用により公表されておらず、かつ、財務諸表等電子開示システムを利用した届出がなされていない場合

　⑪　必要な事項がインターネットの利用（法人ホームページ等）により公表されていない場合

なお、所轄庁が、法人が法人ホームページ等の利用により公表を行うことができないやむを得ない事情があると認めるときは、この限りではなく、法人が適切にインターネットの利用による公表を行うことができるよう助言等の適切な支援を行うものとされています。

2　着眼点
　①　役員の報酬等※については、法人の公益性を確保するとともに、法人の事業運営の透明性の向上を図るために情報公開を徹底する観点から、報酬等の額について、役員は定款で定める、又は評議員会の決議により定める、監事の報酬等の支給基準を作成し、評議員会の承認を受け、公表する、評議員、理事、監事の区分毎の報酬等の額の総額を公表する必要があります。
　　※　「報酬等」とは、報酬、賞与その他の職務遂行の対価として受ける財産上の利益及び退職手当をいうとされています。また、評議員会の出席等のための交通費は、実費相当額を支給する場合は報酬には該当しませんが、実費相当額を超えて支給する場合には、報酬等に含まれます。
　　　　なお、報酬等の額の定めと報酬等の支給基準は、報酬等の有無にかかわらず、必ず両方を規定する必要があることに留意する必要があるとされています。
　②　報酬等の支給基準については、民間事業者の役員の報酬等及び従業員の給与、当該社会福祉法人の経理の状況その他の事情を考慮して、不当に高額なものとならないような支給の基準を定めなければなりません。この報酬等の支給基準や支給額（水準）の妥当性については、民間事業者の役員の報酬等及び従業員の給与、当該社会福祉法人の経理の状況その他の事情を考慮して、不当に高額なものでないことを具体的に検討した上で基準を作成し評議員会の承認を受けること並びに支給基準及び報酬総額を公表することにより担保する仕組みとしているものです。指導監査を行うに当たっては、法人内においてこれらの仕組みが適正に機能しているかを確認します。
　③　報酬等の額や報酬等の支給基準を定めることとされていることは、評議員や役員に報酬等を支給しなければならないことを意味するものではなく、無報酬とすることも認められます。その場合には、原則として報酬等の額や報酬等の支給基準を定めるときに無報酬である旨を

定めることとなりますが、定款において無報酬と定めた場合について
は、支給基準を別途作成する必要はありません。
④　監事の報酬等の額は、理事の報酬等と同様に、定款にその額を定め
ていない場合には、評議員会の決議によって定めることから、定款に
監事の報酬等の額の定めがない場合には、評議員会の決議によって定
められているかを確認します。なお、監事の報酬等について定款にそ
の額を定めていない場合で、無報酬である場合には、評議員会で無報
酬であることを決議する必要があります。
⑤　定款又は評議員会の決議によって監事の報酬総額のみが決定されて
いるときは、その具体的な配分は、監事の協議により定めます。この
監事の協議は全員一致の決定による必要があるため、監事の全員一致
の決定により具体的な配分がなされているかを確認します。なお、こ
の場合の具体的な配分の協議については、手続や記録に関する規定は
ありませんが、報酬等は客観的根拠に基づいて支給されるべきもので
あり、法人又は監事において、監事の全員一致による決定が行われた
こと及びその決定内容を記載・記録した書類を作成すべきとされてい
ます。
⑥　監事に対する報酬等について、民間事業者の役員の報酬等及び従業
員の給与、当該法人の経理の状況その他の事情を考慮して、不当に高
額なものとならないような支給の基準を定めなければならず、また、
支給基準については、評議員会の承認を受けなければなりません。
⑦　支給基準の内容については、次の事項を定めます。
　　ⅰ　役員等の勤務形態に応じた報酬等の区分
　　　　常勤・非常勤別に報酬を定めることが考えられます。
　　ⅱ　報酬等の額の算定方法
　　　　報酬等の算定の基礎となる額、役職、在職年数など、どのような
　　　過程を経てその額が算定されたか、法人として説明責任を果たすこ
　　　とができる基準を設定することが考えられます。
　　　　注1　評議員会が役職に応じた1人当たりの上限額を定めた上で、各監
　　　　　　事の具体的な報酬金額については評議員会が決定するといった規定
　　　　　　は許容されます。
　　　　注2　退職慰労金については、退職時の月例報酬に在職年数に応じた支
　　　　　　給率を乗じて算出した額を上限に各監事については評議員会が決定

第1章　評議員・評議員会

するという方法も許容されます。

　注3　法人は、国等他団体の俸給表等を準用する場合、準用する給与規程（該当部分の抜粋も可）を支給基準の別紙として位置付け、支給基準と一体のものとして定めることになります。

　注4　評議員会の決議によって定められた総額の範囲内において決定するという規定や、単に職員給与規程に定める職員の支給基準に準じて支給するというだけの規定は、どのような算定過程から具体的な報酬額が決定されるかを第三者が理解することは困難であり、法人として説明責任を果たすことができないため、認められていません。

ⅲ　支給の方法

　支給の時期（毎月か出席の都度か、各月又は各年のいつ頃か）や支給の手段（銀行振込か現金支給か）等が考えられます。

ⅳ　支給の形態

　現金・現物の別等を記載します。ただし、報酬額につき金額の記載しかないなど、金銭支給であることが客観的に明らかな場合は、「現金」等である旨の記載は特段なくても差し支えありません。

⑧　役員等の報酬等の支給基準が「不当に高額」でないことについては、法人に説明責任があります。そのため、支給基準が、民間事業者の役員の報酬等及び従業員の給与、当該法人の経理の状況その他の事情を考慮した上で定められたものであることについて、どのような検討を行ったかを含め、具体的に説明できることが求められます。

⑨　指導監査を行うに当たっては、監事の報酬等の支給基準が作成されており、評議員会の承認を受けていること及び支給基準に規定すべき事項が定められていることを確認します。また、支給基準が「不当に高額」であるかどうかについては、所轄庁が「不当に高額」であるおそれがあると認める場合は、法人で支給基準を作成する際に、民間事業者の役員の報酬等及び従業員の給与、当該法人の経理の状況その他の事情を考慮して検討が行われたかを確認します（具体的な検討内容は問いません。）。

⑩　指導監査を行うに当たっては、報酬等の支給基準がインターネットの利用による公表がなされているかを確認します。

⑪　監事の報酬等については、定款又は評議員会の決議により定められた額及び報酬の支給基準に従って支給される必要があります。

　指導監査を行うに当たっては、監事の報酬が、定款等で定められた

額及び報酬等の支給基準に反するものとなっていないかを確認します。

⑫　法人運営の透明性を確保する観点から、監事の報酬等については、その総額を現況報告書に記載の上、公表することになります。

⑬　指導監査においては、監事の報酬の総額がインターネットの利用による公表又は財務諸表等電子開示システムを利用した届出がなされているかを確認します。

3　厚生労働省Q＆A
　問①　交通費は支給基準を定める必要がある報酬に含まれますか。
　答①　交通費の実費相当分は報酬に含まれません。なお、名称（「車代」等）にかかわらず、実質的に報酬に該当するものは、支給基準の対象とする必要があります。

　問②　役員及び評議員の報酬について、定款で無報酬と定めた場合についても、役員報酬基準を策定し、無報酬である旨を定める必要はありますか。

　答②　役員及び評議員の報酬については、無報酬とすることも認められ、その場合には、原則として、報酬等の額や報酬等の支給基準を定めるときに無報酬である旨を定めることになりますが、定款において無報酬と定めた場合については、法令により公表が義務付けられた定款により無報酬であることが確認できるため、支給基準を別途策定する必要はありません。一方、役員の報酬等について、評議員会の決議によって定める場合については、別途支給基準を策定する必要があります。

4　確認書類
　①　定款
　②　評議員会の議事録
　③　監事の報酬等の具体的な配分の決定が行われたこと及びその決定内容を記録した書類
　④　監事の報酬等の支給基準
　⑤　報酬等の支払いの内容が確認できる書類

第1章　評議員・評議員会

［役員等報酬を無報酬とする場合の報酬等支給基準例］

社会福祉法人○○会役員・評議員の報酬等に関する規程

（趣旨）
第1条　この規程は、社会福祉法（昭和26年法律第45号）第45条の35第1項及び社会福祉法人○○会定款第○条及び第○条の規定に基づき、役員及び評議員の報酬等及び費用に関し、必要な事項を定めるものとする。

（定義）
第2条　この規程において、次の各号に掲げる用語の定義は、当該各号に定めるところによる。
　（1）報酬等とは、報酬・賞与その他名称にかかわらず、職務執行の対価として受ける財産上の利益をいう。
　（2）費用とは、交通費、旅費（宿泊費を含む。）等の職務執行に伴い発生する経費をいう。

（報酬等の支給）
第3条　役員及び評議員の報酬等は、無報酬とする。

（費用弁償）
第4条　役員及び評議員がその職務を行うために要する費用は、弁償することができる。
2　費用の弁償については、社会福祉法人○○会旅費規程に基づき支給する。

（改廃）
第5条　この規程の改廃は、評議員会の決議を得て行う。

（附則）
第6条　この規程は、平成　年　月　日から施行する。

（東京都福祉保健局：「改正社会福祉法に対応した法人運営に関する講習会」資料）

監事の報酬額を毎年決議することの要否

監事の報酬等の額を評議員会の決議により定めている場合、報酬等の額を毎年評議員会で決議する必要がありますか。

金額に変更がある場合には、改めて評議員会で決議する必要があります。金額の変更がない場合には、改めて毎年評議員会で決議する必要はないと解されますが、指導監査の実務が明確になるまでは決議した方が無難です。

解説
1 報酬等の決定方法
監事の報酬等の額は、次のいずれかの方法で定める必要があります（法45条の18第3項、一般法人法105条1項）。
① 定款にその額を定める
② 定款にその額の定めがない場合、評議員会の決議により定める

②の評議員会の決議により定めている場合、報酬等の額を毎年評議員会で決議する必要があるかが問題となります。

2 報酬等の額に変更がある場合
監事の報酬等の額に変更がある場合（現行の報酬等の額を増額する必要がある場合など）には、改めて評議員会で報酬等の額を決議する必要があります。

3 報酬等の額に変更がない場合
監事の報酬等の額について、一度決議した金額を変更する必要がない場合にも、毎年評議員会で決議をする必要があるかについては、法令上の明文の規定はないため、解釈に委ねられます。

そして、同趣旨の規制が存在する会社法においては、限度額を一度決定すれば、その限度額を変更するまでは新たに決議を経る必要はないと解されており（大阪地判昭和2年9月26日法律新聞2762号6頁）、限度額が10年以上改改定されない例も珍しくないといわれています（落合誠一『会社法コンメンタール8』162頁（商事法務、2009））。

第1章　評議員・評議員会

　また、東京都が公表している『定時評議員会議事録作成例』の中には、「報酬額についても、報酬規程についても、一度行った決議の内容は改正があるまでは有効で、毎年度の決議は必要ないとのことです。」という記載があります。

　以上の見解によれば、報酬等の額に変更がない場合には、改めて評議員会で決議する必要はないと考えられます。

　ただし、この点についての厚生労働省の見解は明らかにされていませんので、所轄庁によって判断が異なる可能性も否定できないことから、指導監査の実務が明確になる間、法人としては毎年決議をしておくほうが無難といえます。

会計監査人の選任方法と任期

会計監査人の選任方法と任期について教えてください。

会計監査人は、評議員会の決議によって選任することになりますが、評議員会に提出する選任議案の内容は監事の過半数をもって決定することになります。
　任期は、評議員会で選任された日から1年以内に終了する会計年度のうち最終のものに関する定時評議員会の終結の時までとなります。

解説
1　会計監査人の選任手続
(1)　選任機関

　　会計監査人は、評議員会の決議によって選任します（法43条1項）。
　　当該決議は普通決議ですので、定款に別段の定めがない限り、議決に加わることができる評議員の過半数が出席し、その過半数をもって行うことになります（法45条の9第6項）。

(2)　選任議案の決定

　　会計監査人の選任に関する議案の内容は、理事会の決議ではなく、監査人の過半数をもって決定することになります（法43条3項、一般法人法73条）。

(3)　指導監査ガイドライン記載の選任手続の問題点

　　指導監査ガイドラインでは「評議員会に提出された会計監査人の選任……に関する議案については、監事の過半数の同意を得なければならず」「理事会による会計監査人候補者の選任は適切に行われているか」といった記載があり、会計監査人の選任に関する議案の内容を理事会が決定することを前提としています。しかし、これらの記載は法が定める上記手続とは異なっていると考えられます。
　　法が準用している一般法人法における当該手続に関する条文は、平成26年に改正されており、同改正前は指導監査ガイドライン記載の手続となっていました。しかし、会計監査人の独立性を確保するという観点からは必ずしも

第1章　評議員・評議員会

十分な手続ではないとの指摘を受け、会計監査人の選任に関する議案の内容は理事会ではなく監事が決定することと変更されました。指導監査ガイドラインの記載は同改正前の手続を参照して書かれており、現行法の定めとは異なってしまったものと考えられます。

2　任期

(1)　始期

　　ある者が法人の会計監査人になるには、評議員会の選任行為（選任決議）と被選任者の会計監査人への就任承諾が必要となります。そうすると、会計監査人としての任期の始期は、選任行為と就任承諾の両方が行われた時点（どちらか遅い方がされた時点）となりそうです。

　　しかし、厚生労働省Q＆Aによれば、任期の起算点を『就任時』とすると、就任承諾は被選任者の意向に委ねられる結果、評議員会の選任決議と就任承諾との間に長期間の隔たりがある場合などにおいて、任期の終期が評議員会の意思に反する事態が生じかねないため、任期の起算点は、評議員会における『選任時』になるとされています。

　　また、選任決議の効力発生時期を遅らせる決議をしたとしても、任期の起算点は、選任決議を行った日になるとされています。

　　したがって、会計監査人の任期の始期は、評議員会において会計監査人選任決議を行った日となります。

(2)　終期

　　会計監査人の任期の終期は、選任後1年以内に終了する会計年度のうち最終のものに関する定時評議員会の終結の時となります（法45条の3第1項）。

指導監査のポイント

（※現行指導監査ガイドラインに基づいて記載していますが、上記のとおり間違っている可能性がありますので、注意が必要です。）

1　指摘基準

①　会計監査人が評議員会の決議により選任されていない場合

②　理事会による会計監査人候補者の選定が適切に行われていない場合

③　評議員会に提出された会計監査人の選任に関する議案について、監

85

事の過半数の同意を得ていない場合

2　着眼点
① 　会計監査人の設置を定款で定めた法人は、会計監査人として、公認会計士又は監査法人を評議員会において選任します。
② 　評議員会で会計監査人の選任を行う際は、理事会が特定の公認会計士又は監査法人を会計監査人候補者として、会計監査人の選任に関する議案を評議員会に提出することとなります。会計監査人候補者の選定を行うに当たっては、会計監査人が、中立・公正な立場から法人の会計監査を行うものであることから、その業務の性質上、入札により最低価格を提示したことのみを選定の基準とすることは適当ではなく、通常の契約ルールとは別に、複数の公認会計士等から提案書等を入手し、法人において選定基準を作成し、提案内容について比較検討の上、選任する等の方法をとることが適当であるとされています。
③ 　評議員会に提出された会計監査人の選任に関する議案については、監事の過半数の同意を得なければならず、これらの議案を提出する際には上記の評議員会における会計監査人の選任の手続と同様の手続を経た上で、監事の過半数の同意を得ることが必要であるとされています。
④ 　指導監査を行うに当たっては、会計監査人が評議員会において選任されているか、理事会による会計監査人候補者の選任は適切に行われているか評議員会に提出された会計監査人の選任に関する議案について監事の過半数の同意を得ているかを確認することとされています。

3　確認書類
① 　評議員会の議事録
② 　理事会の議事録
③ 　監事の過半数の同意を証する書類（理事会の議事録に記載がない場合）
④ 　会計監査人候補者の選定に関する書類

第1章　評議員・評議員会

実務のポイント

　解説のとおり、会計監査人の選任に関する手続は、法の定めと指導監査ガイドラインの記載が異なっていると考えられます。そのため、現行の指導監査ガイドラインが適用される間は、法人が会計監査人を選任する前に、所轄庁とよく相談して選任手続を決定する必要があるように思われます。

　一方、所轄庁としては、法人が指導監査ガイドラインに従って選任手続をした場合又は法の定めに従って選任手続をした場合には、いずれも指摘することは適当ではないように思われますので、会計監査人を設置している法人の指導監査を行う際には、予め方針を決めて実施する必要があります。

会計監査人の資格

Q25 会計監査人になれる人の要件はありますか。また、なれない人はいますか。

A 会計監査人になれるのは、公認会計士又は監査法人に限られています。一方、公認会計士又は監査法人であっても、一定の場合には会計監査人になれませんので、注意が必要です。

解説

1 会計監査人の設置

会計監査人は、全ての社会福祉法人に必置ではなく「特定社会福祉法人」にのみ設置が義務付けられた機関になります（法37条）。

「特定社会福祉法人」とは、平成30年現在においては次のいずれかに該当する法人をいいます（令13条の３）。

① 最終会計年度における社会福祉事業並びに公益事業及び収益事業による経常的な収益の額が30億円を超える法人

② 最終会計年度に係る貸借対照表の負債の部に計上した額の合計額が60億円を超える法人

「特定社会福祉法人」の要件たる上記金額は、段階的に引き下げられることが予定されていますので、今後の動きを注視する必要があります。

なお、「特定社会福祉法人」に該当しない法人においても、任意に会計監査人を設置することは可能です。

2 会計監査人の要件

会計監査人は、公認会計士又は監査法人でなくてはなりません（法45条の２第１項）。

3 会計監査人になれない者

公認会計士又は監査法人であっても、公認会計士法の規定により、計算書類について監査をすることができない次の場合には、会計監査人となることができません（法45条の２第３項）。

第1章　評議員・評議員会

① 　公認会計士又はその配偶者が、当該法人の役員、これに準ずるもの若しくは財務に関する事務の責任ある担当者である、又は過去1年以内にこれらの者であった場合（公認会計士法24条1項1号）

② 　税務顧問に就任している公認会計士又はその配偶者が、被監査法人から当該業務により継続的な報酬を受けている場合（同条1項3号、同施行令7条1項6号）

89

会計監査人になれない者でないことの確認方法

Q26 会計監査人になれない者ではないことをどのように確認すればよいのでしょうか。

　指導監査ガイドラインによれば、法人（理事会）が会計監査人候補者として選定する際に当該候補者に確認することとされていますが、解説記載のとおり注意が必要です。

解説

　法によって、会計監査人になれない者が規定されています（Q25参照）が、法人としてどのようにして確認すればよいのでしょうか。

　この点について、指導監査ガイドラインにおいては、『法人（理事会）が会計監査人候補者として選定する際に、当該候補者に対して、会計監査人に選任することができない者ではないことを確認する』ことで足りるとされています。

　ただし、Q24の解説にあるとおり、会計監査人の選任手続についての指導監査ガイドラインの記述は間違っていると思われます。会計監査人の選任に関する議案の内容は理事会ではなく監事が決定することになるため（法43条3項、一般法人法73条）、確認方法については『監事が会計監査人候補者として選定する際に、当該候補者に対して確認する』又は『監事が会計監査人候補者として選定した後に、理事会として当該候補者に対して確認する』ことになろうかと思われますので、実務においては注意する必要があります。

指導監査のポイント

　（※現行指導監査ガイドラインに基づいて記載していますが、上記のとおり間違っている可能性がありますので、注意が必要です。）

　1　指摘基準

　　理事会による会計監査人候補者の選定に当たって、候補者に対して、会計監査人に選任することができない者でないことを確認していない場合

第1章　評議員・評議員会

2　着眼点
① 　会計監査人候補者の選定に当たっては、公認会計士法の規定により、計算書類の監査を行うことができない者は会計監査人になることができないことから、このような者でないかを確認する必要があるとされています。
② 　指導監査を行うに当たっては、会計監査人として選任することができない者でないかを確認します。なお、会計監査人として選任することができない者でないかについては、法人（理事会）が候補者として選定する際に当該候補者に確認しているかを確認するとされています。

3　確認書類
　会計監査人候補者の選定に関する書類

実務のポイント

　解説に記載したとおり、会計監査人の選任手続に関する指導監査ガイドラインの記載は間違っていると考えられるため、それに伴い、会計監査人になれない者ではないことの確認方法も指導監査ガイドライン記載の方法と異なる可能性があります。しかし、所轄庁としては指導監査ガイドラインに基づいて指導監査を行うことになりますので、法人としては指導監査ガイドライン記載の確認方法をとった上で、念のため重ねて監査役として候補者を選定する際にも確認をとる方が無難だといえます。
　一方、指導監査を行う所轄庁としては、法人が指導監査ガイドライン記載の方法で確認をとっていた場合はもちろん、監査役が候補者を選定する際に確認をとっていた場合にも指摘をすることは控えるべきだと考えられます。

会計監査人の報酬

 会計監査人の報酬はどのようにして決定すればよいのでしょうか。

 会計監査人の報酬等は、法人における業務執行の決定手続（理事会決議又は理事会から委任を受けた理事の決定）により決定されますが、監事の過半数の同意を得る必要があります。

解説
報酬等の決定方法

　会計監査人は、理事及び監事と同様、評議員会において選任されます（法43条1項）。しかし、理事及び監事の報酬等は定款又は評議員会決議で定めるとされているのに対し、会計監査人の報酬等については定款又は評議員会決議で決定することとはなっていません。

　そのため、会計監査人と法人との間で締結される監査契約において報酬等が定められることになるところ、同契約に定められる報酬等は、原則として一般の取引契約と同様の業務執行の決定手続（理事会決議又は理事会から委任を受けた理事の決定）により決定されることになります。

　ただし、法人の計算書類の監査を行うという会計監査人の職務の性質上、業務執行者たる理事が任意に報酬等を決定することは適当でないため、監事の過半数の同意を得る必要があるという規律になっています（法45条の19第6項、一般法人法110条）。

　また、理事及び監事について作成が義務付けられている支給基準の作成も必要ありません。

指導監査のポイント

1　指摘基準
　　会計監査人の報酬等を定める場合に監事の過半数の同意を得ていない場合

第1章　評議員・評議員会

2　着眼点
① 　会計監査人の報酬等については、評議員や役員と異なり、法令上定款又は評議員会の決議で定めることとはされておらず、法人の業務執行に関するものとして、監事の過半数の同意を得て、理事会又は理事会から委任を受けた理事が定めることになります。
② 　指導監査を行うに当たっては、理事会等が会計監査人の報酬等を定める際に監事の過半数の同意を得ているかを確認します。
③ 　理事会の議事録において、会計監査人の報酬等を定める際に監事の過半数の同意を得ている旨の記載があり、かつ、監事の議事録への署名又は記名押印により、監事の過半数の同意を得ていたことが確認できる場合には、議事録とは別に監事の過半数の同意を得たことを証する書類は必要ないとされています。

3　確認書類
① 　理事会の議事録
② 　監事の過半数の同意を得たことを証する書類

評議員会の開催手続

評議員会を開催するにはどのような手続を行えばよいのでしょうか。

原則として、理事会で評議員会の招集決議を行い、その決議に従って招集通知を発する方法で開催します。

その他に、評議員による招集及び評議員全員の同意によって招集手続を省略して開催する方法もあります（Q35参照）。

招集通知を発する場合には、評議員会の日の1週間（これを下回る期間を定款で定めた場合にあっては、その期間）前までに、評議員に対して、招集通知を発する必要があります。

解説

評議員会を開催する方法は次のとおりです。

1 理事会決議に基づく招集

原則として、評議員会は、理事が招集することによって開催することになります（法45条の9第3項）。そして、理事が評議員会を招集するためには、理事会で、次の事項を決定する必要があります（法45条の9第10項、一般法人法181条1項、規則2条の12）。

① 評議員会の日時及び場所
② 評議員会の目的である事項があるときは、当該事項
③ 評議員会の目的である事項に係る議案（当該目的である事項が議案となるものは除く。）の概要（議案が確定していない場合にあっては、その旨）

上記の理事会決議に基づいて評議員に招集通知を発する場合、評議員会の日の1週間（これを下回る期間を定款で定めた場合にあっては、その期間）前までに評議員に対して、招集通知を発する必要があります（法45条の9第10項、一般法人法182条1項）。

1週間前とは、招集通知を発する日と評議員会の日との間に中1週間をとることを意味しますので、例えば5月28日に評議員会を開催する場合には、5月20日までに招集通知を発する必要があります。

なお、1週間前までに行わなくてはならないのは、招集通知を発することであ

第1章　評議員・評議員会

り、到達していることまでは求められていません。

　また、招集通知は、書面又は評議員の承諾を得て電磁的方法のいずれかによって行う必要があります（法45条の９第10項、一般法人法182条１項、２項、令13条の６、規則２条の13）。

２　評議員による招集

　評議員は、理事に対し、評議員会の目的である事項及び招集の理由を示して、評議員会の招集を請求することができます（法45条の９第４項）。

　招集請求をした後、次の要件のいずれかを満たす場合には、評議員は所轄庁の許可を得て、評議員会を招集することができます（法45条の９第５項）。

①　招集請求の後、遅滞なく招集の手続が行われない場合

②　招集請求があった日から６週間（これを下回る期間を定款で定めた場合にあっては、その期間）以内の日を評議員会の日とする評議員会の招集の通知が発せられない場合

　招集する評議員は、評議員会の日の１週間（これを下回る期間を定款で定めた場合にあっては、その期間）前までに招集通知を発する必要があります（法45条の９第10項、一般法人法182条）。

指導監査のポイント

１　指摘基準

①　評議員会の日時及び場所等が理事会の決議によって定められていない場合

②　評議員会の１週間（又は定款に定めた期間）前までに評議員に通知がなされていない場合

③　電磁的方法により通知をした場合に、評議員の承諾を得ていない場合

④　評議員会の招集通知に必要事項が記載されていない場合

２　着眼点

　評議員会の招集については、理事会の決議により評議員会の日時及び場所等※を定め、理事が評議員会の１週間（又は定款に定めた期間）前までに評議員に書面又は電磁的方法（電子メール等）により通知をする

95

方法で行わなければなりません。なお、電磁的方法で通知をする場合には、評議員の承諾を得なければなりません。指導監査を行うに当たっては、これらの手続が適正になされているかを確認します。

※　理事会の決議により定めなければならない事項（招集通知に記載しなければならない事項）
　　ⅰ　評議員会の日時及び場所
　　ⅱ　評議員会の目的である事項がある場合は当該事項
　　ⅲ　評議員会の目的である事項に係る議案（当該目的である事項が議案となるものを除きます。）の概要（議案が確定していない場合はその旨）

3　確認書類
　①　評議員会の招集通知
　②　理事会の議事録
　（③　定款※）
　※　指導監査ガイドラインには記載はありませんが、定款で招集通知期間を短縮している場合がありますので、定款も確認書類になるものと思われます。

第1章　評議員・評議員会

定時評議員会の開催時期

定時評議員会はいつまでに開催しなくてはならないのでしょうか。

定時評議員会は、遅くとも6月中には開催する必要があります。

解説

　法は、定時評議員会の招集については、「毎会計年度の終了後一定の時期に招集しなければならない。」と定めている（法45条の9第1項）だけで、具体的にいつまでに開催しなくてはならない旨の規定はありません。

　しかし、毎会計年度終了後3月以内に、規則で定めるところにより、計算書類等及び財産目録等を所轄庁に届け出なくてはならないところ（法59条）、当該計算書類は定時評議員会の承認を受けなければなりません（法45条の30第2項）。

　会計年度は3月31日に終了するため（法45条の23第2項）、会計年度終了後3月以内に計算書類を所轄庁に届け出るためには、遅くとも6月中には定時評議員会を開催する必要があります。

指導監査のポイント

1　指摘基準

　定時評議員会が計算書類等を所轄庁に届け出る毎年6月末日（定款に開催時期の定めがある場合にはそのとき）までに招集されていない場合

2　着眼点

　定時評議員会は毎会計年度終了後一定の時期に招集されなければならず、また、計算書類等については、毎年6月末日までに定時評議員会の承認を受けた若しくは定時評議員会に報告した上で、所轄庁に届出をしなければなりません。そのため、計算書類等を所轄庁に届け出る毎年6月末日（定款に開催時期の定めがある場合にはそのとき）までに定時評議員会が開催されているかについて確認します。なお、定時評議員会の開催時期については、定款に具体的に記載されることが望ましいもので

あり、当該時期を定款に記載した場合には、当該時期までに開催される必要があります。

3　確認書類
① 　評議員会の招集通知
② 　評議員会の議事録
（③ 　定款※）
※　指導監査ガイドラインに記載はありませんが、定款で定時評議員会の開催時期の定めがある場合には、当該時期までに開催する必要がありますので、定款も確認書類になるものと思われます。

第1章　評議員・評議員会

定時評議員会の招集決議を行う理事会の開催日

定時評議員会の招集決議を行う理事会の開催日について、特別に注意することはありますか。

厚生労働省の見解によれば、定時評議員会の招集決議をする理事会と定時評議員会の開催日との間隔については「定時評議員会においては、計算書類等の備置き及び閲覧に係る規定との関連から、2週間の間隔を空ける必要がある」とされています。

解説

1　評議員会の招集決議

原則として、評議員会は、理事が招集することによって開催することになります（法45条の9第3項）。そして、理事が評議員会を招集するためには、理事会で、次の事項を決定する必要があります（法45条の9第10項、一般法人法181条1項、規則2条の12）。

① 評議員会の日時及び場所
② 評議員会の目的である事項があるときは、当該事項
③ 評議員会の目的である事項に係る議案（当該目的である事項が議案となるものは除く。）の概要（議案が確定していない場合にあっては、その旨）

上記の理事会決議に基づいて評議員に招集通知を発する場合、評議員会の日の1週間（これを下回る期間を定款で定めた場合にあっては、その期間）前までに評議員に対して、招集通知を発する必要があります（法45条の9第10項、一般法人法182条1項）。

2　定時評議員会の招集

上記のとおり、原則として、評議員会を開催するためには、招集通知期間との関係で、1週間（これを下回る期間を定款で定めた場合にあっては、その期間）前までには、評議員会を招集する理事会決議を行う必要があります。

それでは、定時評議員会を招集する理事会決議も1週間前までに行えばよいのでしょうか。これに対しては、厚生労働省Q&Aでは次のような考え方が示されています。

（厚生労働省Q&A）

　　問　評議員会の招集を決定する理事会と、その後開催する評議員会の開催日
　　　は、何日の間隔を置くことになりますか。

　　答　定時評議員会においては、計算書類等の備置き及び閲覧に係る規定（法第
　　　45条の32第１項）との関連から、２週間の間隔を空ける必要がありますが、
　　　それ以外の評議員会については１週間の間隔を置くことになります。

　上記の厚生労働省の見解に従えば、定時評議員会を招集する理事会決議は、定
時評議員会の２週間前までに行う必要があります。

3　厚生労働省の見解に対する私見

　それでは、上記の厚生労働省の見解は正しいのでしょうか。まずは、根拠とさ
れている規定を確認する必要があります。法45条の32第１項は「社会福祉法人
は、計算書類等……を、定時評議員会の日の２週間前の日……から５年間、その
主たる事務所に備え置かなければならない。」と規定します。

　ここで、疑問の１つ目ですが、同規定が定時評議員会の日の２週間前の日まで
に行わなくてはならないとしているのは、定時評議員会の招集決議ではなく、計
算書類等の備置きである点です。そのため、計算書類等の備置きが定時評議員会
の日の２週間前の日までに行われていれば、同規定に反することにはなりませ
ん。そしてその後、例えば定時評議員会の日の10日前に定時評議員会を招集する
理事会決議を行ったとしても、同規定との関係で問題になることはないように思
われます。一方、仮に定時評議員会の日の２週間前までに理事会決議を行ってい
たとしても、計算書類等の備置きが２週間前までに行われていない場合には、法
令違反になるはずです。

　疑問の２つ目ですが、おそらく厚生労働省の見解は、定時評議員会の日の２週
間前の日までに備え置かれる計算書類等が、『理事会での承認を受けた計算書類
等』であることを前提としているように思われます。確かに「計算書類等」の一
部である計算書類及び事業報告並びにこれらの附属明細書は、理事会の承認を受
ける必要があります（法45条の28第３項）。しかし、定時評議員会の日の２週間
前の日までに備え置かなければならない計算書類等は、理事会の承認を受けてい
る必要があるのでしょうか。法45条の32第１項の規定をもう一度みてみると「計
算書類等」という文言となっていますが、別の条文である法45条の29では「前条
第３項の承認を受けた計算書類及び事業報告」、法45条の30第１項では「第45条
の28第３項の承認を受けた計算書類及び事業報告」という文言になっています。

第1章　評議員・評議員会

これらの規定の文言と比較すれば、定時評議員会の日の2週間前の日までに備え置く必要がある計算書類等は、理事会の承認を受けている必要はないと読むのが整合的ではないでしょうか。そうであれば、定時評議員会の日の2週間前までに（理事会での承認を受けているか否かにかかわらない）計算書類等を備え置き、その後、例えば定時評議員会の日の10日前に定時評議員会を招集する理事会決議を行ったとしても、法令違反にはならないと考えます。

　したがって、私見としては厚生労働省の見解には根拠がないと考えますが、仮に私見が正しかったとしても、少なくとも所轄庁は厚生労働省の見解に従うことになるでしょうから、法人としては、厚生労働省の見解に従った運営をした方が無難であるといえます。

指導監査のポイント

　指導監査ガイドラインにおいては、定時評議員会を招集する理事会決議が定時評議員会の日の2週間前までに行われていたか否かを確認することにはなっていません。そのため、指導監査ガイドラインに従う指導監査を行う限りは、仮に2週間前までに理事会決議を行っていなくとも、指摘事項になることはないように思われますが、厚生労働省の見解に従うと法令違反となりますので、指導監査の現場でどのような対応となるかは今後の実務を見守る必要があるように思います。

定時評議員会の招集通知に際する計算書類等の提供

 定時評議員会の招集通知を発する際に、注意することはありますか。

 定時評議員会の招集通知に際して、評議員に対して、理事会の承認を受けた計算書類、事業報告及び財産目録並びに監査報告を提供しなければなりません。

解説
1 招集の通知の際の計算書類等の提供

定時評議員会の招集の通知に際しては、理事は、評議員に対して、理事会の承認を受けた計算書類（貸借対照表及び収支計算書）、事業報告及び財産目録並びに監査報告を提供しなければなりません（法45条の29、規則2条の40第2項）。

提供の方法は、次のいずれかになります。
① 招集通知を書面で発する場合
　i 提供する計算書類等が書面をもって作成されている場合
　　当該書面に記載された事項を記載した書面の提供
　ii 提供する計算書類等が電磁的記録をもって作成されている場合
　　当該電磁的記録に記録された事項を記載した書面の提供
② 招集通知を電磁的方法で発する場合
　i 提供する計算書類等が書面をもって作成されている場合
　　当該書面に記載された事項の電磁的方法による提供
　ii 提供する計算書類等が電磁的記録をもって作成されている場合
　　当該電磁的記録に記録された事項の電磁的方法による提供

2 計算書類等の修正方法の通知

計算書類、事業報告又は財産目録の内容とすべき事項について、定時評議員会の招集通知を発出した日から定時評議員会の前日までの間に修正すべき事情が生じた場合における修正後の事項を評議員に周知させる方法を、当該招集通知と併せて通知することができます（規則2条の38第3項、2条の40第2項）。

第1章　評議員・評議員会

指導監査のポイント

　　指導監査ガイドラインにおいては、定時評議員会の招集の通知に際して計算書類等が提供されていたか否かを確認することにはなっていません。そのため、指導監査ガイドラインに従う指導監査を行う限りは、仮に提供していなくとも、文書指摘になることはないように思われますが、明らかに法令違反となりますし、この計算書類等の提供は失念しやすいので、指導監査の現場でどのような対応となるかは今後の実務を見守る必要があるように思います。

評議員会招集通知の記載事項

 評議員会の招集通知には何を記載する必要があるのでしょうか。

 法定の記載事項として、解説①〜③があるほか、一般的には④〜⑧を記載します。

解説

評議員会の招集通知には、法で①から③の事項の記載が求められています（法45条の9第10項、一般法人法182条3項）。その他にも、④から⑧の事項を記載するのが一般的な取扱いであると思われます。

① 評議員会の日時及び場所

　開催日は、元号表示で曜日を付して記載するのが一般的と思われますが、西暦表示であっても問題ありません。

　場所については、評議員が会場の所在を知り得る程度に、住所、建物の名称及び会場の名称などを具体的に記載することが必要となります。また、前回の評議員会から開催場所を変更した場合には、変更した旨を記載するとよいでしょう。

② 評議員会の目的である事項があるときは、当該事項

　目的である事項とは、報告事項と決議事項をいいますので、一般的には「報告事項」と「決議事項」に分けて記載する方法がとられています。

③ 評議員会の目的である事項に係る議案（当該目的である事項が議案となるものを除く。）の概要（議案が確定していない場合にあっては、その旨）

④ 発信日付

　発信日付は元号表示が一般的といわれていますが、西暦表示であっても問題ありません。

⑤ 宛名

　宛名は、評議員の個々の氏名の記載までは不要であり、「評議員各位」や「評議員の皆様へ」などと記載すれば足ります。

⑥ 招集者

　招集通知には、誰が会議を招集しているのかを明示するために、法人の名称、招集者の地位を付した氏名が記載されるのが一般的といえます。

第 1 章　評議員・評議員会

⑦　標題

　「定時評議員会」なのか「臨時評議員会」なのかを明らかにするため、「第
○回定時評議員会招集ご通知」「臨時評議員会招集ご通知」などと分けて記
載するのが一般的といえます。

⑧　本文

　評議員会を開催する旨と出席要請を記載し、「拝啓」に始まって「敬具」
で終わる手紙形式で記載するのが一般的といえます。

指導監査のポイント

　1　指摘基準

　　評議員会の招集通知に必要事項が記載されていない場合

　2　着眼点

　　評議員会の招集については、理事会の決議により評議員会の日時及び
　場所等※を定め、理事が評議員会の 1 週間（又は定款に定めた期間）前
　までに評議員に書面又は電磁的方法（電子メール等）により通知をする
　方法で行わなければなりません。

　　※　理事会の決議により定めなければならない事項（招集通知に記載しなけ
　　　ればならない事項）

　　　①　評議員会の日時及び場所

　　　②　評議員会の目的である事項がある場合は当該事項

　　　③　評議員会の目的である事項に係る議案（当該目的である事項が議案と
　　　　なるものを除く。）の概要（議案が確定していない場合はその旨）

　3　確認書類

　　評議員会の招集通知

［定時評議員会招集通知　作成例］

平成○年○月○日

各評議員　様

社会福祉法人○○会
理事長　○○○○

第○回定時評議員会の開催について

拝啓　ますますご清栄のこととお慶び申し上げます。
　さて、第○回定時評議員会を下記により開催いたしますので、ご多忙中誠に恐縮ですが、ご出席くださいますようお願いいたします。

記

1　日時
　　平成○年○月○日（○曜日）　○時○分から○時○分まで（予定）

2　場所
　　○○区○○一丁目○番○号　社会福祉法人○○会法人本部　会議室

3　議題
　　報告事項
　　（1）平成○年度事業報告の件
　　決議事項
　　（1）平成○年度計算書類・財産目録の承認の件
　　（2）理事6名及び監事2名の選任の件
　　（3）役員の報酬額決定及び役員等報酬規程の承認の件
　　（4）定款変更の件

4　議案の概要
　　（1）第1号議案
　　　　別添の決算報告書に記載のとおりです。

　　（2）第2号議案
　　　　第○回定時評議員会終結により、理事6名及び監事2名の任期が満了となりますので、次期役員の選任をお願いいたします。理事会より提案させていただく候補者は、別添「次期役員候補者名簿」のとおりです。

　　（3）第3号議案
　　　　平成29年4月1日に施行された改正社会福祉法により、役員の報酬額の決定及び役員報酬規程の承認について評議員会の決議が必要となりましたので、

第1章　評議員・評議員会

　　　審議をお願いいたします。理事会より提案させていただく内容は、別添の「理事及び監事の報酬総額（案）」及び「役員等報酬規程（案）」のとおりです。

（4）第4号議案
　　　平成○年○月○日の第○回理事会において決定した新規事業である○○事業を追加する定款変更につきまして、審議をお願いいたします。

　なお、社会福祉法第45条の9第8項の規定により、決議事項に特別の利害関係を有する評議員は、決議に加わることができないこととされております。該当する議案がございましたら、事務局までお申し出くださいますよう、お願いいたします。

5　事務局連絡先
　　社会福祉法人○○会　法人本部（担当　○○）
　　〒○○○—○○○○
　　住所　・・・・・・・・
　　電話　・・・・・・・・

（東京都福祉保健局：「改正社会福祉法に対応した法人運営に関する講習会」資料）

電子メールによる招集通知の可否

評議員会の招集通知を電子メールで行うことはできますか。

招集通知は、原則として書面で発することになりますが、評議員の承諾を得られれば電子メールによって行うことができます。

解説

　評議員会の招集通知は、原則として書面で発することとされています（法45条の9第10項、一般法人法182条1項）。

　電磁的方法による招集通知も許容されていますが、その場合には、あらかじめ評議員に対し、その用いる電磁的方法の種類及び内容を示して評議員から書面又は電磁的方法による承諾を受ける必要があります（法45条の9第10項、一般法人法182条2項、令13条の6第1項、規則2条の13）。

　そのため、電子メールによる招集通知を行う場合には、理事会において、評議員会から承諾を受ける内容について決定しておく必要があり、具体的には、電子メールによって行うこと、利用できるパソコンの環境やファイルの種類等を決定した上で、評議員から承諾を受ける必要があります。

　電磁的方法で招集通知を発する場合には、評議員に対して提供しなければならない事業報告なども電磁的方法によって提供することができます。

　ただし、上記の承諾をした評議員から、書面又は電磁的方法により電磁的方法による通知を受けない旨の申し出があったときは、当該評議員に対し、招集通知を電磁的方法によって発することはできません（令13条の6第2項）。

指導監査のポイント

1　指摘基準
　　電磁的方法により通知をした場合に、評議員の承諾を得ていない場合

2　着眼点
　　評議員会の招集については、理事会の決議により評議員会の日時及び場所等を定め、理事が評議員会の1週間（又は定款に定めた期間）前ま

第1章　評議員・評議員会

でに評議員に書面又は電磁的方法（電子メール等）により通知をする方法で行わなければなりません。なお、電磁的方法で通知をする場合には、評議員の承諾を得なければなりません。指導監査を行うに当たっては、これらの手続が適正になされているかについて確認します。

3　確認書類
　①　評議員会の招集通知
　（②　承諾の意思表示の書面又は電磁的記録※）
　※　指導監査ガイドラインには記載はありませんが、招集通知を電子メールで行うには評議員の書面又は電磁的方法による承諾が必要となりますので、確認書類になるものと思われます。

法定の招集通知期間短縮の可否

Q34 評議員会を開催するに当たり、法定の招集通知期間を短縮することはできますか。

定款で定めた場合に限り、招集通知期間を短縮することができます。

解説

評議員会を招集する者は、評議員会の日の1週間前までに、評議員に対してその通知を発しなければなりません（法45条の9第10項、一般法人法182条1項）。ただし、この1週間という期間は、定款の定めにより短縮することができます（一般法人法182条1項かっこ書き）。

社会福祉法人における評議員会は、株式会社における株主総会類似の機関であるところ、株主総会の招集通知期間については、公開会社は2週間前までですが、公開会社でない会社は1週間前まででよく、取締役会設置会社以外の会社にさらに定款で短縮できるとされています。したがって、社会福祉法人の評議員会の招集期間は、株式会社でいう公開会社でなくかつ取締役会設置会社以外の会社と同様の規律となっています。

一方、逆に同期間を伸長することも可能であると解されます。なぜなら、招集通知期間は、評議員が評議員会に出席する機会と準備期間を確保することが制度趣旨であるところ、同期間を伸長することは同趣旨に反しないためです。

指導監査のポイント

1　指摘基準
　　評議員会の1週間（又は定款に定めた期間）前までに評議員に通知がされていない場合

2　着眼点
　　評議員会の招集については、理事会の決議により評議員会の日時及び場所等を定め、理事が評議員会の1週間（又は定款に定めた期間）前ま

第1章　評議員・評議員会

でに評議員に書面又は電磁的方法（電子メール等）により通知をする方法で行わなければなりません。指導監査を行うに当たっては、これらの手続が適正になされているかを確認します。

3　確認書類
　①　評議員会の招集通知
　②　評議員会の議事録
（③　定款※）
　※　指導監査ガイドラインに記載はありませんが、定款で招集通知期間を短縮している場合がありますので、定款も確認書類になるものと思われます。

111

評議員会招集手続の省略

招集手続を行わずに評議員会を開催することはできますか。

評議員の全員の同意があれば、招集手続を行うことなく評議員会を開催することができます。

解説

　評議員会を招集する者は、評議員会の日の1週間（これを下回る期間を定款で定めた場合にあっては、その期間）前までに、評議員に対して書面又は評議員の承諾を得て電磁的方法でその通知を発しなければなりません（法45条の9第10項、一般法人法182条1項、2項）が、評議員の全員の同意があれば、招集手続を省略して評議員会を開催することができます（法45条の9第10項、一般法人法183条）。

　招集手続は、評議員が評議員会に出席する機会と準備期間を確保することを目的とするため、評議員の全員が招集手続は不要であると判断した場合にまで、招集手続を求める理由はないとの考えに基づいています。

　なお、評議員の同意は、書面で行うことは要件となっていないため、口頭でもかまいません。ただし、指導監査との関係では、同意の有無が確認されるため、実務上は同意書を取得するか当該評議員会の議事録に同意があった旨を記載するなどして、後日、同意があったことを確認できるようにする必要があります。

　また、招集手続を省略して開催される評議員会に欠席者がいても問題はありません。

指導監査のポイント

1　指摘基準
　　評議員会の招集通知が省略された場合に、評議員全員の同意が確認できない場合

2　着眼点
　　評議員全員の同意があるときは、招集の手続を経ることなく評議員会

を開催することができることとされており、この場合には招集の通知を省略できますが、評議員会の日時等に関する理事会の決議は省略できないことに留意するとともに、評議員全員の同意があったことが客観的に確認できる書類の保存が必要であるとされています。

3　確認書類
　評議員全員の同意が確認できる書類

実務のポイント

　指導監査の確認書類とされている「評議員全員の同意があったことが客観的に確認できる書類」とはどのような書類が想定されるかについて、指導監査ガイドラインでは触れられていません。しかし、理事会の招集手続の省略に関する指導監査ガイドラインには次のような記載があります。

　（指導監査ガイドライン）
　「理事会の招集通知を省略することについての理事及び監事の同意の取得・保存の方法について、法令上の制限はないが、法人において、理事及び監事の全員が同意書を提出することとする、又は理事会の議事録に当該同意があった旨を記載する等、書面若しくは電磁的記録による何らかの形で保存できるようにしておくことが望ましい。」

　当該記載は、評議員会の招集手続の省略でも参考とすることができますので、法人としては、次のいずれかの方法で同意があったことを確認できるようにしておくことが実務上は無難だと思われます。
　① 評議員の全員から同意書を提出してもらう方法
　② 評議員会の議事録に同意があった旨を記載する方法

113

招集通知に記載のない議題・議案

Q36 評議員会において、招集通知に記載のない議題又は議案について決議することはできますか。

A 評議員会において、招集通知に記載のない議題について決議することはできません（会計監査人の出席を求めることについての決議を除きます。）。議案については、評議員会の目的となっている議題につき、評議員から議案の提出があった場合には決議することができます。

解説

1 議題と議案

「議題」とは会議の目的事項であり、「議案」とは議題に対する具体的な提案になります。

少しわかりづらいと思いますので、具体例で考えてみます。例えば、評議員会において理事6名を選任する場合、『理事6名選任の件』が「議題」であり、『A氏を理事として選任する。』が「議案」になります。つまり、評議員会で決めるべき目的事項たる「議題」は、あくまで理事を6名選任することであり、誰を理事とするかまでは議題に含まれず、具体的に誰を選ぶべきかは「議案」になります。

2 議題について

評議員会は、会計監査人の出席を求めることの決議を除き、理事会決議によって定められ、招集通知に記載された議題以外の議題について決議をすることができません（法45条の9第9項）。

理事選任の例であれば、招集通知に『理事○名選任の件』という議題が記載されていない場合には、理事を選任するという議題について評議員会で決議することはできません。

なお、評議員には別途議題提案権が認められていますが、「議題」を提案するには、評議員会の日の4週間（これを下回る期間を定款で定めた場合にあっては、その期間）前までに、理事に対して請求する必要があります（法45条の8第4項、一般法人法184条）。

第1章　評議員・評議員会

3　議案について

　評議員は、評議員会において、評議員会の目的である議題につき議案を提出することができます（法45条の8第4項、一般法人法185条）。

　理事選任の例であれば、招集通知に『理事1名選任の件』という議題及び『A氏を理事として選任する。』という議案が記載されていた場合、評議員は評議員会において、『B氏を理事として選任する。』という議案を提出することができます。

　ただし、次のいずれかに該当する場合には議案を提出することはできません（一般法人法185条ただし書き）ので注意が必要です。

　①　当該議案が法令又は定款に違反する場合

　②　実質的に同一の議案につき評議員会において議決に加わることができる評議員の10分の1（これを下回る割合を定款で定めた場合にあっては、その割合）以上の賛成を得られなかった日から3年を経過していない場合

招集通知発送後の議題の追加

Q37 評議員会の招集通知を発した後に、議題の追加はできますか。

 議題を追加するには、先の招集通知を撤回するとともに、改めて招集通知を発する必要があると解されます。また、新たな招集通知は、評議員会の日の1週間（これを下回る期間を定款で定めた場合にあっては、その期間）前までに発する必要があります。

解説

　評議員会の招集通知には、日時及び場所、目的である事項があるときは当該事項（議題）、議案の概要を記載し、又は記録しなければならず（法45条の9第10項、一般法人法182条3項、181条1項、規則2条の12）、招集通知に記載のある議題以外の事項については、会計監査人の出席を求めることを除いて、決議をすることができません（法45条の9第9項）。

　そのため、議題を追加して決議するためには、先の招集通知を撤回するとともに、新たに議題を追加した招集通知を発する必要があると解され、先の招集通知の撤回と新たな招集に関する理事会決議が必要となります。また、新たな招集通知は、評議員会の日の1週間（これを下回る期間を定款で定めた場合にあっては、その期間）前までに発する必要があります（法45条の9第10項、一般法人法182条1項）。

指導監査のポイント
1　指摘基準
　① 評議員会の日時及び場所等が理事会の決議により定められていない場合
　② 評議員会の1週間（又は定款に定めた期間）前までに評議員に通知がなされていない場合
　③ 評議員会の招集通知に必要事項が記載されていない場合

2　着眼点

第1章　評議員・評議員会

　　評議員会の招集については、理事会の決議により評議員会の日時及び場所等※を定め、理事が評議員会の1週間（又は定款に定めた期間）前までに評議員に書面又は電磁的方法（電子メール等）により通知をする方法で行わなければなりません。指導監査を行うに当たっては、これらの手続が適正になされているかを確認します。

※　理事会の決議により定めなければならない事項（招集通知に記載しなければならない事項）
　　①　評議員会の日時及び場所
　　②　評議員会の目的である事項がある場合は当該事項
　　③　評議員会の目的である事項に係る議案（当該目的である事項が議案となるものを除きます。）の概要（議案が確定していない場合はその旨）

3　確認書類
　①　評議員会の招集通知
　②　理事会の議事録
　③　評議員会の議事録
（④　定款※）
※　指導監査ガイドラインでは確認書類となっていませんが、招集通知期間を定款で短縮している場合がありますので、定款も確認書類になるものと思われます。

117

招集通知の撤回と延期の可否

評議員会の招集通知を発した後に、評議員会を中止してその招集を撤回することや会日を延期することはできますか。

招集通知を発した後に、評議員会を中止してその招集を撤回することや会日を延期することはできると解されます。その場合の手続は、招集の手続に準じて、評議員会を中止して招集を撤回する又は会日を延期する旨の理事会決議を行い、評議員に対してその旨を通知することになります。

解説

1 招集通知の撤回の可否

　評議員会の招集通知を発した後に、当該評議員会を中止し、その招集を撤回することができるかについて明文の規定はありませんが、可能であると解されます。その場合の手続は、評議員会の招集手続に準じて、理事会において当該評議員会を中止して招集を撤回する旨の決議を行い、評議員に対してその旨を通知することになります。当該通知は、先に通知した評議員会の会日よりも前に評議員に到達することを要すると解され、もし会日までに到達しない場合には、撤回は効力を有さず、招集通知記載の評議員会を開催しなければなりません。

2 評議員会の延期の可否

　招集通知を発した後に、当該評議員会を延期できるかについても明文の規定はありませんが、可能であると解されます。

　その場合の手続は、招集通知の撤回と同様に、理事会において当該評議員会を延期する旨の決議を行い、先に通知した評議員会の会日よりも前に、その旨を評議員に通知することになります。

　また、日時の変更は先の招集通知の撤回と新たな招集通知の意味を併せ持つものと考えられること、招集期間の定めが評議員に出席の機会と準備期間を確保するという趣旨で設けられていることからすれば、延期の通知は、延期後の会日の1週間（これを下回る期間を定款で定めた場合にあっては、その期間）前までに発する必要があると解されます。

第1章　評議員・評議員会

指導監査のポイント

1　指摘基準

　　評議員会の1週間（又は定款に定めた期間）前までに評議員に通知が
されていない場合

2　着眼点

　　評議員会の招集については、理事会の決議により評議員会の日時及び
場所等を定め、理事が評議員会の1週間（又は定款に定めた期間）前ま
でに評議員に書面又は電磁的方法（電子メール等）により通知をする方
法で行わなければなりません。指導監査を行うに当たっては、これらの
手続が適正になされているかを確認します。

3　確認書類
　①　評議員会の招集通知
　②　理事会の議事録
　③　評議員会の議事録
（④　定款※）
　※　指導監査ガイドラインでは確認書類となっていませんが、招集通知期間
　　を定款で短縮している場合がありますので、定款も確認書類になるものと
　　思われます。

評議員会の決議方法

評議員会の決議方法を教えてください。

原則として参集して決議する必要があり、書面又は電磁的方法による議決権の行使、代理人による議決権の行使及び持ち回りによる議決権の行使は認められていません。

解説

　評議員は、法人との委任契約に基づき、善良な管理者の注意をもってその職務を遂行する義務が課せられており（法38条、民法644条）、評議員会は、このような評議員が参集して相互に十分な討議を行うことによって意思決定を行う場であるため、原則として参集して決議する必要があり、書面又は電磁的方法による議決権の行使、代理人による議決権の行使及び持ち回りによる議決権の行使は認められません。

　ただし、出席者が一堂に会するのと同等の相互に十分な議論を行うことができる方法であれば、テレビ会議や電話会議の方法による開催は認められます（詳細はQ40参照）。

> **指導監査のポイント**
>
> 　評議員が書面による議決権の行使などの認められていない方法で議決権行使をした場合について、指導監査ガイドラインでは個別の指摘基準としていません。一方、理事が書面により議決権の行使をした場合については、指導監査ガイドラインでは個別の指摘基準としています。
>
> （指摘基準）
> 「欠席した理事が書面により議決権の行使をしたこととされている場合」
>
> 　評議員も理事も、書面による議決権行使などの方法が認められない理由は同じなのですが、指導監査ガイドラインでは指摘基準となるか否かに差異があります。この差異について合理的な理由はないように思いますので、指導監査の現場でどのような判断をすべきか、今後の実務を注視する必要があります。

テレビ会議システム等を利用した決議方法

評議員会の会場以外の場所から評議員会に参加することはできますか。

出席者が一堂に会するのと同等の相互に十分な議論を行うことができる方法であれば、テレビ会議や電話会議による開催は認められます。
テレビ会議や電話会議による開催の場合には、議事録に記載すべき事項が追加されますので注意が必要です。

解説
1 テレビ会議等

評議員会は、原則として評議員が実際に参集して決議しますが、出席者が一堂に会するのと同等の相互に十分な議論を行うことができる方法であれば、テレビ会議や電話会議による開催は認められます。

ここでいう電話会議とは、電話会議システムのようにシステム化されたものでなくとも、各評議員の音声が即時に他の評議員に伝わり、適時的確な意見表明が互いにできるのであれば、一般的な電話機のマイク及びスピーカーシステム機能、スカイプなどのインターネットを利用する手段を用いてもよいと解されます（東京弁護士会会社法部『新・取締役会ガイドライン（第2版）』388頁（商事法務、2016）参照）。

一方、評議員会の会場に設置された電話にスピーカーフォン機能などがなく、受話器を通してしかお互いの声が聞き取れない場合などのように、遠隔地にいる評議員を含む各評議員の発言が即時に他の全ての評議員に伝わるような即時性と双方向性が確保されない方法で行われた場合には、遠隔地にいる評議員が出席したとは評価されないと考えられますので注意が必要です（福岡地判平成23年8月9日（平成21年（ワ）第4338号）参照）。

2 議事録記載事項

評議員会が開催された場所に存しない評議員、理事、監事又は会計監査人が評議員会に出席した場合（例えば、テレビ会議などで出席した評議員がいる場合）には、当該出席方法を議事録に記載する必要があります（法45条の11第1項、規則2条の15第3項1号）。

指導監査のポイント

1 指摘基準
　議事録の必要事項が記載されていない又は不十分である場合

2 着眼点
　議事録の記載事項としては、開催された評議員会に関する事項※があり、必要な記載事項が記載されているかについて確認します。
　※ （抜粋）
　① 評議員会が開催された日時及び場所（当該場所に存しない評議員、理事、監事又は会計監査人が評議員会に出席した場合における当該出席の方法（例：テレビ会議）を含む。）

3 確認書類
　評議員会の議事録

実務のポイント

　上述のとおり、テレビ会議等での出席が認められるためには、即時・双方向に意思伝達をすることができる状況にあったことが必要であり、議事録にも、具体的な出席方法としてそのような状況を基礎付ける事実の記載をすべきと考えられます。

第1章　評議員・評議員会

評議員会決議の省略

評議員会の決議を省略できますか。
決議を省略する場合、決議内容に制限はありますか。

評議員会の決議を省略することはできます。
決議を省略する場合であっても、決議内容に特段の制限はありません。

解説

1　決議省略の要件

評議員は、書面又は電磁的方法による議決権の行使、代理人による議決権の行使及び持ち回りによる議決権の行使をすることができません。

一方、次の要件を満たす場合には、決議を省略することができます（法45条の9第10項、一般法人法194条1項）。

① 理事が評議員会の目的事項について提案したこと
② 当該提案について議決に加わることができる評議員の全員が書面又は電磁的記録により同意の意思表示をしたこと

これらの要件を満たす場合には、提案を可決する旨の評議員会の決議があったものとみなされます。

2　議事録記載事項

決議を省略しても議事録の作成義務があることに変わりはありません。ただし、通常の決議と異なり議事録に次の事項を記載する必要がありますので、作成の際には御留意ください（法45条の11第1項、規則2条の15第4項1号）。

① 決議があったものとみなされた事項の内容
② ①の事項の提案をした者の氏名
③ 評議員会の決議があったものとみなされた日※
④ 議事録の作成に係る職務を行った者の氏名

※　全ての評議員の同意の意思表示が法人に到達した日になります。

3　決議内容の制限

決議を省略する場合であっても、決議内容に特段の制限はありません。ただ

し、評議員会は法人の重要な事項について決議するため、慎重な検討をすべきと考えられますので、安易な決議の省略は控えるべきと解されます。

指導監査のポイント

1　指摘基準

①　評議員会の決議があったものとみなされる場合に、評議員全員の同意の意思表示の書面又は電磁的記録がない場合

②　成立した決議に特別の利害関係を有する評議員が加わっていた場合

③　決議に特別の利害関係を有する評議員がいるかを法人が確認していない場合

④　議事録が作成されていない場合

⑤　議事録の必要事項が記載されていない又は不十分である場合

2　着眼点

①　理事が評議員会の目的である事項について提案をした場合において、当該提案につき、議決に加わることができる評議員の全員が書面又は電磁的記録により同意の意思表示をしたときは、当該提案を可決する旨の評議員会の決議があったものとみなされます。そのため、当該決議の省略がなされた場合には、当該書面又は電磁的記録があるかを確認します。

②　評議員会の決議には、その決議について特別の利害関係※を有する評議員が加わることはできないことから、当該特別の利害関係を有する評議員の存否については、その決議を行う前に、法人が各評議員について確認しておく必要があります。そのため、当該法人においてその確認がなされたかを、指導監査において確認する必要があります。この確認は、原則として議事録で行うものですが、評議員会の招集通知と併せて、当該評議員会の議案について特別の利害関係を有する場合には法人に申し出ることを定めた通知を発した場合や、評議員の職務の執行に関する法人の規程で、評議員が評議員会の決議事項と特別の利害関係を有する場合には届け出なければならないことを定めている場合には、個別の議案の議決の際に改めて確認を行う必要はなく、決議に利害関係がある評議員がいない場合には、議事録の記載も不要

です。

※　「特別の利害関係」とは、評議員が、その決議について、法人に対する善管注意義務を履行することが困難と認められる利害関係を意味するものです。

③　評議員会は、法人の基本的事項についての決議を行う機関であり、その議事内容は法人にとって重要な資料であることから、法人においては、評議員会の決議の内容等について記録した議事録を作成し、評議員及び債権者が閲覧できるようにすることが義務付けられています。指導監査を行うに当たり、評議員会の議事録が法令に基づき書面又は電磁的記録により作成され、必要事項が記載されているかについて確認します。

④　議事録の記載事項としては、評議員会の決議を省略した場合（評議員会の決議があったものとみなされた場合）の事項※があり、必要な記載事項が記載されているかについて確認します。

※　評議員会の決議を省略した場合（評議員会の決議があったものとみなされた場合）の議事録の記載事項
　　ⅰ　決議を省略した事項の内容
　　ⅱ　決議を省略した事項の提案をした者の氏名
　　ⅲ　評議員会の決議があったものとみなされた日
　　ⅳ　議事録の作成に係る職務を行った者の氏名
　　なお、この場合は、全評議員の同意の意思表示の書面又は電磁的記録を事務所に備え置くだけではなく、内容について評議員会の議事録に記載しなければならないことに留意する必要があります。

3　確認書類
　①　同意の意思表示の書面又は電磁的記録
　②　法人が決議に特別の利害関係を有する評議員がいるかを確認した書類
　③　評議員会の議事録

実務のポイント

評議員会の決議を省略する場合、特別の利害関係を有する評議員は『当該提案について議決に加わることができる評議員』ではありませんので、

同意の意思表示をすべき評議員には含まれません。そのため、指導監査との関係では、提案事項について特別の利害関係を有するか否かを法人として確認した方が無難であると解されます。そして、実務上は、次のような方法で確認することが考えられます。

① 提案書と併せて、特別の利害関係を有する場合には法人に申し出ることを通知する方法（次頁の提案書作成例参照）

② 評議員の職務の執行に関する法人の規程で、評議員が特別の利害関係を有する場合には届け出なければならないことを定める方法

第1章　評議員・評議員会

［評議員会の決議の省略　提案書　作成例］

平成○年○月○日

各評議員　様

社会福祉法人○○会
理事長　○○○○

提　案　書

拝啓　ますますご清栄のこととお慶び申し上げます。
　　さて、評議員会の目的である事項につきまして、社会福祉法第45条の9第10項が
準用する一般社団法人及び一般財団法人に関する法律第194条及び定款第○条の規定
に基づき、評議員会を開催することなく、提案事項につき決議の省略を行いたいと存
じます。
　　つきましては、下記「提案事項」にご同意いただける場合は、別添「同意書」に署
名押印の上、ご返送くださいますようお願い申し上げます。

記

1　提案事項
　　第1号議案　理事1名選任の件
　　　　　　　　○○○○氏を理事に選任する。
　　　　　　　　（同氏の略歴は別添の議案書をご確認ください。）

2　同意書の送付について
　　平成○年○月○日までにご返送くださいますようお願いいたします。
　　なお、提案事項について特別の利害関係を有する場合は、決議の省略に加わるこ
とができないとされておりますので、同意書の提出に代えて、その旨をご連絡くだ
さい。

3　返送先
　　社会福祉法人○○会　法人本部（担当　○○）
　　〒○○○―○○○○
　　住所　・・・・・・・・
　　電話　・・・・・・・・

（東京都福祉保健局：「改正社会福祉法に対応した法人運営に関する講習会」資料）

［評議員会の決議の省略　同意書　作成例］

社会福祉法人○○会
　理事長　○○○○　殿

同　意　書

　私は、平成○年○月○日付提案書により貴殿から提案のありました下記の事項について、社会福祉法第45条の9第10項が準用する一般社団法人及び一般財団法人に関する法律第194条及び定款第○条の規定に従って、書面により、当該提案を可決する旨の評議員会の決議があったものとみなすことに同意いたします。

記

提案事項
第1号議案　理事1名選任の件
　　　　　　○○○○氏を理事に選任する。

以　上

平成　　年　　月　　日

評議員＿＿＿＿＿＿＿＿＿＿＿＿印＿

（東京都福祉保健局：「改正社会福祉法に対応した法人運営に関する講習会」資料）

第1章　評議員・評議員会

［評議員会の決議の省略　議事録　作成例］

社会福祉法人〇〇会　第〇回評議員会議事録

　　平成〇年〇月〇日、理事長〇〇〇〇が、評議員の全員に対して評議員会の決議の目的である事項について下記の内容の提案書を発したところ、当該提案につき、評議員の全員から書面により同意の意思表示を得たので、社会福祉法第45条の9第10項が準用する一般社団法人及び一般財団法人に関する法律第194条及び定款第〇条に基づく評議員会の決議の省略により、当該提案を可決する旨の評議員会の決議があったものとみなされた。評議員会の決議があったものとみなされた事項を明確にするため、本議事録を作成し、議事録作成者が記名押印する。

記

1　評議員会の決議があったものとみなされた事項の内容
（1）第1号議案「理事1名選任の件」（別添の議案書のとおり）
　　　〇〇〇〇氏を理事に選任すること

2　評議員会の決議があったものとみなされた事項を提案した者の氏名
　　理事長　〇〇〇〇

3　評議員会の決議があったものとみなされた日
　　平成〇年〇月〇日
　　評議員の全員（〇名）の同意書は別添のとおり。
　　なお、提案事項について特別の利害関係を有する評議員はいなかった。

4　評議員会議事録の作成に係る職務を行った者の氏名
　　理事長　〇〇〇〇

平成〇年〇月〇日

議事録作成者

理事長　〇〇〇〇　㊞

（東京都福祉保健局：「改正社会福祉法に対応した法人運営に関する講習会」資料）

評議員会の議長

評議員会の議長は決める必要がありますか。決める場合にはどのように決めればよいでしょうか。

法令上は議長を定める必要はありませんが、運営上は定めるべきと考えられます。
　選定方法についても法令上の定めはありませんが、①定款で定める又は②評議員の互選により定めることになると考えられます。

解説

1　議長の要否

　法には評議員会の議長に関する規定はなく、議長を定めることは求められていません（規則2条の15第3項6号では「評議員会の議長が存するときは、議長の氏名」を議事録に記載することとされていますので、議長がいる場合といない場合が想定されています。）。したがって、議長を定めずに評議員会の決議を行っても法令上問題になることはありません。
　しかし、評議員会の運営上は、議長がいる方が議事進行などをスムーズに行えるため、実務上は議長を定める例が大半になろうかと思います。

2　議長の選出方法

　議長の選出方法についても法律の定めはありませんが、実務上は次の方法により議長を選出することになろうかと思います。
　①　定款で定める
　　　定款に「評議員会の議長は、○○とする。」などと規定することになります。
　②　評議員の互選で選出する
　　　定款で定めを置かない場合には、評議員の互選により選出することができます。

第1章　評議員・評議員会

指導監査のポイント

1　指摘基準
　　議事録の必要事項が記載されていない又は不十分である場合

2　着眼点
　①　評議員会は、法人の基本的事項についての決議を行う機関であり、その議事内容は法人にとって重要な資料であることから、法人においては、評議員会の決議の内容等について記録した議事録を作成し、評議員及び債権者が閲覧できるようにすることが義務付けられています。そこで、指導監査を行うに当たり、評議員会の議事録が法令に基づき書面又は電磁的録により作成され、必要事項が記載されているかについて確認します。
　②　議事録の記載事項としては、開催された評議員会に関する事項があり、必要な記載事項が記載されているかについて確認します。
　　　開催された評議員会の内容に関する議事録の記載事項（抜粋）
　i　議長の氏名（議長が存する場合に限ります。）

3　確認書類
　　評議員会の議事録

131

評議員会の議長の議決権

評議員を評議員会の議長として定めた場合、議長が議決権を行使する際に注意すべきことはありますか。

厚生労働省は、議長の議決権は可否同数のときの決定権として行使されることとなり、可否同数のときより前の議決はできないとしています。

これに対し、私見としては、議長も他の評議員と同様に議決権を行使することができると考えています。その場合には『可否同数の際には議長の決するところによる』との定款又は内規の定めは認められないと解されます。

解説

評議員を評議員会の議長として定めた場合、議長が議決権を行使する際に、他の評議員と異なる規制があるのかが問題となります。

1 厚生労働省の見解

社会福祉法においては、議長の議決権行使に関する規定は存在していませんが、厚生労働省は次の見解を示しています。

(厚生労働省Q&A)
問 評議員会及び理事会において議長を置くことや、議長となった者の議決権の行使について、定款に規定しても差し支えありませんか。
答 可能です。ただし、議長の議決権は可否同数のときの決定権として行使されることとなり、それより前に行使することは二重の投票権を有する結果にもなり、不都合な事態を招きます。そのため、可否同数のときより前の議決はできないことに留意することが必要です。

この見解によれば、原則として議長は議決権を行使することができず、議決の結果、可否が同数だった場合に限り議決権を行使することができることになります。具体的には、評議員7名の法人で7名が出席した評議員会において、議長を除く6名が可否同数（賛成3名、反対3名）だった場合に初めて議長は賛成か反対かの議決権を行使できることになります。

132

第1章　評議員・評議員会

2　私見

　厚生労働省の上記見解とは異なり、筆者は、議長たる評議員も他の評議員と同様に議決権を行使することができると解しています。

　確かに厚生労働省の見解と同じ立場の定めは他の法律では存在しています。例えば、地方自治法においては「普通地方公共団体の議会の議事は、出席議員の過半数でこれを決し、可否同数のときは、議長の決するところによる。」（地方自治法116条1項）、「前項の場合においては、議長は、議員として議決に加わる権利を有しない。」（同条2項）と規定されています。また、中小企業等協同組合法においても「総会の議事は、この法律又は定款若しくは規約に特別の定めがある場合を除いて、出席者の議決権の過半数で決し、可否同数のときは、議長の決するところによる。」（中小企業等協同組合法52条1項）、「議長は、組合員として総会の議決に加わる権利を有しない。」（同条3項）と規定されています。

　一方、社会福祉法には上記のような規定は存在していません。そして、会社法においても同様の規定は存在していないところ、会社法において、議長は議決権を行使することができると解されています。また、厚生労働省の見解に従う場合、次のような場面で不都合が生じることになります。

①　評議員7名の法人で、評議員6名が出席した評議員会において、議長を除く5名が賛成3名、反対2名だった場合

　　この場合、法令上普通決議をする際に必要な賛成数は、出席者6名の過半数である4名となります。しかし、議長を除いた決議では賛成3名であるところ、反対は2名であるから可否同数に該当しませんので、議長は議決権を行使することができないまま否決されることになります。もし議長が賛成を投じるつもりであれば、議長を含めると出席者の過半数である4名の賛成が得られるため可決となります。この場合、議長を含めた出席評議員の過半数が賛成しているにもかかわらず、否決されるという結論になります。

②　議決に加わることができる評議員の3分の2の賛成が必要な特別決議（法45条の9第7項）や普通決議の決議要件を定款で加重している場合

　　この場合には、議長を除いた議決で可否同数になった時点で、議長が議決権を賛否のいずれで行使したとしても否決という結論になる場合があります。そのため、事実上議長が議決権を行使することはできず、むしろ議決権行使を認めるべき場面である議長の1票によって賛否が分かれうる場合（賛成があと1票あれば可決になる場合）には、可否同数ではないため議決権が行使できないことも考えられます。また、もし厚生労働省の見解が議決権の

133

行使ではなく、決定権を議長が有すると解するのであれば（厚生労働省Ｑ＆Ａでは、議長の議決権は可否同数のときの「決定権」として行使されるという表現になっています。）、法定決議要件の緩和に他なりませんので、法45条の９第６項に違反すると解されます。

　以上からすれば、上記のように議長が議決権を有しないとする法令上の根拠条文がある場合はさておき、そのような規定がない社会福祉法において、議長が議決権を有しない又は行使できないとする解釈には理由がないように考えられます。そのため、評議員を議長として定めた場合であっても、当該議長は他の評議員と同様、議決権を行使することができると解されます。

　なお、私見による場合、議長は最初の議決時に既に議決権を行使していますので、『可否同数の際には議長の決するところによる』との定款又は内規の定めは、実質的には議長に２つの議決権行使を認めることとなり、ひいては法定決議要件の緩和になるため、法45条の９第６項に違反し許されないと解されます。ただし、最初の議決の際に、議長が任意に議決権行使を留保した上で決議をとり、可否同数の場合に議長の議決権を行使するという運用については、議長の最初の議決権行使を制限するものではなく、議長に２つの議決権を与えるものでもないため、許容されるものと解されます。

指導監査のポイント

　1　指摘基準
　　成立した決議について、法令又は定款に定める出席者数又は賛成者数が不足していた場合

　2　着眼点
　①　評議員会で決議を行うためには、議決に加わることができる評議員の過半数（定款で過半数を上回る割合を定めた場合にはその割合以上）の出席が必要です。
　②　評議員会における普通決議（特別決議以外の決議）は、出席者の過半数（定款で過半数を上回る割合を定めた場合にはその割合以上）の賛成をもって行い、特別決議は、議決に加わることができる評議員の３分の２（定款で３分の２を上回る割合を定めた場合にはその割合）以上の賛成をもって行われる必要があり、指導監査を行うに当たって

第1章　評議員・評議員会

　　は、評議員会の決議について、出席者数及び賛成者数が決議の成立に
　　必要な数となっているかを確認します。

　3　確認書類
　　①　定款
　　②　評議員会の議事録

評議員会での説明・報告義務等

評議員会において、理事、監事、会計監査人が行わなくてはならないことはありますか。

理事及び監事は、評議員から特定の事項について説明を求められた場合、原則として説明する義務を負います。

理事は、定時評議員会において、事業報告及び計算書類（会計監査人設置法人の場合）を報告する義務を負います。

会計監査人は、定時評議員会において、会計監査人の出席を求める決議がされた場合には、意見を述べる義務を負います。

解説
1 理事及び監事の説明義務

理事及び監事は、評議員会において、評議員から特定の事項について説明を求められた場合には、当該事項について必要な説明をしなければなりません（法45条の10）。

ただし、次の場合には説明義務を負いません（同条ただし書き）。

① 当該事項が評議員会の目的である事項に関しないものである場合
② その他正当な理由がある場合として規則で定める次の場合（規則2条の14）
　 i 評議員が説明を求めた事項について説明をするために調査をする必要があり、かつ、次に掲げるいずれの場合にも該当しない場合
　　 ア 当該評議員が評議員会の日より相当の期間前に当該事項を法人に対して通知した場合
　　 イ 当該事項について説明をするために必要な調査が著しく容易である場合
　 ii 評議員が説明を求めた事項について説明をすることにより法人その他の者（当該評議員を除く。）の権利を侵害することとなる場合
　 iii 評議員が当該評議員会において実質的に同一の事項について繰り返して説明を求める場合
　 iv i からiiiに掲げる場合のほか、評議員が説明を求めた事項について説明

第1章　評議員・評議員会

をしないことにつき正当な理由がある場合

2　理事の報告義務

(1)　事業報告の報告義務

理事は、理事会の承認を受けた計算書類及び事業報告を定時評議員会に提出し、又は提供した上（法45条の30第1項）、当該事業報告の内容を定時評議員会に報告しなければなりません（法45条の30第3項）。

(2)　計算書類の報告義務

会計監査人を設置している法人については、理事会の承認を受けた計算書類が法令及び定款に従い法人の財産及び収支の状況を正しく表示しているものとして規則で定める要件に該当する場合には、理事は、当該計算書類の内容を定時評議員会に報告しなければなりません（法45条の31、規則2条の39）。

3　会計監査人の意見陳述義務

定時評議員会において、会計監査人の出席を求める決議があったときは、会計監査人は、定時評議員会に出席して意見を述べなければなりません（法45条の19第6項、一般法人法109条2項）。

137

評議員会への報告の省略手続

評議員会に報告すべき事項の報告を評議員会を開催せずに行うことはできますか。

理事が評議員の全員に対して、評議員会に報告すべき事項を通知した場合において、当該事項を評議員会に報告することを要しないことにつき評議員の全員が書面又は電磁的記録により同意の意思表示をしたときは、評議員会を開催して報告することを省略することができます。

解説

1 報告の省略

　理事が評議員の全員に対して、評議員会に報告すべき事項を通知した場合において、当該事項を評議員会に報告することを要しないことにつき評議員の全員が書面又は電磁的記録により同意の意思表示をしたときは、当該事項の評議員会への報告があったものとみなされます（法45条の9第10項、一般法人法195条）ので、評議員会を開催して報告することを省略することができます。

2 報告の省略の手続

　理事が、評議員の全員に対して報告すべき事項を通知し、評議員の全員から書面又は電磁的記録で同意の意思表示をしてもらうことになります。当該通知自体は法令上書面であることが求められていませんが、実務上は、報告の有無とその内容が後日争いにならないよう書面ですべきと考えられます。

3 議事録の作成

　評議員への報告を省略した場合にも議事録を作成しなければならず、議事録には次の事項を記載する必要があります（法45条の11第1項、規則2条の15第4項2号）。

　① 評議員会への報告があったものとみなされた事項の内容
　② 評議員会への報告があったものとみなされた日
　③ 議事録の作成に係る職務を行った者の氏名

第1章　評議員・評議員会

指導監査のポイント

1　指摘基準
　①　評議員会への報告があったものとみなされる場合に、評議員全員の同意の意思表示の書面又は電磁的記録がない場合
　②　議事録が作成されていない場合
　③　議事録の必要事項が記載されていない又は不十分である場合

2　着眼点
　①　理事が評議員の全員に対して評議員会に報告すべき事項を通知した場合において、当該事項を評議員会に報告することを要しないことにつき評議員の全員が書面又は電磁的記録により同意の意思表示をしたときは、当該事項の評議員会への報告があったものとみなされます。そのため、報告の省略がなされた場合には、当該書面又は電磁的記録があるかを確認します。
　②　評議員会は、法人の基本的事項についての決議を行う機関であり、その議事内容は法人にとって重要な資料であることから、法人においては、評議員会の決議の内容等について記録した議事録を作成し、評議員及び債権者が閲覧できるようにすることが義務付けられています。指導監査を行うに当たり、評議員会の議事録が法令に基づき書面又は電磁的記録により作成され、必要事項が記載されているかについて確認します。
　③　議事録の記載事項としては、理事の評議員会への報告を省略した場合（報告があったとみなされた場合）の事項※があり、必要な記載事項が記載されているかについて確認します。
　　※　理事の評議員会への報告を省略した場合（報告があったとみなされた場合）の議事録の記載事項
　　　ⅰ　評議員会への報告があったものとみなされた事項の内容
　　　ⅱ　評議員会への報告があったものとみなされた日
　　　ⅲ　議事録の作成に係る職務を行った者の氏名
　　　なお、この場合は、全評議員の同意の意思表示に係る書面等を事務所に備え置く必要はありません。
　④　議事録については、記載された事項の全てについて、出席していない評議員や債権者等が、その関係書類と併せて内容の確認ができるよ

139

う明確に記載する方法によらなければなりません。

3　確認書類
　①　同意の意思表示を行った書面又は電磁的記録
　②　評議員会の議事録

第1章　評議員・評議員会

［評議員会への報告の省略の通知書例］

年　　月　　日

評議員各位

社会福祉法人〇〇〇〇〇
理事長　〇〇　〇〇　印

通知書

　社会福祉法第45条の9第10項において準用する一般社団法人及び一般財団法人に関する法律第195条の規定に基づき、評議員会に報告すべき事項について、下記のとおり通知します。
　つきましては、下記の報告事項を評議員会に報告することを要しないことについて御同意いただける場合は、　　年　　月　　日までに、別紙の同意書を御送付いただきますようお願い申し上げます。

記

報告事項
　1　〇〇〇〇について
　　　・・・・・
　2　〇〇〇〇について
　　　・・・・・

以上

141

［評議員会への報告の省略の同意書例］

社会福祉法人○○○○○
理事長　○○　○○　様

同意書

　社会福祉法第45条の9第10項において準用する一般社団法人及び一般財団法人に関する法律第195条の規定に基づき、下記の報告事項について、評議員会に報告することを要しないことに同意します。

記

報告事項
1　○○○○について
2　○○○○について

以上

年　　月　　日

社会福祉法人○○○○○

評議員　○○　○○　印

第1章 評議員・評議員会

理事及び監事の全員出席の要否

 理事及び監事は、評議員会に必ず全員出席しなければなりませんか。

 理事及び監事に課せられている説明義務との関係では、説明義務を果たせる理事又は監事が出席すれば足りると考えられます。一方、理事及び監事に課せられている善管注意義務との関係では、正当な理由がない限り出席すべきと解されます。

解説
1　理事及び監事の説明義務と出席義務

　理事及び監事が評議員会に出席すべき義務を定めた明文の規定はありません。一方、理事及び監事は、評議員会において、評議員から特定の事項について説明を求められた場合には、当該事項について説明しなければなりません（法45条の10）。理事及び監事が説明するためには、評議員会に出席している必要がありますので、当該説明義務は、間接的に理事及び監事の出席義務を定めたものとも解することができます。しかし、全ての理事及び監事が出席していなくても、出席した理事又は監事によって、当該説明義務を履行できるのであれば説明義務は果たしているとも考えられます。

　したがって、当該説明義務をもって出席義務があると考えるべきかについては見解が分かれうるところですが、私見としては、出席した理事又は監事によって説明義務を履行できるのであれば、他の理事又は監事が欠席しても、説明義務違反にはならず、ひいては出席義務も課せられていないと考えています。

2　善管注意義務と出席義務

　社会福祉法人と理事及び監事との関係は、委任に関する規定に従うとされていますので（法38条）、理事及び監事には善管注意義務が課せられています（民法644条）。

　そのため、善管注意義務の一態様として、理事及び監事には、法人の重要なことを決定する評議員会に出席してどのような議論がされるのかを確認し、評議員から説明を求められた場合には自らの識見をもとに説明することが求められていると解することができます。

143

そのため、当該善管注意義務との関係では、欠席することにつき正当な理由がない限りは、出席すべきと解されます。

第1章　評議員・評議員会

評議員会議事録の記載事項

　評議員会議事録の記載事項を教えてください。

　評議員会議事録の記載事項は法令で定められていますので解説で確認してください。

解説
1　議事録作成義務
　評議員会の議事については、規則で定めるところにより、議事録を作成しなければならないとされているため、評議員会が開催された場合には、必ず議事録を書面又は電磁的記録をもって作成する必要があります（法45条の11第1項、規則2条の15第2項）。

2　記載事項
　議事録に記載しなくてはならない事項は次のとおりです（規則2条の15第3項）。
　①　評議員会が開催された日時及び場所（当該場所に存しない評議員、理事、監事又は会計監査人が評議員会に出席した場合における当該出席の方法を含む。）
　②　評議員会の議事の経過の要領及びその結果
　③　決議を要する事項について特別の利害関係を有する評議員があるときは、当該評議員の氏名
　④　次に掲げる評議員会において述べられた意見又は発言があるときは、その意見又は発言の内容の概要
　　　i　監事による監事の選任若しくは解任又は辞任についての意見
　　　ii　会計監査人による会計監査人の選任、解任若しくは不再任又は辞任についての意見
　　　iii　監事を辞任した者による辞任した旨及びその理由についての発言
　　　iv　会計監査人を辞任した者による辞任した旨及びその理由又は解任された者による解任についての意見
　　　v　監事による評議員会の提出議案等に法令・定款違反又は著しく不当な事

項があると認めるときの調査結果報告

　　vi　監事による監事の報酬等についての意見

　　vii　会計監査人による計算書類及びその附属明細書が法令又は定款に適合するかどうかについて会計監査人が監事と意見を異にするときの意見

　　viii　定時評議員会へ会計監査人の出席を求める決議があったときの出席した会計監査人の意見

⑤　評議員会に出席した評議員、理事、監事又は会計監査人の氏名又は名称

⑥　評議員会の議長が存するときは、議長の氏名

⑦　議事録の作成に係る職務を行った者の氏名

3　署名又は記名押印

　社会福祉法は、評議員会議事録に署名又は記名押印すべき者について規定を設けていないため、議事録に署名や記名押印がされていなくても法令違反にはなりません。

　しかし、厚生労働省Q＆Aによれば、議事録の原本を明らかにし、改ざんを防止する観点等から、評議員会の議事録についても、議事録作成者が記名押印を行うことが望ましいとされています。そのため、定款例では、出席した評議員及び理事は、議事録に記名押印するとの規定が置かれています。

指導監査のポイント

1　指摘基準

①　議事録が作成されていない場合

②　議事録の必要事項が記載されていない又は不十分である場合

③　定款に議事録署名人に関する規定がある場合に、当該規定による署名又は記名押印がなされていない場合

2　着眼点

①　評議員会は、法人の基本的事項についての決議を行う機関であり、その議事内容は法人にとって重要な資料であることから、法人においては、評議員会の決議の内容等について記録した議事録を作成し、評議員及び債権者が閲覧できるようにすることが義務付けられています。そこで、指導監査を行うに当たり、評議員会の議事録が法令に基

第1章　評議員・評議員会

づき書面又は電磁的記録により作成され、必要事項が記載されている
かについて確認します。

② 　定款に議事録署名人（議事録に署名又は記名押印することと定められた者をいいます。）が定められている場合には、定款に従ってその署名又は記名押印がされているかを確認します。なお、法令上は、評議員会の議事録に、出席した評議員が署名又は記名押印をすることを必要とする旨の規定はありませんが、議事録の内容が適正なものであることを担保する観点から、定款に議事録署名人に関する規定を設けることが望ましいとされています。

③ 　議事録の記載事項としては、開催された評議員会に関する事項※があり、必要な記載事項が記載されているかについて確認します。

　　※ 　開催された評議員会の内容に関する議事録の記載事項

　　　i 　評議員会が開催された日時及び場所（当該場所に存しない評議員、理事、監事又は会計監査人が評議員会に出席した場合における当該出席の方法（例：テレビ会議）を含む。）

　　　ii 　評議員会の議事の経過の要領及びその結果

　　　iii 　決議を要する事項について特別の利害関係を有する評議員があるときは、当該評議員の氏名

　　　iv 　法の規定に基づき評議員会において述べられた意見又は発言があるときは、その意見又は発言の内容の概要

　　　v 　評議員会に出席した評議員、理事、監事又は会計監査人の氏名又は名称

　　　vi 　議長の氏名（議長が存する場合に限る。）

　　　vii 　議事録の作成に係る職務を行った者の氏名

④ 　議事録については、記載された事項の全てについて、出席していない評議員や債権者等が、その関係書類と併せて内容の確認ができるよう明確に記載する方法によらなければなりません。

3 　確認書類
　　評議員会の議事録

評議員会議事録の記名押印における実印の要否

評議員会議事録に記名押印してもらう場合、押印するのは実印である必要があるのでしょうか。

議事録が登記申請の添付書類となっており、登記手続との関係において実印が要請されている場合を除き、記名押印の押印は実印である必要はなく認印でかまいません。

解説

社会福祉法上、議事録への記名押印の際に押印すべき印鑑について特段の規制はありませんので、実印である必要はなく、認印でも問題ありません。そのため、指導監査との関係で、実印か否かを確認されることはありません。

一方、議事録が登記申請の添付書類になっており、登記手続との関係において実印が要請されている場合には、実印を押印してもらう必要がありますので、実務上は登記に関係する議事録の場合には予め法務局や司法書士に確認すべきといえます。

厚生労働省Q&A

問 評議員や役員の履歴書、就任承諾書や議事録署名人等の押印は、実印でなければなりませんか。

答 法人の登記に当たって、実印を押印した書類や印鑑登録証明書を申請書類として求められた場合には、登記を行うためにこれらの書類が必要となりますが、法人運営の観点からは、評議員や役員の履歴書や就任承諾書の押印は、必ずしも実印による必要はなく、法人監査においてもこれらの押印に使用された印鑑が実印であるかの確認は行いません(そのため、印鑑登録証明書の確認も不要です。)。

第1章　評議員・評議員会

評議員会議事録が複数頁の場合の契印の要否

評議員会議事録が複数頁に及んだ場合、契印をする必要があるのでしょうか。

社会福祉法上は契印をすることは義務付けられていませんが、実務上は改ざん防止のために契印することが望ましいといえます。

解説

社会福祉法上、評議員会の議事録が複数頁に及んだ場合について、契印を義務付ける規定は存在しません。そのため、契印がなくても法令違反とはなりませんので、指導監査との関係で指摘を受けることはありません。

ただし、実務上は、議事録作成後に頁の差し替えなどの改ざんを防止するため、契印することが望ましいといえます。その際、署名又は記名押印者全員の契印が望ましいのですが、会社法実務においては1名のみの契印とすることも多いとされていますので、社会福祉法人の実務においても参考になると思われます。

指導監査のポイント

議事録への契印は法令上の義務ではありませんので、たとえ議事録に契印がなかったとしても、文書・口頭を問わず指摘することはできず、助言にとどまるものと解されます。

評議員会を途中出席又は途中退席した評議員がいる場合の議事録

評議員会を途中出席又は途中退席した評議員がいた場合、議事録の記載で注意すべきことはありますか。

評議員会に出席した評議員欄に氏名を記載するとともに、どの議題についてどの評議員が参加していたかを明確にする必要があります。

解説

1　定足数との関係

途中出席又は途中退席した評議員がいる場合、その旨を議事録に記載する必要があります。評議員会は、議決に加わることができる評議員の過半数の出席を要するところ（法45条の9第6項）、この定足数は開会時に充足されただけでは足りず、討議・議決の全過程を通じて維持されなければならないと考えられます（最判昭和41年8月26日民集20巻6号1289頁参照）。

そのため、議事の進行状況との関係で、どの議題についてどの評議員が参加していたかを記載し、定足数の充足状況が明確となるようにする必要があります。

2　法定記載事項

議事録には、出席した評議員の氏名を記載する必要があるところ（法45条の11第1項、規則2条の15第3項5号）、途中出席又は途中退席した評議員も『出席した評議員』に該当するものと考えられます。

指導監査のポイント

1　指摘基準
　① 成立した決議について、法令又は定款に定める出席者数又は賛成者数が不足していた場合
　② 議事録の必要事項が記載されていない又は不十分である場合

2　着眼点
　① 評議員会で決議を行うためには、議決に加わることができる評議員

第1章　評議員・評議員会

　　　の過半数（定款で過半数を上回る割合を定めた場合にはその割合以
　　　上）の出席が必要です。
　②　評議員会は、法人の基本的事項についての決議を行う機関であり、
　　　その議事内容は法人にとって重要な資料であることから、法人におい
　　　ては、評議員会の決議の内容等について記録した議事録を作成し、評
　　　議員及び債権者が閲覧できるようにすることが義務付けられていま
　　　す。
　③　指導監査を行うに当たり、評議員会の議事録が法令に基づき書面又
　　　は電磁的記録により作成され、必要事項が記載されているかについて
　　　確認します。
　④　議事録の記載事項としては、開催された評議員会に関する事項※が
　　　あり、必要な記載事項が記載されているかについて確認します。
　　　※開催された評議員会の内容に関する議事録の記載事項（抜粋）
　　　ⅰ　評議員会に出席した評議員の氏名

3　確認書類
　①　定款
　②　評議員会の議事録

特別利害関係評議員がいる場合の議事録

特別利害関係評議員がいた場合、議事録の記載で注意すべきことはありますか。

特別利害関係評議員の氏名を記載する必要があるほか、当該評議員が議決に加わっていない旨を議事録で明確にすることが重要です。

解説

1 法定記載事項

評議員会の議事録には、法で定めのある記載事項を記載する必要があるところ（法45条の11第1項、規則2条の15第3項）、特別利害関係評議員がいる場合には、当該評議員の氏名を記載することとなっています（規則2条の15第3項3号）。

2 その他の記載事項

評議員会では、議案について特別の利害関係を有する評議員は議決に加わることができず（法45条の9第8項）、定足数の算定の基礎にも算入されません（同条6項）。

そのため、評議員会の運営に当たっては、特別利害関係評議員を算入しないで、定足数と決議要件を満たしているか注意する必要があります。そして、特別利害関係評議員がいる場合には、当該評議員が議決に加わっていない旨を評議員会議事録において明確にすることが重要になります。

なお、特別利害関係評議員は、当該議案について評議員会における意見陳述権もなく、退席を要求されれば従わなければならないと解されるため、当該議案の審議にも参加しないことになると考えられます。その場合には、審議にも参加しなかった旨を記載します。

［議事録記載例］

「評議員○○は、本議案につき特別利害関係があるため、審議及び議決に参加しなかった。」

第1章　評議員・評議員会

指導監査のポイント

1　指摘基準
　　議事録の必要事項が記載されていない又は不十分である場合

2　着眼点
　　議事録の記載事項としては、開催された評議員会に関する事項※があり、必要な記載事項が記載されているかについて確認します。
　※　開催された評議員会の内容に関する議事録の記載事項（抜粋）
　　　決議を要する事項について特別の利害関係を有する評議員があるときは、当該評議員の氏名

3　確認書類
　　評議員会の議事録

評議員会への報告を省略した場合の議事録

評議員会への報告を省略した場合でも議事録を作成する必要がありますか。作成を要する場合、何を記載すればよいのでしょうか。

評議員会への報告を省略した場合でも議事録を作成する必要があります。その場合の記載事項は、通常の評議員会議事録と異なりますので、注意が必要です。

解説
評議員会への報告を省略した場合の議事録

理事が評議員の全員に対して評議員会に報告すべき事項を通知した場合において、当該事項を評議員会に報告することを要しないことにつき評議員の全員が書面又は電磁的記録により同意の意思表示をしたときは、当該事項の評議員会への報告があったものとみなされます（法45条の9第10項、一般法人法195条）。

評議員会への報告を省略した場合にも議事録を作成しなければならず、議事録には次の事項を記載する必要があります（法45条の11第1項、規則2条の15第4項2号）。

① 評議員会への報告があったものとみなされた事項の内容
② 評議員会への報告があったものとみなされた日※
③ 議事録の作成に係る職務を行った者の氏名

　※　全ての評議員の同意の意思表示が法人に到達した日になります。

なお、報告の省略を行った場合、議事録への署名又は記名押印義務はないと解されますが、議事録の真正を担保する意味で、議事録作成に係る職務を行った者が署名又は記名押印することも考えられます。

指導監査のポイント

1　指摘基準
　① 議事録が作成されていない場合
　② 議事録の必要事項が記載されていない又は不十分である場合
　③ 評議員会への報告があったとみなされる場合に、評議員全員の同意

第1章　評議員・評議員会

の意思表示の書面又は電磁的記録がない場合

2　着眼点
①　評議員会は、法人の基本的事項についての決議を行う機関であり、その議事内容は法人にとって重要な資料であることから、法人においては、評議員会の決議の内容等について記録した議事録を作成し、評議員及び債権者が閲覧できるようにすることが義務付けられています。
②　指導監査を行うに当たり、評議員会の議事録が法令に基づき書面又は電磁的記録により作成され、必要事項が記載されているかについて確認します。
③　議事録の記載事項としては、理事の評議員会への報告を省略した場合（報告があったものとみなされた場合）の事項※があり、必要な記載事項が記載されているかについて確認します。
　　※　理事の評議員会への報告を省略した場合（報告があったとみなされた場合）の議事録の記載事項
　　　ⅰ　評議員会への報告があったものとみなされた事項の内容
　　　ⅱ　評議員会への報告があったものとみなされた日
　　　ⅲ　議事録の作成に係る職務を行った者の氏名
　　　なお、この場合は、全評議員の同意の意思表示に係る書面等を事務所に備え置く必要はありません。
④　議事録については、記載された事項の全てについて、出席していない評議員や債権者等が、その関係書類と併せて内容の確認ができるよう明確に記載する方法によらなければなりません。
⑤　理事が評議員の全員に対して評議員会に報告すべき事項を通知した場合において、当該事項を評議員会に報告することを要しないことにつき評議員の全員が書面又は電磁的記録により同意の意思表示をしたときは、当該事項の評議員会への報告があったとみなされます。そのため、報告の省略がなされた場合には当該書面又は電磁的記録があるかを確認します。

3　確認書類
①　評議員会の議事録
②　同意の意思表示を行った書面又は電磁的記録

155

［評議員会の報告の省略　議事録　作成例］

社会福祉法人○○会　評議員会議事録

　評議員の全員に対して評議員会に報告すべき事項を通知したところ、当該事項を評議員会に報告することを要しないことにつき、評議員の全員から書面により同意の意思表示を得たので、社会福祉法第45条の9第10項において準用する一般社団法人及び一般財団法人に関する法律第195条の規定に基づき、評議員会への報告があったものとみなされた。

記

1　評議員会への報告があったものとみなされた事項の内容

（1）○○○○について

　　　　○○○○・・・・・

（2）○○○○について

　　　　○○○○・・・・・

2　評議員会への報告があったものとみなされた日

　　　　　年　　　月　　　日

3　議事録の作成に係る職務を行った者の氏名

　　理事長　○○　　○○

　以上のとおり評議員会への報告があったものとみなされたので、これを証するため、本議事録を作成し、議事録作成者が署名（又は記名押印）する。

○年○月○日

議事録作成者

理事長　○○○○　㊞

第1章　評議員・評議員会

評議員会の決議を省略した場合の議事録

評議員会の決議を省略した場合でも議事録を作成する必要がありますか。作成を要する場合、何を記載すればよいのでしょうか。

評議員会の決議を省略した場合でも議事録を作成する必要があります。その場合の記載事項は、通常の評議員会議事録と異なりますので、注意が必要です。

解説
評議員会の決議を省略した場合の議事録

　理事が評議員会の目的である事項について提案をした場合において、当該提案につき評議員（当該事項について議決に加わることができるものに限ります。）の全員が書面又は電磁的記録により同意の意思表示をしたときは、当該提案を可決する旨の評議員会の決議があったものとみなされます（法45条の9第10項、一般法人法194条1項）。

　評議員会の決議を省略した場合にも議事録を作成しなければならず、議事録には次の事項を記載する必要があります（法45条の11第1項、令2条の15第4項1号）。
　① 　評議員会の決議があったものとみなされた事項の内容
　② 　①の事項の提案をした者の氏名
　③ 　評議員会の決議があったものとみなされた日※
　④ 　議事録の作成に係る職務を行った者の氏名
　　※ 　全ての評議員の同意の意思表示が法人に到達した日になります。

　なお、決議の省略を行った場合、議事録への署名又は記名押印義務はないと解されますが、議事録の真正を担保する意味で、議事録作成に係る職務を行った者が署名又は記名押印することも考えられます。

157

指導監査のポイント

1 指摘基準

① 議事録が作成されていない場合

② 議事録の必要事項が記載されていない又は不十分である場合

③ 評議員会の決議があったとみなされる場合に、評議員全員の同意の意思表示の書面又は電磁的記録がない場合

2 着眼点

① 評議員会は、法人の基本的事項についての決議を行う機関であり、その議事内容は法人にとって重要な資料であることから、法人においては、評議員会の決議の内容等について記録した議事録を作成し、評議員及び債権者が閲覧できるようにすることが義務付けられています。

② 指導監査を行うに当たり、評議員会の議事録が法令に基づき書面又は電磁的記録により作成され、必要事項が記載されているかについて確認します。

③ 議事録の記載事項としては、評議員会の決議を省略した場合（評議員会の決議があったものとみなされた場合）の事項※があり、必要な記載事項が記載されているかについて確認します。

※ 評議員会の決議を省略した場合（評議員会の決議があったとみなされた場合）の議事録の記載事項
ⅰ 決議を省略した事項の内容
ⅱ 決議を省略した事項の提案をした者の氏名
ⅲ 評議員会の決議があったものとみなされた日
ⅳ 議事録の作成に係る職務を行った者の氏名
なお、この場合は、全評議員の同意の意思表示に係る書面等を事務所に備え置くだけではなく、内容について評議員会の議事録に記載しなければならないことに留意する必要があります。

④ 議事録については、記載された事項の全てについて、出席していない評議員や債権者等が、その関係書類と併せて内容の確認ができるよう明確に記載する方法によらなければなりません。

⑤ 理事が評議員会の目的である事項について提案をした場合において、当該提案につき議決に加わることができる評議員の全員が書面又は電磁的記録により同意の意思表示をしたときは、当該提案を可決する旨の評議員会の決議があったとみなされます。そのため、当該決議の省略

第1章　評議員・評議員会

がなされた場合には、当該書面又は電磁的記録があるかを確認します。

3　確認書類
①　評議員会の議事録
②　同意の意思表示を行った書面又は電磁的記録

［評議員会の決議の省略　議事録　作成例］

社会福祉法人○○会　第○回評議員会議事録

　　平成○年○月○日、理事長○○○○が、評議員の全員に対して評議員会の決議
の目的である事項について下記の内容の提案書を発したところ、当該提案につき、
評議員の全員から書面により同意の意思表示を得たので、社会福祉法第 45 条の
9 第 10 項が準用する一般社団法人及び一般財団法人に関する法律第 194 条及び
定款第○条に基づく評議員会の決議の省略により、当該提案を可決する旨の評議
員会の決議があったものとみなされた。評議員会の決議があったものとみなされ
た事項を明確にするため、本議事録を作成し、議事録作成者が記名押印する。

記

1　評議員会の決議があったものとみなされた事項の内容
（1）第1号議案「理事1名選任の件」（別添の議案書のとおり）
　　　　○○○○氏を理事に選任すること

2　評議員会の決議があったものとみなされた事項を提案した者の氏名
　　理事長　○○○○

3　評議員会の決議があったものとみなされた日
　　平成○年○月○日
　　評議員の全員（○名）の同意書は別添のとおり。
　　なお、提案事項について特別の利害関係を有する評議員はいなかった。

4　評議員会議事録の作成に係る職務を行った者の氏名
　　理事長　○○○○

平成○年○月○日

議事録作成者

理事長　○○○○　㊞

（東京都福祉保健局：「改正社会福祉法に対応した法人運営に関する講習会」資料）

159

議事録の備置き

作成した議事録は、その後どうすればよいのでしょうか。

評議員会の日から10年間評議員会の議事録をその主たる事務所に、評議員会の日から5年間評議員会の議事録の写しをその従たる事務所に備え置く必要があります。

解説
1 議事録の備置き

作成した評議員会の議事録は、評議員会の日から10年間その主たる事務所に、評議員会の日から5年間議事録の写しをその従たる事務所に備え置かなければなりません（法45条の11第1項、2項）。

なお、評議員会決議を省略した場合には、評議員全員の同意の意思表示を記載若しくは記録した書面又は電磁的記録を、評議員会の決議があったものとみなされた日から10年間、その主たる事務所に備え置く必要があります（法45条の9第10項、一般法人法194条2項）。

2 備置きの方法

「備置き」は、「保存」とは異なる概念であり、閲覧等を前提とした制度です。そのため「備置き」とは、適法な閲覧等の請求がなされた場合、又は、裁判所の閲覧等の許可がなされた場合に、業務時間内に適切にこれに応ずることができるような状態に置くことを意味すると解されます（落合誠一『会社法コンメンタール8（初版）』323頁（商事法務、2009）参照）。

そのため、閲覧請求者が自ら手に取って閲覧できる状態で置いておく必要はなく、適法な閲覧請求等があった場合に、職員が容易に閲覧等に応じることができるよう事務所内のロッカー等にファイリングして置いておけば足りると解されます。

第1章　評議員・評議員会

指導監査のポイント

1　指摘基準
①　議事録が、評議員会の日から主たる事務所に10年間、従たる事務所に5年間備え置かれていない場合
②　評議員会の決議を省略した場合に、同意の意思表示が行われた書面又は電磁的記録が、法人の主たる事務所に評議員会の決議があったとみなされた日から10年間備え置かれていない場合

2　着眼点
①　評議員会は、法人の基本的事項についての決議を行う機関であり、その議事内容は法人にとって重要な資料であることから、法人においては、評議員会の決議の内容等について記録した議事録を作成し、評議員及び債権者が閲覧できるようにすることが義務付けられています。そこで、指導監査を行うに当たり、評議員会の議事録が法令に基づき書面又は電磁的記録により作成され、必要事項が記載されているか、評議員会の日から法人の主たる事務所に10年間、従たる事務所に5年間備え置かれているかについて確認します。
②　評議員会の決議が省略された場合には、同意の意思表示の書面又は電磁的記録が、法人の主たる事務所に決議があったとみなされた日から10年間備え置かれているかについて確認します。

3　確認書類
①　評議員会の議事録
②　同意の意思表示を行った書面又は電磁的記録

評議員会議事録の閲覧・謄写

評議員会議事録の閲覧・謄写手続について教えてください。

評議員及び債権者は、社会福祉法人の業務時間内は、いつでも評議員会議事録の閲覧又は謄写の請求をすることができます。

解説

1 閲覧・謄写に関する規定

評議員及び債権者は、社会福祉法人の業務時間内は、いつでも次に掲げる請求をすることができます（法45条の11第4項）。

① 評議員会の議事録が書面をもって作成されているときは、当該書面又は当該書面の写しの閲覧又は謄写の請求

② 評議員会の議事録が電磁的記録をもって作成されているときは、当該電磁的記録に記録された事項を規則で定める方法により表示したものの閲覧又は謄写の請求

2 閲覧・謄写請求権者

評議員会の議事録の閲覧又は謄写を請求できる者は次のとおりです。

① 評議員

② 債権者

3 「閲覧」「謄写」とは

「閲覧」とは、請求者が議事録を見ることです。

「謄写」とは、議事録を請求者が自らの手で書き写す、コピーする又は写真撮影等をすることであり、法人が議事録をコピーして交付することまでは含まれていません。

4 「社会福祉法人の業務時間内」とは

法人が入所型の施設を運営している場合等には、24時間体制で職員が出勤しているため、そのような場合に「社会福祉法人の業務時間」をどのように解すべきかが問題となります。

第1章　評議員・評議員会

　この点については、議事録の閲覧・謄写請求ができるのを「業務時間内」に限定したのは、法人が業務活動を行っている時間帯でないと閲覧・謄写を請求されても、これに応ずるのが困難であることによると解するのであれば、「業務時間内」か否かは、原則として、議事録を管理している部門の活動時間を基準にして考えるべきだと思われます（松井秀樹「会社議事録の作り方－株主総会・取締役会・監査役会」71頁（中央経済社、2009）参照）。

評議員会決議の効力を争う訴え

Q56 評議員会決議の効力について争う方法が法定されたと聞きましたが、どのような手段で争われ、どのような場合に効力が否定されるのでしょうか。

A 評議員会決議の効力を争う方法には、次の３つの方法があります。それぞれの訴訟が対象とする場面が異なりますので、解説で確認してください。
① 評議員会の決議の不存在確認の訴え
② 評議員会の決議の無効確認の訴え
③ 評議員会の決議の取消しの訴え

解説

1 評議員会の決議の不存在確認の訴え（法45条の12、一般法人法265条１項）

(1) 総論

評議員会の決議の不存在とは、評議員会の決議が事実としてないにもかかわらず、決議があったかのように議事録が作成されたような場合が典型的な例となります。

評議員会の決議が物理的に存在しない場合以外にも、次のような場合には、決議が不存在であると評価される可能性があります。不存在確認の訴えにおいて原告が勝訴した場合には、その判決は、第三者に対しても効力を有するとされています（法45条の12、一般法人法273条）。

① 一部の評議員が勝手に会合して決議した場合（東京地判昭和30年７月８日下民６巻７号1353頁参照）
② 招集権者でない理事が、理事会の決議に基づかないで評議員会を招集した場合（最判昭和45年８月20日判時607号79頁参照）
③ 招集通知漏れが著しい場合（最判昭和33年10月３日民集12巻14号3053頁参照）

(2) 訴訟要件

① 原告

訴えの提訴権者（原告適格）については制限がなく、確認の利益が認め

第1章　評議員・評議員会

られる限り、誰でも提起できます。

② 被告

被告は、法人になります（法45条の12、一般法人法269条4号）。

③ 管轄

法人の主たる事務所の所在地を管轄する地方裁判所の管轄に専属します（法45条の12、一般法人法270条）。

④ 出訴期間

出訴期間の制限はなく、いつでも提起することができます。

2　評議員会の決議の無効確認の訴え（法45条の12、一般法人法265条2項）

(1) 総論

評議員会の決議の内容が法令に違反する場合には、決議は無効となります。無効確認の訴えにおいて原告が勝訴した場合には、その判決は、第三者に対しても効力を有するとされています（法45条の12、一般法人法273条）。

決議の内容が法令に違反する場合の例としては、次のようなものがあります。

① 欠格事由のある者を理事等に選任する決議

② 違法な内容の計算書類の承認決議

(2) 訴訟要件

訴訟要件は、不存在確認の訴えと同じとなります。

3　評議員会の決議の取消しの訴え（法45条の12、一般法人法266条1項）

(1) 総論

評議員会の決議の取消しの訴えの対象となるのは次の場合になります（法45条の12、一般法人法266条1項）。

① 評議員会の招集の手続が、法令又は定款に違反するとき

② 評議員会の招集の手続が、著しく不公正なとき

③ 評議員会の決議の方法が、法令又は定款に違反するとき

④ 評議員会の決議の方法が、著しく不公正なとき

⑤ 評議員会の決議の内容が、定款に違反するとき

(2) 訴訟要件
　① 原告
　　　提訴権者（原告適格）は、次の者に限られます（法45条の12、一般法人法266条1項）。
　　ア　評議員
　　イ　理事
　　ウ　監事
　　エ　清算人
　　オ　当該決議の取消しによりアないしエとなる者
　② 被告
　　　被告は、法人になります（法45条の12、一般法人法269条5号）。
　③ 管轄
　　　法人の主たる事務所の所在地を管轄する地方裁判所の管轄に専属します（法45条の12、一般法人法270条）。
　④ 出訴期間
　　　当該評議員会決議の日から3か月以内に訴えを提起する必要があります（法45条の12、一般法人法266条1項）。
　⑤ 判決の効力
　　　原告が勝訴し、判決が確定すると、その判決は、第三者に対しても効力を有します（法45条の12、一般法人法273条）。また、判決が確定すると、当該決議は遡って無効になると考えられます。

第2章

理事・理事会

第1節　理事

理事の資格

理事になれる人の要件はありますか。また、なれない人はいますか。

理事のうちには法が定める要件を満たす者が含まれる必要があります。一方、理事には欠格事由、兼職禁止、特殊関係者の就任制限がありますので、人選の際には留意する必要があります。

解説

1　理事に含めなくてはならない者

理事は6人以上とされていますが（法44条3項）、理事のうちには、次に掲げる者を含めなくてはなりません（法44条4項）。①から③に掲げる者がそれぞれ最低1名含まれる必要がありますので、注意が必要です。
① 社会福祉事業の経営に関する識見を有する者
② 当該社会福祉法人が行う事業の区域における福祉に関する実情に通じている者
③ 当該社会福祉法人が施設を設置している場合にあっては、当該施設の管理者

2　施設を設置している場合にあっては、当該施設の管理者

厚生労働省Q&Aによれば「施設」とは、原則として法62条1項の第1種社会福祉事業の経営のために設置した施設をいいますが、第2種社会福祉事業であっても、保育所、就労移行支援事業所、就労継続支援事業所等が法人が経営する事業の中核である場合には、当該事業所等は同様に取り扱うこととするとされています。

なお、法人が複数の「施設」を有している場合であっても、少なくとも施設の管理者1人を理事にすればよく、全ての施設の管理者を理事にする必要はありません。

第2章　理事・理事会

3　法令上理事になれない者

（1）　欠格事由

次に掲げる者は、理事になることはできません（法44条1項、40条1項）。

①　法人

②　成年被後見人又は被保佐人

③　生活保護法、児童福祉法、老人福祉法、身体障害者福祉法又は社会福祉法の規定に違反して刑に処せられ、その執行を終わり、又は執行を受けることがなくなるまでの者

④　③に該当する者を除くほか、禁固以上の刑に処せられ、その執行を終わり、又は執行を受けることがなくなるまでの者

⑤　所轄庁の解散命令により解散を命ぜられた社会福祉法人の解散当時の理事及び監事

（2）　兼職禁止

評議員及び監事は、理事と兼職ができないこととされていますので（法40条2項、44条2項）、評議員及び監事は理事になることができません。

また、公認会計士法により、会計監査人が理事になることはできません（法45条の2第3項）。

（3）　各理事についての特殊関係者

理事のうちには、各理事について、その配偶者若しくは3親等以内の親族その他各理事と規則で定める特殊の関係がある者が3人を超えて含まれ、又は当該理事並びにその配偶者及び3親等以内の親族その他各理事と規則で定める特殊の関係がある者が理事の総数の3分の1を超えて含まれることになってはならないとされていますので（法44条6項）、次の者が理事になる場合には、人数制限を超過していないか確認する必要があります。

なお、3人を超えるか否かの基準を適用する場合には、当該理事を含まずに数えますが、総数の3分の1を超えるか否かの基準を適用する場合には、当該理事を含めて数えることになりますので、注意が必要です。

①　理事の配偶者

②　理事の3親等以内の親族

③　規則で定める特殊の関係がある者（規則2条の10）

ｉ　当該理事と婚姻の届出をしていないが事実上婚姻関係と同様の事情に

169

ある者

ⅱ 当該理事の使用人

ⅲ 当該理事から受ける金銭その他の財産によって生計を維持している者

ⅳ ⅱ及びⅲに掲げる者の配偶者

ⅴ ⅰからⅲに掲げる者の３親等以内の親族であって、これらの者と生計を一にするもの

ⅵ 当該理事が役員（法人でない団体で代表者又は管理人の定めのあるものにあっては、その代表者又は管理人。以下この号において同じ。）若しくは業務を執行する社員である他の同一の団体（社会福祉法人を除く。）の役員、業務を執行する社員又は職員（当該他の同一の団体の役員、業務を執行する社員又は職員である当該社会福祉法人の理事の総数の当該社会福祉法人の理事の総数のうちに占める割合が、３分の１を超える場合に限る。）

ⅶ 次に掲げる団体の職員のうち国会議員又は地方公共団体の議会の議員でない者（当該団体の職員（国会議員又は地方公共団体の議会の議員である者を除く。）である当該社会福祉法人の理事の総数の当該社会福祉法人の理事の総数のうちに占める割合が、３分の１を超える場合に限る。）

ア 国の機関

イ 地方公共団体

ウ 独立行政法人通則法（平成11年法律第103号）２条１項に規定する独立行政法人

エ 国立大学法人法（平成15年法律第112号）２条１項に規定する国立大学法人又は同条３項に規定する大学共同利用機関法人

オ 地方独立行政法人法（平成15年法律第118号）２条１項に規定する地方独立行政法人

カ 特殊法人（特別の法律により特別の設立行為をもって設立された法人であって、総務省設置法（平成11年法律第91号）４条１項９号の規定の適用を受けるものをいう。）又は認可法人（特別の法律により設立され、かつ、その設立に関し行政官庁の認可を要する法人をいう。）

第2章　理事・理事会

4　審査基準において理事になれないとされている者

(1)　暴力団員等の反社会的勢力の者

　　審査基準において「暴力団員等の反社会的勢力の者は……役員となることはできないこと。」とされています。

(2)　名目的理事

　　審査基準において「実際に法人運営に参画できない者を……役員として名目的に選任することは適当ではないこと。」とされています。

(3)　慣例的理事

　　審査基準において「地方公共団体の長等特定の公職にある者が慣例的に、理事長に就任したり……役員として参加したりすることは適当ではないこと。」とされています。

171

理事の要件の確認方法

理事の要件を満たしているかはどのように判断されますか。

指導監査では、要件を充足しているか否かの実体的な判断は行われず、要件を満たす者として評議員会の決議等について適正な手続に基づいて選任しているかで判断されます。

解説
1 理事に含めなくてはならない者

理事は6人以上とされていますが（法44条3項）、理事のうちには、次に掲げる者を含めなくてはなりません（法44条4項）。
① 社会福祉事業の経営に関する識見を有する者
② 当該社会福祉法人が行う事業の区域における福祉に関する実情に通じている者
③ 当該社会福祉法人が施設を設置している場合にあっては、当該施設の管理者

2 理事に含めなくてはならない者の確認方法

上記①ないし③のうち、③の要件を満たすかは法人内部の資料で確認ができますが、①及び②については、どのようにして確認すればよいかが問題となります。

実体法上は、当該要件を満たしている理事がいない場合には法令違反となるため、法人としては、要件を充足していることを客観的な資料に基づいて証明できるようにする必要があるように思えます。しかし、指導監査との関係においては、当該要件を充足した者として評議員会の決議等について、適正な手続に基づいて選任していれば指摘されることはありません。法人が当該要件を充足していると判断したのであれば、指導監査では当該要件の充足性については関知しないこととされています。

したがって、指導監査との関係では、どの理事がどの要件を充足していると判断して選任したのかがわかるような議事録などを作成することが重要となります。具体的には、経歴や資格などを提示した上で、要件該当性について議論・判

第2章　理事・理事会

断して選任する必要があると考えます。

指導監査のポイント

1　指摘基準
　①　理事のうちに「社会福祉事業の経営に関する識見を有する者」として、評議員会の決議等について適正な手続に基づいて選任された者がいない場合
　②　理事のうちに「当該社会福祉法人が行う事業の区域における福祉に関する実情に通じている者」として、評議員会の決議等について適正な手続に基づいて選任された者がいない場合
　③　当該法人が施設を設置している場合であって、施設の管理者が理事として一人も選任されていない場合

2　着眼点
　①　理事のうちには、「社会福祉事業の経営に関する識見を有する者」及び「当該社会福祉法人が行う事業の区域における福祉に関する実情に通じている者」が含まれている必要があります。また、施設を設置している法人は、施設経営の実態を法人運営に反映させるため、「施設の管理者」※が理事として選任されている必要があります。なお、この場合の「施設」とは、原則として、第1種社会福祉事業の経営のために設置した施設をいいますが、第2種社会福祉事業であっても、保育所、就労移行支援事業、就労継続支援事業所等が法人が経営する事業の中核である場合には、当該事業所等は同様に取り扱われます。
　　※　「施設の管理者」については、当該法人が複数の施設を設置している場合は、全ての施設の管理者を理事とする必要があるものではなく、施設の管理者のうち1名以上が理事に選任されていれば足ります。
　②　法人において、それぞれ「社会福祉事業の経営に関する識見を有する者」及び「当該社会福祉法人が行う事業の区域における福祉に関する実情に通じている者」として適正な手続により選任されている限り、制限を受けるものではありません。
　③　指導監査を行うに当たっては、監査担当者の主観的な判断のみで、必要な識見を有していない、あるいは実情に通じていない等の指導を

173

行うことや、識見を有する者であることの証明を求めることがないよう留意する必要があります。

3 確認書類
① 理事の選任手続における関係書類（履歴書等）
② 役員名簿
③ 理事会及び評議員会の議事録等

実務のポイント

　上記の要件は、客観的な数字などで要件充足性を判断することができませんので、ある人からすれば充足していないようにみえても、別の人は充当していると判断する可能性があります。このような要件について、もし指導監査で実体的な判断がされるとすれば、指導監査担当者によってどのような判断がされるかわからず、法人は非常に不安定な立場におかれます。

　そもそも、指導監査ガイドラインが制定された理由には、指導監査におけるいわゆる『ローカルルール』の根絶がありますので、担当者ごとに異なる指導監査がされないよう、実体的な充足性を判断するのではなく、手続に着目した監査内容になっていると考えられます。

　したがって、指導監査において実体的な要件充足性について判断して、要件を充足していないとする指摘はできませんので注意が必要です。

第2章　理事・理事会

理事になれない者でないことの確認方法

理事になれない者でないことをどのように確認すればよいのでしょうか。

理事になれない者であると疑うべき特段の事情がない限り、法人が積極的に調査をする必要はなく、履歴書や誓約書などで確認すれば指導監査で指摘されることはありませんが、インターネット検索する程度の調査はした方が無難です。

解説
理事になれない者でないことの確認

　法や審査基準によって、理事になれない者が規定されています（Q57参照）が、法人としてどのようにして確認すればよいのでしょうか。

　指導監査との関係では、履歴書や誓約書などの提出を受けて確認すれば足りるとされています。つまり、理事候補者から、『自分は欠格事由に該当しない。』等の誓約をしてもらえれば、それによって法人としては確認したことと評価されるのです。これらは自己申告に過ぎないため、虚偽の申告をされる可能性は排斥できませんが、法人が実態を調査・確認することは容易ではなく現実的ではありませんので、このような確認方法を是認することにも相当の理由があります。

　ただし、簡単な調査を行えば容易に欠格事由等に該当することが判明した可能性があったにもかかわらず、調査をせずに漫然と理事に選任したような場合には、評議員などが善管注意義務に違反したと評価される可能性もあります。したがって、上記確認方法に加えて、インターネット検索する程度の調査は行った方が無難であると考えます。

指導監査のポイント
1　指摘基準
　①　理事の選任手続において、理事候補者に対して欠格事由に該当しないこと、各理事と特殊の関係にある者が上限を超えて含まれていないか、暴力団等の反社会的勢力に属する者でないことを確認していない場合

175

② 法人が保有する書類により、欠格事由に該当する者がいること、又は、各理事と特殊関係にある者が上限を超えて含まれていることが判明した場合

③ 暴力団員等の反社会的勢力の者が理事となっている場合

④ 社会福祉協議会において、関係行政庁の職員が役員総数の5分の1を超えている場合

⑤ 欠席が継続しており、名目的、慣例的に選任されていると考えられる役員がいる場合

2　着眼点

① 理事は、理事会の構成員として、法人の業務執行の決定をする等法人の運営における重要な役割を担い、その職務を個々の責任に基づいて行うものであることから、当該責任を全うさせるため、理事について、一定の事由が欠格事由として定められるとともに、理事長や他の理事の職務の執行を監督する役割を果たすため、各理事と特殊の関係にある者及び当該理事の合計が、理事総数の3分の1（上限は当該理事を含めずに3名）を超えて含まれてはなりません。

② 法人の高い公益性に鑑み、暴力団員等の反社会的勢力の者と関わりを持ってはならず、評議員と同様に暴力団員等の反社会的勢力の者が理事になることはできないとされています。

③ 法人は、理事の選任に当たり、理事候補者が欠格事由に該当しないか、各理事と特殊の関係にある者が上限を超えて含まれていないか、暴力団員等の反社会的勢力の者でないかについて確認を行う必要があります。

確認方法としては、履歴書若しくは誓約書等により候補者本人にこれらの者に該当しないことの確認を行う方法で差し支えありませんが、法人の判断により官公署が発行する書類により確認することも考えられます。

指導監査を行うに当たっては、法人が何らかの方法によりこれらの事項を確認しているかについて確認することになります。

④ 上記特殊の関係にある者に該当しない場合であっても、関係行政庁の職員が法人の理事となることは、法61条に「国及び地方公共団体は

第2章　理事・理事会

法人の自主性を重んじ、不当な関与を行わないこと」及び「法人が国及び地方公共団体に対して不当に管理的援助を求めないこと」と規定し、公私分離の原則を定める趣旨に照らすと適当ではないことに所轄庁等関係行政庁は留意する必要があります。

⑤　社会福祉協議会については、公私の関係者の協力によって組織され運営されるものであることから、関係行政庁の職員が役員となることのみをもって不当な関与であるとはいえませんが、役員総数※の5分の1を超える割合を占める場合は、不当な関与といえるため、法により認められていません。

　※　役員総数に対する関係行政庁の職員である役員の割合について規定しており、役員、すなわち、理事と監事の合計数で判断されます。

⑥　理事会の役割の重要性に鑑みれば、実際に理事会に参加できない者や地方公共団体の長等の特定の公職にある者が名目的・慣例的に理事として選任され、その結果、理事会を欠席することとなることは適当ではないため、理事にこのような者がいないかについて確認します。

　　この場合の理事として不適当であると判断するための基準は、原則として、当該年度及びその前年度において理事会を2回以上続けて欠席している者であることによるとされています。

3　確認書類
　①　理事の選任手続における関係書類（履歴書、誓約書等）
　②　役員名簿
　③　理事会及び評議員会の議事録等

実務のポイント
　上記着眼点で列挙されている「履歴書」及び「誓約書」は例示に過ぎないため、法人としては「何らかの方法」によって確認していれば足りることになります。そのため、候補者から口頭で確認することでも問題ないはずですが、指導監査の際に確認したことがわかるようにしておかなければなりませんので、少なくとも確認した旨のメモなどを残しておくことが必要になります。

177

なお、たとえ重任の場合であっても、前回の就任時とは時点が異なり状況が変化している可能性も十分にありますので、選任する度に改めて確認する必要があります。

　また、事前に確認していたとしても、実態として欠格事由等に該当していた場合には、やはり指導監査で指摘されますので、欠格事由等に該当することが判明した場合には、法人として速やかに後任の理事を選任するなどの対応をとる必要があります。

［誓約書例］

誓　約　書

　社会福祉法人○○会の理事に就任することにあたり、次の各号を誓約します。

1　社会福祉法第40条第１項各号の欠格条項に該当しないこと
2　各理事と親族等特殊関係にある者が上限を超えて含まれないこと
3　暴力団員等の反社会勢力者に該当しないこと
4　今後、上記１号から３号の記載事項に該当したときは遅滞なく報告すること

　　　年　　　月　　　日

社会福祉法人○○会理事長　　○○○○　殿

　　　　　　　　　　　　　　　住　所
　　　　　　　　　　　　　　　氏　名　　　　　　　　　　印

（東京都福祉保健局：「改正社会福祉法に対応した法人運営に関する講習会」資料）

第2章　理事・理事会

名目的・慣例的理事

理事になることが適当ではない『名目的・慣例的理事』とはどのような理事を指すのでしょうか。

原則として、当該年度及びその前年度において理事会を2回以上続けて欠席している理事が『名目的・慣例的理事』と判断されますが、例外事由もありますので、欠席理由を確認する必要があります。

解説

1　名目的・慣例的理事

　審査基準において「実際に法人運営に参画できない者を……役員として名目的に選任することは適当ではないこと。」「地方公共団体の長等特定の公職にある者が慣例的に、理事長に就任したり……役員として参加したりすることは適当ではないこと。」とされています。

　そのため、どのような理事が『名目的・慣例的理事』に該当するかが問題となりますが、指導監査ガイドラインでは、原則として、当該年度及びその前年度において理事会を2回以上続けて欠席している理事が『名目的・慣例的理事』に該当するとしています。

2　例外事由

　厚生労働省Q＆Aにおいて「法人側に責任のないやむを得ない理由がある場合に、欠席理由について、法人の説明を十分に聞いた上で、欠席回数のみをもって文書指摘が行われないこともあり得ることを留意されたい。」とされています。

　（やむを得ない理由の例）
　① 自然災害
　② 本人の病気・けが
　③ その他、法人の責めに帰さないやむを得ない理由があると、所轄庁が認めた場合

指導監査のポイント

1　指摘基準

　　理事会への欠席が継続しており、名目的・慣例的に選任されていると考えられる理事がいる場合

2　着眼点

　　理事会の役割の重要性に鑑みれば、実際に理事会に参加できない者や地方公共団体の長等の特定の公職にある者が名目的・慣例的に理事として選任され、その結果、理事会を欠席することとなることは適当ではないため、理事にこのような者がいないかについて確認します。

　　この場合の理事として不適当であると判断するための基準は、原則として、当該年度及びその前年度において理事会を2回以上続けて欠席している者であることによることとされています。

3　例外事由

　　厚生労働省Q＆Aによれば、理事がその職責を果たす観点から、理事会への出席が求められていることを踏まえ、以下の例のような法人側に責任のないやむを得ない理由がある場合に、欠席理由について、法人の説明を十分に聞いた上で、欠席回数のみをもって文書指摘が行われないこともあり得ることを留意されたいとされています。

（やむを得ない理由の例）

①　自然災害

②　本人の病気・けが

③　その他、法人の責めに帰さないやむを得ない理由があると、所轄庁が認めた場合

4　確認書類

　　理事会の議事録

実務のポイント

　　原則として2回以上続けて理事会を欠席すると『名目的・慣例的理事』

第2章　理事・理事会

に該当するため、法人としては理事会の日程調整をする際に、前回欠席した理事がいる場合には、当該理事が出席できる日に理事会を設定するとともに、当該理事に対して『次の理事会を欠席されると指導監査で指摘され得るので、必ず来てもらいたい』旨を伝えることが重要になります。

　また、欠席理由によっては「やむを得ない理由」として指導監査での指摘を免れる可能性もありますので、理事会に欠席した理事がいる場合には、欠席理由を確認して記録に残しておくことも重要になります。記録の方法としては、次のような方法が考えられます。

①　電話等で欠席理由を確認した上、理事会議事録に記載する方法
②　招集通知とともに出欠票を送付し、当該出欠票中に欠席理由を記載してもらう方法

［出欠票例］

第○回社会福祉法人○○会理事会

出欠票

（ＦＡＸ　○○-○○○○-○○○○）

社会福祉法人○○会理事長　殿

　平成○年○月○日（○曜日）開催の、第○回社会福祉法人○○会の理事会に

出席　・　欠席

します。　　　　　　（ご欠席の場合、欠席理由を
　　　　　　　　　　　備考欄にご記入ください。）

各決議事項に係る特別の利害関係については、下記のとおりです。

決議事項	特別の利害関係の有無
第1号議案 　平成○年度事業報告及び平成○年度 　計算書類等の承認の件	有　・　無
第2号議案 　次期役員候補者の件	有　・　無
第3号議案 　役員の報酬額（案）及び役員等報酬 　規程（案）の件	有　・　無
第4号議案 　定款変更の件	有　・　無
第5号議案 　定時評議員会の招集の件	有　・　無

氏名　　　　　　　　　　　　　　　　　　　　印

住所

【備考欄・ご意見欄】

（東京都福祉保健局：「改正社会福祉法に対応した法人運営に関する講習会」資料）

第 2 章　理事・理事会

理事の選任方法と任期

理事の選任方法と任期について教えてください。

理事は、評議員会の決議によって選任することになります。
任期は、定款に別段の定めがない限り、評議員会で選任された日から 2 年以内に終了する会計年度のうち最終のものに関する定時評議員会の終結の時となります。

解説
1　理事の選任手続
(1)　選任機関

　　理事は、評議員会の決議によって選任します（法43条 1 項）。

　　当該決議は普通決議ですので、定款に別段の定めがない限り、議決に加わることができる評議員の過半数が出席し、その過半数をもって行うことになります（法45条の 9 第 6 項）。

(2)　選任議案

　　理事の選任に関する評議員会の議題及び議案は、理事会の決議によって決定しますので、理事候補者を理事会で決定し、議案として評議員に通知することになります（法45条の 9 第10項、一般法人法181条 1 項 2 号、 3 号、182条 3 項、規則 2 条の12）。

　　ただし、評議員は、評議員会の場において、議題の範囲内で議案を提案することができます（法45条の 8 第 4 項、一般法人法185条）ので、議題が「理事○名を選任する件」であれば、理事会で決定した「A氏を選任する」という議案に対し、評議員が「B氏を選任する」という提案を行って、決議することができます。

2　任期
(1)　始期

　　ある者が法人の理事になるには、評議員会の選任行為（選任決議）と被選任者の理事への就任承諾が必要となります。そうすると、理事としての任期

183

の始期は、選任行為と就任承諾の両方が行われた時点（どちらか遅い方がされた時点）となりそうです。

　しかし、厚生労働省Ｑ＆Ａによれば、任期の起算点を『就任時』とすると、就任承諾は被選任者の意向に委ねられる結果、評議員会の選任決議と就任承諾との間に長期間の隔たりがある場合などにおいて、任期の終期が評議員会の意思に反する事態が生じかねないため、任期の起算点は、評議員会における『選任時』になるとされています。

　また、理事の選任決議の効力発生時期を遅らせる決議をしたとしても、任期の起算点は、選任決議を行った日になるとされています。

　したがって、理事の任期の始期は、評議員会において理事選任決議を行った日となります。

(2)　終期

　理事の任期の終期は、選任後２年以内に終了する会計年度のうち最終のものに関する定時評議員会の終結の時となります。ただし、定款によって、その任期を短縮することができます（法45条）。

　したがって、平成29年６月に選任された理事は、定款に別段の定めがない場合、平成31年に開催される定時評議員会の終結の時までが任期となります。

指導監査のポイント

1　指摘基準
①　評議員会の日時及び場所等が理事会の決議により定められていない場合
②　理事の選任が評議員会の有効な決議により行われていない場合
③　理事の就任の意思表示があったことが就任承諾書等により確認できない場合

2　着眼点
①　理事会の決議により定めなければならない事項（招集通知に記載しなければならない事項）
　ⅰ　評議員会の日時及び場所
　ⅱ　評議員会の目的である事項がある場合は当該事項

第2章　理事・理事会

　　iii　評議員会の目的である事項に係る議案（当該目的である事項が議案となるものを除きます。）の概要（議案が確定していない場合はその旨）

② 　理事の選任は評議員会の決議により行うため、評議員会の決議が適切になされているかについて確認します。

③ 　法人と理事との関係は、委任に関する規定に従います。そのため、評議員会により選任された者が就任を承諾したことにより、その時点（承諾のときに理事の任期が開始していない場合は任期の開始時）から理事となることから、この就任の承諾の有無についての指導監査を行うに当たっては、理事の役割の重要性に鑑み、文書による確認（就任承諾書の徴収等）によって行う必要があり、当該文書は法人において保存される必要があります。

3　厚生労働省Ｑ＆Ａ

　問①　理事の任期を「2年」の確定期間とする定款の規定は許されますか。

　答①　理事の任期は、選任後2年以内に終了する会計年度のうち最終のものに関する定時評議員会の終結の時までであり、定款によって短縮することが可能とされているが、伸ばすことはできません。

　　　　このため、理事の任期を「2年」とする規定を設けると、定時評議員会で理事を選任した場合は特段の問題はないものの、他方で、例えば、年度末の臨時評議員会で理事を選任した場合には、理事の法定の最長の任期を伸長することになります。

　　　　したがって、そのような規定を設けることは適当ではありません。

　問②　理事の就任日はいつになるのでしょうか。

　答②　任期の始期は選任された日ですが就任日については選任及び本人による就任の承諾があった日になります。なお、就任承諾書は事前あるいは選任された日当日に受け取ることが望ましいです。

4　確認書類

① 　評議員会の議事録

② 　評議員会の招集通知

③ 　評議員会の議題（及び議案）を決定した理事会の議事録

④　就任承諾書等

実務のポイント

　実体法上は、理事が就任の意思表示を口頭で行ったとしても問題はありません。しかし、指導監査においては、理事の就任の意思表示が確認できるようにしておくことが求められています。そのため、実務上は、就任承諾書を徴収することになります（ただし、就任承諾書以外の方法でも、意思表示が確認できれば問題ありません。）。

　就任承諾書の徴収時期ですが、厚生労働省Ｑ＆Ａによれば事前又は選任決議日当日が望ましいとされていますので、実務上はそのような手続とすべきといえます。しかし、仮に徴収時期が選任決議日の後になったとしても、そのことをもって指導監査で指摘事項となることはなく、あくまでも助言にとどまるものと考えます。

［就任承諾書兼誓約書例］

理事就任承諾書

　社会福祉法人○○会の理事に就任することを承諾します。理事に就任にすることにあたっては、次の各号を誓約します。

1　社会福祉法第40条第1項各号の欠格条項に該当しないこと
2　各理事と親族等特殊関係にある者が上限を超えて含まれないこと
3　暴力団員等の反社会勢力者に該当しないこと
4　今後、上記1号から3号の記載事項に該当したときは遅滞なく報告すること

　　　年　　　月　　　日

社会福祉法人○○会理事長　　○○○○　殿
　　　　　　　　　　　　　　　　　　住　　所
　　　　　　　　　　　　　　　　　　氏　　名　　　　　　　　　　　印

（東京都福祉保健局：「改正社会福祉法に対応した法人運営に関する講習会」資料）

理事の補欠選任

理事の補欠を選任することはできますか。

法又は定款で定めた理事の員数を欠くこととなるときに備えて補欠の理事をあらかじめ選任しておくことができます。
　また、任期途中で退任した理事がいる場合に、その理事の補欠として新たに理事を選任することができます。

解説

1　予備的補欠理事選任に関する定め

　理事は、評議員会の決議によって選任されるところ、当該決議をする場合には、法又は定款で定めた理事の員数を欠くこととなるときに備えて補欠の役員を選任することができ、理事の予備的補欠選任の際は、次の事項をあわせて決定しなければなりません（法43条2項、規則2条の9第2項）。

① 　当該候補者が補欠の理事である旨
② 　当該候補者を1人又は2人以上の特定の理事の補欠の理事として選任するときは、その旨及び当該特定の理事の氏名
③ 　同一の理事（2人以上の理事の補欠として選任した場合にあっては、当該2人以上の理事）につき2人以上の補欠の理事を選任するときは、当該補欠の理事相互間の優先順位
④ 　補欠の理事について、就任前にその選任の取消しを行う場合があるときは、その旨及び取消しを行うための手続

2　予備的補欠理事選任決議の効力

　予備的補欠の理事の選任に係る決議が効力を有する期間は、定款に別段の定めがある場合を除き、当該決議後最初に開催する定時評議員会の開始の時までとなります。ただし、評議員会の決議によってその期間を短縮することができます（規則2条の9第3項）。

3　補欠理事の選任と任期

　任期途中で退任した理事がいる場合、その理事の補欠として新たに理事を選任

することができます。補欠の理事も、原則は、通常の理事と同様に選任後2年以内に終了する会計年度のうち最終のものに関する定時評議員会の終結の時までとなります（法45条）が、定款によって短縮することが可能であり、定款例のように「補欠として選任された理事の任期は、前任者の任期の満了する時までとすることができる。」とすることができます。

第2章 理事・理事会

理事の欠員時の対応

理事の員数が社会福祉法又は定款で定めた数を下回った場合には、どのようになるのでしょうか。

欠員が生じた事由によって異なりますので解説を確認してください。

解説
1 総説
　理事の員数は、6人以上の定款で定める数とされていますが（法44条3項）、理事の辞任などで、理事の員数が当該規定に定める数を下回り、欠員が出てしまうことがあります。
　この場合には、欠員が生じた事由ごとに対応が異なりますので、注意が必要です。

2 任期満了又は辞任による欠員の場合
　理事の任期満了又は辞任によって欠員が生じた場合には、任期満了又は辞任によって退任した理事は、新たに選任された理事（4記載の一時理事を含みます。）が就任するまで、理事としての権利義務を有することになります（法45条の6第1項）。
　理事としての権利義務を有するとは、すなわち理事としての地位に留任することであり、理事に認められている権利の全てが認められる一方、任務懈怠による損害賠償責任（法45条の20、21）も引き続き負うことになります。
　なお、任期満了又は辞任によって理事の一部が欠けたが、法及び定款で定めた理事の員数を欠くにいたっていない場合（例えば、定款で6名以上としてあり、7名を理事に選任した場合で、1名が辞任したような場合）には、引き続き理事としての権利義務を有することにはなりません。
　この規定は、新しい理事の選任には多少なりとも時間がかかるため、その間、法人として理事不在としないための暫定的な措置と考えるべきであり、欠員が生じた場合には新しい理事を選任すべきといえます。

3 死亡又は解任による欠員の場合

死亡又は解任によって、法又は定款で定めた理事の員数を欠くにいたった場合には、上記のような規定はなく、欠員状態となってしまいます。

そのため、法人としては、新しい理事を選任する必要があります。

4 一時理事の選任

法又は定款で定めた理事の員数が欠けた場合において、事務が遅滞することにより損害が生ずるおそれがあるときは、所轄庁は、利害関係人の請求により又は職権で、一時理事の職務を行うべき者（以下「一時理事」といいます。）を選任することができます（法45条の6第2項）。

一時理事は、後任の理事が選任されるまでの間は、本来の理事と同一の権利と義務を有するものと解されます。

なお、任期満了又は辞任による欠員の場合にも適用がありますが、これは状況によっては退任した理事が病気、他の理事との対立等の事情があるなど、事実上、理事に留任することが困難な場合があるためと考えられます。

指導監査のポイント

1 指摘基準
① 定款で定めた員数が選任されていない場合
② 定款で定めた員数の3分の1を超える欠員があるにもかかわらず、法人において補充のための手続が進められておらず、かつ、具体的な検討も行われていない場合
③ 欠員がある場合に、法人において補充のための手続が進められておらず、かつ、補充の検討が行われていない場合

2 着眼点
① 理事の員数は、6人以上の数を定款で定め、その定款に定めた員数が実際に選任されているかについて確認します。
② 定款に定めた員数の3分の1を超える者が欠けたときは、遅滞なく補充しなければなりません。指導監査を行うに当たっては、当該指導監査の時点で定款に定めた員数の3分の1を超える者が欠けていないか、欠けている場合には遅滞なく補充のための手続が進められている

かについて確認します。

　　なお、「遅滞なく」補充の手続が進められているかについては、当該法人において、理事候補者の選定、評議員会への理事の選任の議案提出、又は評議員会の開催等の理事選任に係る手続に関して、具体的な検討や実施がされているかを確認します。

③　理事のうち定款に定められた員数の３分の１を超えない欠員がある場合は、法令に直接的に明記されているものではありませんが、理事が、理事会の構成員として担う法人の業務執行の決定や、理事長等の職務の執行の監督等の役割が十分に発揮できないおそれがあり、法人運営上適当ではないことから、法人において欠員の補充のための検討や手続が進められているか（理事会、理事長等が手続を進めているか。）を、指導監査により確認します。

3　厚生労働省Ｑ＆Ａ

　問　理事の３分の１を超える欠員がある場合の「具体的な検討」と理事に欠員がある場合の「補充の検討」はどのように異なるのですか。

　答　「補充の検討」については、理事候補者の検討や補充のスケジュールの検討など補充に向けて何らかの検討が行われていれば足りるものですが、「具体的な検討」については、理事候補者の選定、補充のための理事会の開催時期の決定等具体的な手続きが進行中であることが必要です。

4　確認書類

　①　定款

　②　理事の選任に関する評議員会の議事録

　③　理事会の議事録

　④　その他関係書類

理事の解任

理事を解任するにはどうすればよいでしょうか。その際に注意すべき点はありますか。

評議員会の決議によって理事を解任することができます。
理事を解任することができる事由は限定されていますので、当該事由に該当するかを慎重に検討する必要があります。

解説
理事の解任

　理事の解任は、評議員会の決議によって行うことができます。ただし、理事の解任事由は、次の事由に限定されています（法45条の4第1項）。
　①　職務上の義務に違反し、又は職務を怠ったとき
　②　心身の故障のため、職務の執行に支障があり、又はこれに堪えないとき
　また、厚生労働省は、上記解任事由について限定的に解釈すべきとして、指導監査ガイドラインにおいて「理事が形式的に職務上の義務に違反し又は職務を懈怠したという事実や健康状態のみをもって解任することはできず、現に法人運営に重大な損害を及ぼし、又は、適正な事業運営を阻害するような、理事等の不適正な行為など重大な義務違反等がある場合に限定されると解すべきである。」としています。
　指導監査ガイドラインの記載を前提にすれば、法令の解任事由に形式的に該当したとしても解任できない場合があることになりますので、解任する場合には指導監査ガイドラインが示す要件に該当するかも検討する必要があります。また、指導監査や当該理事との紛争を想定して、解任事由の該当性について丁寧に議論をして、該当すると判断した理由、根拠及び議論の内容等を議事録に丁寧に記載すべきといえます。

> **指導監査のポイント**
> 1　指摘基準
> 　　理事の解任が評議員会の権限の濫用に当たる場合（現に法人運営に重

第2章　理事・理事会

大な損害を及ぼし、又は、適正な事業運営を阻害するような、理事等の
不適正な行為など重大な義務違反等がある場合に該当しない場合)

2　着眼点
①　理事の解任は、「職務上の義務に違反し、又は職務を怠ったとき」、
「心身の故障のため、職務の執行に支障があり、又はこれに堪えない
とき」のいずれかに該当するときに、評議員会の決議により行います
が、安定的な法人運営や利用者の処遇に及ぼす影響が大きいことか
ら、評議員会によって解任権が濫用されることがあってはならないと
されています。そのため、理事が形式的に職務上の義務に違反し又は
職務を懈怠したという事実や健康状態のみをもって解任することはで
きず、現に法人運営に重大な損害を及ぼし、又は、適正な事業運営を
阻害するような、理事等の不適正な行為など重大な義務違反等がある
場合に限定されると解すべきであるとされています。
②　指導監査を行うに当たっては、評議員会の決議により理事が解任さ
れた場合に、解任の理由が、当該理事に重大な義務違反等があること
によるものであるかについて確認します。

3　確認書類
①　評議員会の議事録
②　評議員会の議題（及び議案）を決定した理事会の議事録

実務のポイント

　指導監査ガイドラインによれば、指導監査において理事の解任決議が見
つかった場合、解任事由に該当するか所轄庁が確認することとされていま
す。指摘事項に該当するとして指摘を行えば、所轄庁として解任事由に該
当しないと判断したことになることはもちろんですが、逆に指摘しなかっ
た場合には、確認した上で解任事由に該当すると判断したものと解される
ことになります。
　理事の解任決議があった場合、当該理事と法人との間には、解任事由の
該当性について意見の対立があり、紛争化していることが予想されます

193

（意見に対立がなく円満な関係であれば、通常は解任ではなく辞任の手続が選択されるはずです。）。そのような状況の法人に対し、解任事由の該当性について所轄庁がいずれかの判断を伝えることになるわけです。これは、紛争の一方当事者の立場を所轄庁が支持する結果になりますので、とても重い判断を伝えることになります。

　一方、当該理事と法人との意見対立が解消されない場合には、所轄庁の判断によって実体法上の権利関係が確定するわけではありませんので、最終的には裁判所の判断に従うことになります。その場合、所轄庁として想定しておかなければならないリスクは、所轄庁の判断と裁判所の判断が食い違う可能性です。そのような結果となった場合、法人からの信頼が少なからず失われるでしょうし、所轄庁が誤った判断をしたことを理由とする別の紛争に発展する可能性すら否定できません。

　したがって、指導監査をする所轄庁としては、理事の解任決議があった場合には、いずれの判断をする場合にも、慎重に解任事由の該当性を検討した上で、指摘するか否かを決定する必要があります。

194

第2章　理事・理事会

理事の権限・義務

理事にはどのような権限及び義務があるのでしょうか。

理事には、解説に記載する権限及び義務がありますので、知らないうちに義務違反とならないように内容を正確に理解する必要があります。

解説
1　理事の権限
（1）理事会招集権

　理事は、理事会を招集する理事（以下「招集権者」といいます。）を定款又は理事会で定めていないときは、理事会を招集することができます（法45条の14第1項）。

（2）理事会招集請求権・理事会招集権

　招集権者を定款又は理事会で定めているときは、招集権者以外の理事は、招集権者に対し、理事会の目的である事項を示して、理事会の招集を請求することができます（同条2項）。

　当該請求があった日から5日以内に、当該請求があった日から2週間以内の日を理事会の日とする理事会の招集の通知が発せられない場合には、当該請求をした理事は、自ら理事会を招集することができます（同条3項）。

2　理事の義務
（1）評議員会での説明義務

　理事は、評議員会において、評議員から特定の事項について説明を求められた場合には、当該事項について必要な説明をしなければなりません（法45条の10）。

　ただし、次の場合には説明義務を負いません（同条ただし書き）。
① 当該事項が評議員会の目的である事項に関しないものである場合
② その他正当な理由がある場合として規則2条の14で定める次の場合
　ⅰ　評議員が説明を求めた事項について説明をするために調査をする必要があり、かつ、次に掲げるいずれの場合にも該当しない場合

ア　当該評議員が評議員会の日より相当の期間前に当該事項を法人に対して通知した場合

イ　当該事項について説明をするために必要な調査が著しく容易である場合

ⅱ　評議員が説明を求めた事項について説明をすることにより法人その他の者（当該評議員を除く。）の権利を侵害することとなる場合

ⅲ　評議員が当該評議員会において実質的に同一の事項について繰り返して説明を求める場合

ⅳ　ⅰからⅲに掲げる場合のほか、評議員が説明を求めた事項について説明をしないことにつき正当な理由がある場合

(2)　事業報告の報告義務

理事は、理事会の承認を受けた事業報告を定時評議員会に提出し、又は提供した上（法45条の30第1項）、当該事業報告の内容を定時評議員会に報告しなければなりません（同条3項）。

(3)　計算書類及び財産目録の報告義務

会計監査人を設置している法人については、理事会の承認を受けた計算書類が法令及び定款に従い法人の財産及び収支の状況を正しく表示しているものとして規則で定める要件に該当する場合には、理事は、当該計算書類及び財産目録の内容を定時評議員会に報告しなければなりません（法45条の31、規則2条の40第2項）。

(4)　善管注意義務・忠実義務

法人と理事との関係は、委任に関する規定に従いますので（法38条）、理事は、その職務を遂行するにつき、法人に対して善管注意義務を負うことになります（民法644条）。

また、理事は、法令及び定款を遵守し、法人のため忠実にその職務を行わなければなりません（以下「忠実義務」といいます。）（法45条の16第1項）。

善管注意義務と忠実義務との関係ですが、同様の規定がある株式会社における取締役の忠実義務に関する判例では「民法644条に定める善管義務を敷衍し、かつ一層明確にしたにとどまるのであって、……通常の委任関係に伴う善管義務とは別個の、高度な義務を規定したものとは解することができな

い」（最判昭和45年6月24日民集24巻6号625頁）としています。

この判例の見解によれば、忠実義務の規定の存在意義は、委任関係に伴う善管注意義務を強行規定とする点にあるにすぎないこととなります（江頭憲治郎『株式会社法（第7版）』435頁（有斐閣、2017）参照）。

(5)　競業取引・利益相反取引の承認・報告義務

①　承認

理事は、次に掲げる場合には、理事会において、当該取引につき重要な事実を開示し、その承認を受けなければなりません（法45条の16第4項、一般法人法84条1項）。

ア　理事が、自己又は第三者のために法人の事業の部類に属する取引をしようとするとき（競業取引）

イ　理事が、自己又は第三者のために法人と取引をしようとするとき（利益相反取引・直接取引）

ウ　法人が理事の債務を保証することその他理事以外の者との間において法人と当該理事との利益が相反する取引をしようとするとき（利益相反取引・間接取引）

②　報告

上記アないしウの取引をした理事は、当該取引後、遅滞なく、当該取引についての重要な事実を理事会に報告しなければなりません（法45条の16第4項、一般法人法92条2項）。

(6)　監事への報告義務

理事は、法人に著しい損害を及ぼすおそれのある事実があることを発見したときは、直ちに、当該事実を監事に報告しなければなりません（法45条の16第4項、一般法人法85条）。

指導監査のポイント

1　指摘基準

①　招集権を有さない者が理事会を招集している場合

②　計算関係書類等に関して、必要な報告が行われていない場合

③　理事会の決議を要する事項について決議が行われていない場合

2　着眼点
① 　理事会は、各理事（理事会を招集する理事を定款又は理事会で定めたときは、その理事）が招集することとされています。また、理事会を招集する理事を定款又は理事会で定めたときは、その他の理事は招集権者である理事に対して、理事会の目的である事項を示して、理事会の招集を請求することができ、当該請求があった場合には、請求日から５日以内に、理事会の招集通知（請求日から２週間以内の日に理事会を開催するものである必要があります。）が発せられていない場合には、その請求をした理事が理事会を招集することができます。

② 　会計監査人設置法人においては、次のいずれの要件も満たす場合には、計算書類及び財産目録については定時評議員会においてその内容を報告することで足ります。
　　i 　計算書類についての会計監査報告に無限定適正意見が付されていること
　　ii 　会計監査報告に関する監事の監査報告に、会計監査人の監査の方法又は結果相当でないと認める意見がないこと
　　iii 　計算書類に関する監事の監査報告が特定監事が期限までに通知しなかったことにより、通知があったものとみなされたものではないこと

③ 　次の事項については、理事会の決議を要する。（抜粋）
　　i 　競業及び利益相反取引の承認

3　確認書類
① 　理事会の招集通知
② 　理事会の議事録
③ 　監事による監査報告
④ 　会計監査人による会計監査報告
⑤ 　評議員会の議事録

第2章　理事・理事会

理事の報酬

理事の報酬はどのようにして決定すればよいのでしょうか。

理事の報酬等の額は、定款又は評議員会で定める必要があります。また、支給の基準を作成し、評議員会の承認を受けた上で、公表しなくてはなりません。

解説
1　報酬等の決定方法

理事の報酬、賞与その他の職務執行の対価として受ける財産上の利益（以下本回答において「報酬等」といいます。）の額は、次のいずれかの方法で定める必要があります（法45条の16第4項、一般法人法89条）。

① 定款にその額を定める
② 定款にその額の定めがない場合、評議員会の決議により定める

ここでいう「額」とは、理事個人ごとの報酬額である必要はなく、全理事に対する報酬総額で足りると解されます。

また、無報酬とする場合であっても、その旨を定める必要があります。

②の評議員会決議で定める方法の場合、定款例では次のような規定となっていますので、参考とすることができます。

［定款例］

（理事の報酬等）
　理事に対して、評議員会において別に定める総額の範囲内で、評議員会において別に定める報酬等の支給の基準に従って算定した額を報酬等として支給することができる。

2　支給基準の作成と承認

法人は規則で定めるところにより、次の要素を考慮して、不当に高額なものとならないような支給の基準を定め（法45条の35第1項）、評議員会の承認を受ける必要があります（同条2項）。

① 民間事業者の役員の報酬等
② 民間事業者の従業員の給与
③ 当該法人の経理の状況
④ その他の事情

3 支給基準の内容

支給基準では、次の事項を定める必要があります（規則2条の42）。

① 理事の勤務形態に応じた報酬等の区分
　　具体的には、常勤・非常勤別に報酬を定めることになります。
② 報酬等の額の算定方法
　ⅰ　報酬等の算定の基礎となる額、役職、在職年数など、どのような過程を経てその額が算定されたか、法人として説明責任を果たすことができる基準を設定する必要があります。
　ⅱ　評議員会が役職に応じた1人当たりの上限額を定めた上で、各理事の具体的な報酬金額については理事会が決定するといった規定は許容されます。
　ⅲ　評議員会の決議によって定められた総額の範囲内において決定するという規定や、単に職員給与規程に定める職員の支給基準に準じて支給するというだけの規定は、どのような算定過程から具体的な報酬額が決定されるのかを第三者が理解することは困難であり、法人として説明責任を果たすことができないため、認められていません。
　ⅳ　退職慰労金については、退職時の月例報酬に在職年数に応じた支給率を乗じて算出した額を上限に各理事については理事会が決定するという方法も許容されます。
③ 支給の方法
　　支給の時期として、毎月なのか出席の都度なのか、各月又は各年のいつ頃かなどを規定します。
　　支給の手段として、銀行振込か現金支給かなどを規定します。
④ 支給の形態
　　支給の形態とは、現金・現物の別等をいいます。ただし、「現金」「通貨」といった明示的な記載がなくとも、報酬額につき金額の記載しかないなど金銭支給であることが客観的に明らかな場合は、「現金」等の記載は必要ありません。

第2章　理事・理事会

4　支給基準の備置き、閲覧、公表

（1）　備置き

　　毎会計年度終了後3月以内に、規則で定めるところにより、報酬等の支給の基準を記載した書類（電磁的記録でも可能です。）を作成し、当該書類を5年間その主たる事務所に、その写しを3年間その従たる事務所に備え置かなければなりません（法45条の34第1項3号）。

　　ただし、当該書類が電磁的記録をもって作成されている場合であって、規則で定める措置※をとっている法人については、5年間主たる事務所に備え置くだけでよいとされています（同条5項）。

　※　規則で定める措置（規則2条の5第4号）

　　　社会福祉法人の使用に係る電子計算機を電気通信回線で接続した電子情報処理組織を使用する方法であって、当該電子計算機に備えられたファイルに記録された情報の内容を電気通信回線を通じて社会福祉法人の従たる事務所において使用される電子計算機に備えられたファイルに当該情報を記録するものによる措置

（2）　閲覧

　　何人も、法人の業務時間内は、いつでも、報酬等の支給基準を記載した書類について、次の請求をすることができます（法45条の34第3項）。

　①　報酬等の支給基準が書面をもって作成されているときは、当該書面又は当該書面の写しの閲覧の請求

　②　報酬等の支給基準が電磁的記録をもって作成されているときは、当該電磁的記録に記録された事項を紙面又は映像面に表示する方法により表示したものの閲覧の請求

（3）　公表

　　報酬等の支給基準について、評議員会の承認を受けたときは、当該承認を受けた報酬等の支給基準を、インターネットの利用により公表しなければなりません（法59条の2第1項2号、規則10条1項）。

5　無報酬の定めと支給基準の要否

　理事の報酬を無報酬とする場合にも定款の定め又は評議員会の決議が必要となりますが、無報酬と定めた場合にも、支給基準を策定しなければならないのかが問題となります。

201

この点について、厚生労働省Ｑ＆Ａにおいて「役員及び評議員の報酬については、無報酬とすることも認められ、その場合には、原則として、報酬等の額や報酬等の支給基準を定めるときに無報酬である旨を定めることになるが、定款において無報酬と定めた場合については、法令により公表が義務付けられた定款により無報酬であることが確認できるため、支給基準を別途策定する必要はない。一方、役員の報酬等について、評議員会の決議によって定める場合については、別途支給基準を策定する必要がある。」とされています。

指導監査のポイント

　1　指摘基準

　①　理事の報酬等の額が定款で定められていない場合であって、評議員会の決議により定められていない場合

　②　理事の報酬等の支給基準が作成されていない場合

　③　理事の報酬等の支給基準について評議員（筆者注：評議員会）の承認を受けていない場合

　④　理事の報酬等の支給基準において規定すべき事項が規定されていない場合

　⑤　理事の報酬等の支給基準が定款等で定めた報酬等の額と整合がとれていない場合

　⑥　支給基準を作成する際に、民間事業者の役員の報酬等及び従業員の給与、当該法人の経理の状況その他の事情を考慮した検討が行われていない場合

　⑦　支払われた報酬等の額が定款等で定められた額を超えている場合

　⑧　支払われた報酬等の額が報酬等の支給基準に根拠がない場合

　⑨　理事の報酬等がインターネットの利用により公表されておらず、かつ、財務諸表等電子開示システムを利用した届出がなされていない場合

　⑩　必要な事項がインターネットの利用（法人ホームページ等）により公表されていない場合

　　　なお、所轄庁が、法人が法人ホームページ等の利用により公表を行うことができないやむを得ない事情があると認めるときは、この限りではなく、法人が適切にインターネットの利用による公表を行うこと

第2章　理事・理事会

ができるよう助言等の適切な支援を行うものとされています。

2　着眼点
① 役員の報酬等※については、法人の公益性を確保するとともに、法人の事業運営の透明性の向上を図るために情報公開を徹底する観点から、報酬等の額について、役員は定款で定める、又は評議員会の決議により定める、報酬等の支給基準を作成し、評議員会の承認を受け、公表する、評議員、理事、監事の区分毎の報酬等の額の総額を公表する必要があります。

※ 「報酬等」とは、報酬、賞与その他の職務遂行の対価として受ける財産上の利益及び退職手当をいうとされています。また、評議員会の出席等のための交通費は、実費相当額を支給する場合は報酬には該当しませんが、実費相当額を超えて支給する場合には、報酬等に含まれます。

なお、報酬等の額の定めと報酬等の支給基準は、報酬等の有無にかかわらず、必ず両方を規定する必要があることに留意する必要があるとされています。

② 報酬等の支給基準については、民間事業者の役員の報酬等及び従業員の給与、当該社会福祉法人の経理の状況その他の事情を考慮して、不当に高額なものとならないような支給の基準を定めなければなりません。この報酬等の支給基準や支給額（水準）の妥当性については、民間事業者の役員の報酬等及び従業員の給与、当該社会福祉法人の経理の状況その他の事情を考慮して、不当に高額なものでないことを具体的に検討した上で基準を作成し評議員会の承認を受けること並びに支給基準及び報酬総額を公表することにより担保する仕組みとしているものです。指導監査を行うに当たっては、法人内においてこれらの仕組みが適正に機能しているかを確認します。

③ 報酬等の額や報酬等の支給基準を定めることとされていることは、評議員や役員に報酬等を支給しなければならないことを意味するものではなく、無報酬とすることも認められます。その場合には、原則として報酬等の額や報酬等の支給基準を定めるときに無報酬である旨を定めることとなりますが、定款において無報酬と定めた場合については、支給基準を別途作成する必要はありません。

④ 理事の報酬等の額は、定款にその額を定めていない場合には、評議

203

員会の決議によって定めることから、定款に理事の報酬等の額の定めがない場合には、評議員会の決議によって定められているかを確認します。なお、理事の報酬等について、定款にその額を定めていない場合であって、その報酬について無報酬とする場合には、評議員会で無報酬であることを決議する必要があります。

⑤　理事に対する報酬等について、民間事業者の役員の報酬等及び従業員の給与、当該法人の経理の状況その他の事情を考慮して、不当に高額なものとならないような支給の基準を定めなければならず、また、支給基準については、評議員会の承認を受けなければなりません。

⑥　支給基準の内容については、次の事項を定めます。

ⅰ　役員等の勤務形態に応じた報酬等の区分

　　常勤・非常勤別に報酬を定めることが考えられます。

ⅱ　報酬等の金額の算定方法

　　報酬等の算定の基礎となる額、役職、在職年数など、どのような過程を経てその額が算定されたか、法人として説明責任を果たすことができる基準を設定することが考えられます。

注１　評議員会が役職に応じた一人当たりの上限額を定めた上で、各理事の具体的な報酬金額については理事会が決定するといった規程は許容されます。

注２　退職慰労金については、退職時の月例報酬に在職年数に応じた支給基準を乗じて算出した額を上限に各理事については理事会が決定するという方法も許容されます。

注３　法人は、国等他団体の俸給表等を準用する場合、準用する給与規程（該当部分の抜粋も可）を支給基準の別紙として位置付け、支給基準と一体のものとして定めることになります。

注４　評議員会の決議によって定められた総額の範囲内において決定するという規程や、単に職員給与規程に定める職員の支給基準に準じて支給するというだけの規程は、どのような算定過程から具体的な報酬額が決定されるかを第三者が理解することは困難であり、法人として説明責任を果たすことができないため、認められていません。

ⅲ　支給の方法

第2章　理事・理事会

　　　支給の時期（毎月か出席の都度か、各月又は各年のいつ頃か）や
　　支給の手段（銀行振込か現金支給か）等が考えられます。
　iv　支給の形態
　　　現金・現物の別等を記載します。ただし、報酬額につき金額の記
　　載しかないなど、金銭支給であることが客観的に明らかな場合は、
　　「現金」等である旨の記載は特段なくても差し支えありません。
⑦　役員等の報酬等の支給基準が「不当に高額」でないことについて
　は、法人に説明責任があります。そのため、支給基準が、民間事業者
　の役員の報酬等及び従業員の給与、当該法人の経理の状況その他の事
　情を考慮した上で定められたものであることについて、どのような検
　討を行ったかを含め、具体的に説明できることが求められます。
⑧　指導監査を行うに当たっては、理事の報酬等の支給基準が作成され
　ており、評議員会の承認を受けていること及び支給基準に規定すべき
　事項が定められていることを確認します。また、支給基準が「不当に
　高額」であるかどうかについては、所轄庁が「不当に高額」であるお
　それがあると認める場合は、法人で支給基準を作成する際に、民間事
　業者の役員の報酬等及び従業員の給与、当該法人の経理の状況その他
　の事情を考慮して検討が行われたかを確認します（具体的な検討内容
　は問いません。）。
⑨　指導監査を行うに当たっては、報酬等の支給基準がインターネット
　の利用による公表がなされているかを確認します。
⑩　理事の報酬等については、定款又は評議員会の決議により定められ
　た額及び報酬の支給基準に従って支給される必要があります。
　　指導監査を行うに当たっては、理事の報酬が、定款等で定められた
　額及び報酬等の支給基準に反するものとなっていないかを確認します。
⑪　法人運営の透明性を確保する観点から、理事の報酬等については、
　その総額※を現況報告書に記載の上、公表することになります。
　※　理事の報酬等の総額については、職員を兼務しており、職員給与を受
　　けている者がいる場合は、その職員給与も含めて公表します。ただし、
　　職員給与を受けている理事が1人であって、個人の職員給与が特定され
　　てしまう場合には、職員給与を受けている理事がいる旨を明記した上で、
　　当該理事の職員給与額を含めずに理事の報酬等の総額として公表するこ
　　ととして差し支えありません。

⑫　指導監査においては、理事の報酬の総額がインターネットの利用による公表又は財務諸表等電子開示システムを利用した届出がなされているかを確認します。

3　厚生労働省Ｑ＆Ａ
　問①　交通費は支給基準を定める必要がある報酬に含まれますか。
　答①　交通費の実費相当分は報酬に含まれません。なお、名称（「車代」等）にかかわらず、実質的に報酬に該当するものは、支給基準の対象とする必要があります。
　問②　役員及び評議員の報酬について、定款で無報酬と定めた場合についても、役員報酬基準を策定し、無報酬である旨を定める必要はありますか。
　答②　役員及び評議員の報酬については、無報酬とすることも認められ、その場合には、原則として、報酬等の額や報酬等の支給基準を定めるときに無報酬である旨を定めることになりますが、定款において無報酬と定めた場合については、法令により公表が義務付けられた定款により無報酬であることが確認できるため、支給基準を別途策定する必要はありません。一方、役員の報酬等について、評議員会の決議によって定める場合については、別途支給基準を策定する必要があります。

4　確認書類
　①　定款
　②　評議員会の議事録
　③　理事の報酬等の支給基準
　④　報酬等の支払いの内容が確認できる書類

第2章　理事・理事会

[役員等報酬を無報酬とする場合の報酬等支給基準例]

社会福祉法人○○会役員・評議員の報酬等に関する規程

（趣旨）
第1条　この規程は、社会福祉法（昭和26年法律第45号）第45条の35第1項及び社会
　　福祉法人○○会定款第○条及び第○条の規定に基づき、役員及び評議員の報酬等及
　　び費用に関し、必要な事項を定めるものとする。

（定義）
第2条　この規程において、次の各号に掲げる用語の定義は、当該各号に定めるとこ
　　ろによる。
　　（1）報酬等とは、報酬・賞与その他名称にかかわらず、職務執行の対価として受
　　　　ける財産上の利益をいう。
　　（2）費用とは、交通費、旅費（宿泊費を含む。）等の職務執行に伴い発生する経
　　　　費をいう。

（報酬等の支給）
第3条　役員及び評議員の報酬等は、無報酬とする。

（費用弁償）
第4条　役員及び評議員がその職務を行うために要する費用は、弁償することができ
　　る。
2　費用の弁償については、社会福祉法人○○会旅費規程に基づき支給する。

（改廃）
第5条　この規程の改廃は、評議員会の決議を得て行う。

（附則）
第6条　この規程は、平成　年　月　日から施行する。

（東京都福祉保健局：「改正社会福祉法に対応した法人運営に関する講習会」資料）

理事の報酬額を毎年決議することの要否

理事の報酬等の額を評議員会の決議により定めている場合、報酬等の額を毎年評議員会で決議する必要がありますか。

金額に変更がある場合には、改めて評議員会で決議する必要があります。金額の変更がない場合は、改めて毎年評議員会で決議する必要はないと解されますが、指導監査の実務が明確になるまでは決議した方が無難です。

解説
1 報酬等の決定方法
理事の報酬等の額は、次のいずれかの方法で定める必要があります（法45条の16第4項、一般法人法89条）。
① 定款にその額を定める
② 定款にその額の定めがない場合、評議員会の決議により定める

②の評議員会の決議により定めている場合、報酬等の額を毎年評議員会で決議する必要があるかが問題となります。

2 報酬等の額に変更がある場合
理事の報酬等の額に変更がある場合（現行の報酬等の額を増額する必要がある場合など）には、改めて評議員会で報酬等の額を決議する必要があります。

3 報酬等の額に変更がない場合
理事の報酬等の額について、一度決議した金額を変更する必要がない場合にも、毎年評議員会で決議をする必要があるかについては、法令上の明文の規定はないため、解釈に委ねられます。

そして、同趣旨の規制が存在する会社法においては、限度額を一度決定すれば、その限度額を変更するまでは新たに決議を経る必要はないと解されており（大阪地判昭和2年9月26日法律新聞2762号6頁）、限度額が10年以上改定されない例も珍しくないといわれています（落合誠一『会社法コンメンタール8』162頁（商事法務、2009））。

また、東京都が公表している『定時評議員会議事録作成例』の中には、「報酬

額についても、報酬規程についても、一度行った決議の内容は改正があるまでは有効で、毎年度の決議は必要ないとのことです。」という記載があります。

　以上の見解によれば、報酬等の額に変更がない場合には、改めて評議員会で決議する必要はないと考えられます。

　ただし、この点についての厚生労働省の見解は明らかにされていませんので、所轄庁によって判断が異なる可能性も否定できないことから、指導監査の実務が明確になる間、法人としては毎年決議をしておくほうが無難ともいえます。

理事の報酬額の決定と職員給与

職員給与を受けている理事がいる場合、定款又は評議員会の決議により定める報酬等の額に、当該職員給与額を含める必要があるのでしょうか。

今後の指導監査の動向を注視する必要がありますが、法人としては、評議員会で決議するに際して、職員分給与が含まれていないことを明らかにした上で、当該理事の職員給与を給与規程に従って支払うという運用を行うことが無難なように思われます。

解説
1 問題点
理事の報酬等（報酬、賞与その他の職務執行の対価として社会福祉法人から受ける財産上の利益）は、定款にその額を定めていないときは、評議員会の決議によって定める必要があります（法45条の16第4項、一般法人法89条）。

一方、理事のうちには法人職員としての身分を有し、職員給与を受け取っている者もいます。そのため、定款の定め又は評議員会決議が必要となる『理事の報酬等』に職員給与が含まれるかが問題となります。

2 指導監査ガイドライン
指導監査ガイドラインにおいては、定款又は評議員会決議で定める「報酬等」には「理事が職員を兼務している場合に、職員として受ける財産上の利益及び退職手当は含まれない。」とされています。

3 会社法上の議論
上記と同様の規制が会社法にも存在しています。そして、会社法の前身である旧商法における判例において、①使用人として受ける給与の体系が明確に確立されている場合において、②別に使用人として給与を受けることを予定しつつ、取締役として受ける報酬額のみを株主総会で決議することとしても、取締役としての実質的な意味における報酬が過多でないかどうかについて株主総会がその監視機能を十分に果たせなくなるとは考えられないとして、条件付で株主総会決議が必要な「報酬等」には含まれないとしました（最判昭和60年3月26日判時1159号

150頁）。そして、②については、報酬決議に際して使用人分給与が含まれていないことを明らかにする必要があると解されています（落合誠一『会社法コンメンタール8』159頁（商事法務、2009））。

ただし、この判例は、報酬決議の対象を「取締役ガ受クベキ報酬」とのみ定め、何の資格に基づいて受ける報酬であるかを明示していなかった規定に関するものであるため、「職務執行の対価として」受ける利益に適用を限定した現在においては、そのまま適用されないとの見解もあります。

4　私見

社会福祉法において定款の定め又は評議員会決議が必要になるのは、現在の会社法と同様に『理事の職務執行の対価として受ける財産上の利益』に限定されていますので、職員として受ける給与は含まれないと考えるのが文理上は合理的にみえます。

一方、理事の報酬等について定款の定め又は評議員会決議を必要とする趣旨は、理事が自分の報酬を自ら決定するお手盛りを防止するためであることからすれば、無限定に含まれないとすることには躊躇を覚えることになります（例えば、理事報酬は0円でも、職員給与として2千万円受け取っている場合など）。また、社会福祉法では、理事の報酬等の総額を現況報告書に記載して公表しなければならず、その『報酬等の総額』には、職員としての給与が含まれるとされています（『社会福祉法人制度改革の施行に向けた留意事項について』30頁）。そのため、厚生労働省は、少なくとも報酬の公表においては、「報酬等」に職員給与が含まれると解しているようにみえます。この見解を是とするのであれば、定款の定め又は評議員会決議が必要となる『理事の報酬等』にも職員給与が含まれると解した方が整合的です。

しかし、現況報告書の『報酬等の総額』に職員給与が含まれるとする見解には、社会福祉法の明文の根拠がないように思われますし、報酬等の決定と公表では制度趣旨が異なるとの説明もできなくはありません。

筆者としては、職員給与は「報酬等」に含まれないと解しますが、上記判例を踏まえ、評議員会で決議するに際して、職員給与が含まれていないことを明らかにした上で、当該理事の職員給与を給与規程に従って支払うという運用を行うことが無難なように思われます。

理事の退職手当の支払いと報酬額の決定

Q69 退任する理事に対して、退職手当を支払う場合に気を付けることはありますか。

 理事に対して退職手当を支払うには、報酬等の支給基準に定めが必要となります。また、定款又は評議員会の決議で定めた理事の報酬等の額を超える場合には、定款変更又は評議員会の決議をすべきと考えます。

解説
1 報酬等の支給基準の定め

法人は、評議員会の承認を受けた報酬等の支給基準に従って、理事に対する報酬等を支給しなければなりません（法45条の35第3項）。そして、ここでいう「報酬等」とは次のものになります（法45条の34第1項3号）。
① 報酬、賞与その他の職務遂行の対価として受ける財産上の利益
② 退職手当

そのため、理事に退職手当を支給するためには、報酬等の支給基準において、退職手当に関する規定が必要となります。

2 報酬等の額

理事の報酬等の額は、定款の定め又は評議員会の決議によって決定しなければなりません（法45条の16第4項、一般法人法89条）。そのため、退職手当が「報酬等」の額に含まれるとすれば、その額を超えて退職手当を支給する場合には、「報酬等」の額の変更をする必要があることになります。

上記1で「報酬等」には退職手当が含まれるとあるのですから、当然に含まれると考えるのが素直ですが、ここで法令の文言上悩まざるを得ない問題があります。法令では、定款又は評議員会の決議で決定しなければならない「報酬等」とは次のものになります（一般法人法89条）。
① 報酬、賞与その他の職務執行の対価として受ける財産上の利益

上記1と比較すると問題点が明らかになるのですが、ここでいう「報酬等」には、②の「退職手当」が含まれていないのです。そのため、退職手当は「報酬等」の額には含まれないのではないかという疑問が生じます。

第2章　理事・理事会

3　会社法上の議論

　会社法においても、株式会社の取締役に対する報酬等の額について社会福祉法と同様の規律が存在しており、当該規定にも「報酬等」の定義には退職手当に該当するものは含まれていません。そのため、退職慰労金が「報酬等」に含まれるかについては解釈に委ねられるのですが、株式会社の役員に対する退職慰労金は、その在職中における職務執行の対価として支給されるものである限り、「報酬等」に含まれ、定款に定めがない限り株主総会の決議をもってこれを定めるものと解されています（最判昭和39年12月11日民集18巻10号2143頁）。

　当該判例を反対解釈すると、退職慰労金が在職中の職務執行の対価としての趣旨を含まなければ、「報酬等」に含まれないこととなりそうですが、在職中の職務執行があればこそ、その対価として退職慰労金を贈呈するのであって、職務執行と無関係に純然たる贈与として支給するものではないため、在職中の職務執行の対価性が否定される例はほとんどないとも考えられています。そのため、実務においても退職慰労金が「報酬等」に含まれるものとして承認決議を得て支給されています（小林公明『役員報酬・賞与・慰労金の実務Ｑ＆Ａ』401頁（税務研究会出版局、2005））。

4　私見

　会社法で議論されているとおり、退職手当（退職慰労金など個別の名称はさておき）が支給される場合、そのほとんどは在職中の職務執行の対価であると解されます。そのため、報酬等の支給基準の定めの定義において「退職手当」という規定が存在しなければ、支給基準及び報酬等の額双方の「報酬等」に含まれると解することに何らの問題もありません。

　一方、報酬等の支給基準において「職務執行の対価として受ける財産上の利益」とは別の概念として「退職手当」が規定されていることからすると、報酬等の額にかかる「報酬等」には「退職手当」は含まれないと解する方が、社会福祉法の文言上は整合的といえます。

　しかし、私見としては、次の理由から報酬等の額における「報酬等」に含まれると考えます。報酬等の額を、定款又は評議員会の決議によって定めようとする趣旨は、理事によるお手盛り防止にあるため、もし「退職手当」を支給する際に評議員会の関与なしに支給できてしまうとすれば当該趣旨を没却しかねません。確かに、社会福祉法には、会社法には存在しない『報酬等の支給基準』が存在しているため、支給基準制定の際に評議員会が関与しているのだから、当該基準に

213

従って支給される以上はお手盛り防止の趣旨は没却されないとも考えられますが、功労加算における係数が規定されている場合などには、やはり評議員会の関与なしに具体的な金額が算出されるおそれは払拭できません。

　この点については、今後の議論を見守る必要がありますが、実務としては「報酬等」に含まれると解して、支給する際には、定款変更又は評議員会における決議をする運用とするのが無難だといえます。

指導監査のポイント

　1　指摘基準
　　①　支払われた報酬等の額が定款等で定められた額を超えている場合
　　②　支払われた報酬等の額が報酬等の支給基準に根拠がない場合

　2　着眼点
　　①　退職慰労金については、退職時の月例報酬に在職年数に応じた支給
　　　基準を乗じて算出した額を上限に各理事については理事会が決定する
　　　という方法も許容されます。
　　②　役員の報酬等については、定款又は評議員会の決議により定められ
　　　た額及び報酬の支給基準に従って支給される必要があります。指導監
　　　査を行うに当たっては、評議員及び役員の報酬が、定款等で定められ
　　　た額及び報酬等の支給基準に反するものとなっていないかを確認しま
　　　す。

　3　確認書類
　　①　定款
　　②　評議員会の議事録
　　③　報酬等の支給基準
　　④　報酬等の支払いの内容が確認できる書類

理事の損害賠償責任

理事に対して損害賠償請求がされる可能性があると聞きましたが、どのような場合に理事は損害賠償責任を負うのでしょうか。

法人に対しては、理事がその任務を怠ったことにより法人に損害が生じたときに、損害賠償責任を負います。
法人以外の第三者に対しては、職務を行うについて悪意又は重大な過失があったことにより第三者に損害が生じたときに、損害賠償責任を負います。

解説
1 法人に対する責任
(1) 要件
　　理事は、その任務を怠ったときは、法人に対し、これによって生じた損害を賠償する責任を負います（法45条の20第1項）。

(2) 競業取引における損害の推定
　　理事が、自己又は第三者のために法人の事業の部類に属する取引を、理事会において当該取引につき重要な事実を開示し、その承認を受ける義務に違反して、その取引をしたときは、当該取引によって理事又は第三者が得た利益の額は、法人の損害の額と推定されます（法45条の20第2項）。

(3) 利益相反取引における任務を怠ったことの推定
　　利益相反取引によって法人に損害が生じたときは、次に掲げる理事は、その任務を怠ったものと推定されます（法45条の20第3項）。
① 利益相反取引をしようとすることについて理事会の承認を受けなければならない理事
② 法人が当該取引をすることを決定した理事
③ 当該取引に関する理事会の承認の決議に賛成した理事

⑷　抗弁の禁止

　一般法人法84条1項2号の取引（自己のためにした取引に限る。）をした
理事は、任務を怠ったことが当該理事の責に帰することができない事由によ
るものであることをもって、法人に対する損害賠償責任を免れることができ
ません（法45条の20第4項、一般法人法116条）。

2　法人以外の第三者に対する責任

　理事は、その職務を行うについて悪意又は重大な過失があったときは、当該理
事は、これによって第三者に生じた損害を賠償する責任を負います（法45条の21
第1項）。

　また、理事が次に定める行為をしたときも、これによって第三者に生じた損害
を賠償する責任を負います。ただし、当該理事が次に定める行為をすることにつ
いて注意を怠らなかったことを証明したときは、この限りではありません（同条
2項）。

　①　計算書類及び事業報告並びにこれらの附属明細書に記載し、又は記録すべ
　　き重要な事項についての虚偽の記載又は記録

　②　虚偽の登記

　③　虚偽の公告

3　連帯責任

　理事が法人又は第三者に生じた損害を賠償する責任を負う場合において、他の
理事、監事、会計監査人又は評議員も当該損害を賠償する責任を負うときは、こ
れらの者は、連帯債務者になります（法45条の22）。

理事の法人に対する責任の免除・限定

Q71 理事の法人に対する損害賠償責任を免除又は限定することはできますか。

理事の法人に対する損害賠償責任を免除又は限定するには、次の方法があります。
① 総評議員の同意による全額免除
② 評議員会の特別決議による一部免除
③ 定款の定めと理事会決議による一部免除
④ 責任限定契約による一部免除

解説
1 理事の法人に対する損害賠償責任
理事は、その任務を怠ったときは、法人に対し、これによって生じた損害を賠償する責任を負います（法45条の20第1項）。

理事の法人に対する損害賠償責任を免除又は限定する方法として、次の方法があります。

2 総評議員の同意による全額免除（法45条の20第4項、一般法人法112条）
総評議員の同意があれば、理事の法人に対する損害賠償責任を全額免除することができます。

3 評議員会の特別決議による一部免除（法45条の20第4項、一般法人法113条）
(1) 要件
 ① 当該理事が職務を行うにつき、善意でかつ重大な過失がないこと
 ② 評議員会において、次の事項を開示した上で特別決議を得ること
  ア 責任の原因となった事実及び賠償の責任を負う額
  イ 免除することができる額の限度及びその算定の根拠
  ウ 責任を免除すべき理由及び免除額
 ③ 責任免除に関する議案を評議員会に提出するに当たって、各監事の同意を得ること

(2) 効果

次の①に掲げる額から②に掲げる額を控除して得た額（以下「免除限度額」といいます。）を限度として免除することができます。

① 賠償の責任を負う額

② 当該理事がその在職中に法人から職務執行の対価として受け、又は受けるべき財産上の利益の１年間当たりの額に相当する額として規則で定める方法により算定される額（以下「規則算定額※」といいます。）に、次のアからウまでに掲げる役員等の区分に応じ、当該アからウまでに定める数を乗じて得た額（以下「最低責任限度額」といいます。）

　ア　理事長　　6

　イ　理事長以外の理事であって、次に掲げるもの　　4

　　ⅰ　理事会の決議によって法人の業務を執行する理事として選定されたもの

　　ⅱ　法人の業務を執行した理事（ⅰを除く。）

　　ⅲ　法人の職員

　ウ　理事（ア及びイを除く。）　　2

※　規則算定額

次に掲げる額の合計額になります（規則２条の23）。

① 理事がその在職中に報酬、賞与その他の職務執行の対価（当該理事が法人の職員を兼ねている場合における当該職員の報酬、賞与その他の職務執行の対価を含む。）として法人から受け、又は受けるべき財産上の利益（②に定めるものを除く。）の額の会計年度（責任の一部免除の評議員会若しくは理事会決議の日又は責任限定契約を締結した場合にあっては責任の原因となる事実が生じた日を含む会計年度及びその前の各会計年度に限る。）ごとの合計額（当該会計年度の期間が１年でない場合にあっては、当該合計額を１年当たりの額に換算した額）のうち最も高い額

② アに掲げる額をイに掲げる数で除して得た額

　ア　次に掲げる額の合計額

　　ⅰ　当該理事が法人から受けた退職慰労金の額

　　ⅱ　当該理事が法人の職員を兼ねていた場合における当該職員としての退職手当のうち当該理事を兼ねていた期間の職務執行の対価である部分の額

　　ⅲ　ⅰ又はⅱに掲げるものの性質を有する財産上の利益の額

　イ　当該理事がその職に就いていた年数（上記(2)②の当該理事の区分に応じたそれぞれの数が当該年数を超えている場合にあっては、当該数）

第2章 理事・理事会

4 定款の定めと理事会決議による一部免除（法45条の20第4項、一般法人法114条）

(1) 要件

① 理事が職務を行うにつき善意でかつ重大な過失がない場合において、責任の原因となった事実の内容、当該理事の職務の執行の状況その他の事情を勘案して特に必要と認めるときは、免除限度額を限度として理事会の決議によって免除することができる旨の定款の定めがあること

② 理事会の決議があること

③ 次のア及びイに掲げる場合において、各監事の同意があること

ア 定款を変更して理事の責任を免除することができる旨の定めを設ける議案を評議員会に提出する場合

イ 定款の定めに基づいて当該理事の責任の免除に関する議案を理事会に提出する場合

④ ②の理事会決議後、遅滞なく、次の事項及び責任を免除することに異議がある場合には一定の期間内（1か月を下ることはできない。）に当該異議を述べるべき旨を評議員に通知すること

ア 責任の原因となった事実及び賠償の責任を負う額

イ 免除することができる額の限度及びその算定の根拠

ウ 責任を免除すべき理由及び免除額

⑤ 総評議員の10分の1以上の評議員が④所定の期間内に異議を述べていないこと

(2) 効果

免除限度額内で理事会が決議した額が免除されます。

5 責任限定契約による一部免除（法45条の20第4項、一般法人法115条）

(1) 要件

① 次に掲げるもの以外の理事（以下「非業務執行理事」といいます。）が職務を行うにつき善意でかつ重大な過失がないときは、定款で定めた額の範囲内であらかじめ法人が定めた額と最低責任限度額とのいずれか高い額を限度とする旨の契約（以下「責任限定契約」といいます。）を非業務執行理事と締結することができる旨の定款の定めがあること

ア 理事長

イ 業務執行理事

219

ウ　業務を執行した理事

エ　法人職員

② 　理事会の決議があること

③ 　定款を変更して理事の責任を免除することができる旨の定めを設ける議案を評議員会に提出する場合において、各監事の同意があること

④ 　責任限定契約を締結したこと

⑤ 　責任限定契約を締結した法人が、当該契約の相手方である非業務執行理事が任務を怠ったことにより損害を受けたときを知ったとき、その後最初に招集される評議員会において次の事項を開示すること

ア　責任の原因となった事実及び賠償の責任を負う額

イ　免除することができる額の限度及びその算定の根拠

ウ　当該契約の内容及び当該契約を締結した理由

エ　法人が受けた損害のうち、当該非業務執行理事が賠償する責任を負わないとされた額

(2)　効果

定款で定めた額の範囲内であらかじめ法人が定めた額と最低責任限度額とのいずれか高い額を超える額が免除されます。

ただし、責任限定契約を締結した理事が(1)①アからエのいずれかに就任したときは、当該契約は将来に向かってその効力を失います。

第2章　理事・理事会

［定款例］

1　理事会決議による一部免除
（責任の免除）
第○条　理事、監事又は会計監査人が任務を怠ったことによって生じた損害について社会福祉法人に対し賠償する責任は、職務を行うにつき善意でかつ重大な過失がなく、その原因や職務執行状況などの事情を勘案して特に必要と認める場合には、社会福祉法第45条の20第4項において準用する一般社団法人及び一般財団法人に関する法律第113条第1項の規定により免除することができる額を限度として理事会の決議によって免除することができる。

2　責任限定契約による一部免除
（責任限定契約）
第○条　理事（理事長、業務執行理事、業務を執行したその他の理事又は当該社会福祉法人の職員でないものに限る。）、監事又は会計監査人（以下この条において「非業務執行理事等」という。）が任務を怠ったことによって生じた損害について社会福祉法人に対し賠償する責任は、当該非業務執行理事等が職務を行うにつき善意でかつ重大な過失がないときは、金○○万円以上であらかじめ定めた額と社会福祉法第45条の20第4項において準用する一般社団法人及び一般財団法人に関する法律第113条第1項第2号で定める額とのいずれか高い額を限度とする旨の契約を非業務執行理事等と締結することができる。

221

競業取引に関する手続

競業取引を行う場合の手続について教えてください。

競業取引を行う場合には、理事会で重要な事実を開示して承認を受ける必要があります。
また、取引終了後には、遅滞なく、理事会に重要な事実を報告しなければなりません。

解説
1 競業取引に関する規制
理事は、自己又は第三者のために法人の事業の部類に属する取引(以下「競業取引」といいます。)をしようとするときは、理事会において、当該取引の重要な事実を開示し、その承認を受けなければなりません(法45条の16第4項、一般法人法84条1項1号)。

また、競業取引をした理事は、当該取引後、遅滞なく、当該取引についての重要な事実を理事会に報告しなければなりません(法45条の16第4項、一般法人法92条2項)。

2 競業取引とは
「法人の事業の部類に属する取引」とは、法人が実際に行う事業と市場において取引が競合し、法人と理事との間に利益の衝突が生じる可能性がある取引であると考えられます。

現在は実際に行っていないが、将来行う可能性のあるに過ぎない事業については原則として含まれないと解されますが、具体的に計画して準備を進めているような事業については含まれると解される可能性があります。

3 承認を受けるべき理事
理事会で承認を受けるべき理事は、競業取引を自己又は第三者のために行う理事になります。なお、当該理事は特別利害関係理事に該当しますので、議決に加わることはできません(Q98参照)。

第2章　理事・理事会

4 「重要な事実」とは

重要な事実を開示する目的は、理事会が利益相反取引を承認すべきか否かを判断するためと考えられます。そのため、「重要な事実」とは、承認をするか否かを判断するために必要な事実と解され、具体的には、取引の主な内容（相手方が誰か、取引の目的物は何か、取引数量や価格など）及び競業取引となる具体的な事情の説明などが考えられます。

5 競業取引の報告

取引をした理事は、当該取引後、遅滞なく、当該取引についての重要な事実を理事会に報告しなければなりません（法45条の16、一般法人法92条2項）。

(1) 報告をすべき理事

報告すべき理事は、競業取引をした理事になります。

(2) 報告の時期

条文上「遅滞なく」とありますので、原則として、取引が終了して報告が可能となってから、最初に開催される理事会で報告すべきと解されます。

(3) 報告の内容

条文上、承認手続と同様に「重要な事実」を報告することとなっていることから、承認手続に準じて考えればよいと解されますが、もし承認時点に開示した事実のうち取引の際に変更された点などがあった場合には、当該変更点については丁寧な報告が求められると考えられます。

指導監査のポイント

1　指摘基準
① 理事会の決議を要する事項について決議が行われていない場合
② 議案について特別な利害関係を有する理事が議決に加わっている場合
③ 議案について特別な利害関係を有する理事がいないことを法人が確認していない場合

223

2 着眼点

① 次の事項については、理事会の決議を要します。（抜粋）

　i　競業取引の承認

② 理事会の決議には、決議に特別の利害関係※を有する理事が加わることができません。

　※　「特別の利害関係」とは、理事が、その決議について、法人に対する忠実義務を履行することが困難と認められる利害関係を意味するものであり、「特別の利害関係」がある場合としては、理事の競業取引や利益相反取引の承認や理事の損害賠償責任の一部免除の決議（法人の定款に規定がある場合に限る。）等の場合があります。

③ 理事会の決議に特別の利害関係を有している理事が加わっていないかについての確認は法人において行われる必要があり、その確認が行われているかについて指導監査で確認します。この確認は原則として議事録で行うものですが、当該理事会の議案について特別の利害関係を有する場合には法人に申し出ることを定めた通知を発出した場合や、理事の職務の執行に関する法人の規程に、理事が理事会の決議事項と特別の利害関係を有する場合に届け出なければならないことを定めている場合は、個別の議案の議決の際に法人で改めてその確認を行う必要はなく、決議に利害関係を有する理事がいない場合には、議事録への記載も不要になります。

3 確認書類

① 理事会の議事録

② 理事の職務の執行に関する規程

（注）　指導監査ガイドラインに記載はありませんが、上記着眼点の記載からすれば、法人に申し出ることを定めた通知などの法人が決議に特別の利害関係を有する理事がいるかを確認した書類も確認書類になると考えられます。

利益相反取引に関する手続

利益相反取引を行う場合の手続について教えてください。

利益相反取引を行う場合には、理事会で重要な事実を開示して承認を受ける必要があります。
また、取引終了後には、遅滞なく、理事会に重要な事実を報告しなければなりません。

解説

1　利益相反取引に関する規制

　理事は、次に掲げる取引（以下「利益相反取引」といいます。）をするときは、理事会において、当該取引の重要な事実を開示し、その承認を受けなければなりません（法45条の16第4項、一般法人法84条1項2号、3号）。

　また、利益相反取引をした理事は、当該取引後、遅滞なく、当該取引についての重要な事実を理事会に報告しなければなりません（法45条の16第4項、一般法人法92条2項）。

　①　理事が自己又は第三者のために法人と取引をしようとするとき（以下「直接取引」といいます。）
　②　法人が理事の債務を保証することその他理事以外の者との間において法人と当該理事との利益が相反する取引をするとき（以下「間接取引」といいます。）

2　「自己又は第三者のために」とは

　「自己又は第三者のために」の解釈については、自己又は第三者の名義においてと解する立場（以下「名義説」といいます。）と、自己又は第三者の計算においてと解する立場が考えられますが、利益相反取引については名義説が妥当であると考えられます。

　名義説からすれば「自己又は第三者のために」とは、自らが当事者となって又は第三者を代理若しくは代表して取引をする場合が該当することになります。

　したがって、法人が理事個人と契約する場合や理事が代表する会社と契約する場合には、直接取引に該当します。

225

3 間接取引

条文が規定する「法人が理事の債務を保証すること」は例示であり、その他の行為であっても外形的・客観的に法人の犠牲において理事に利益が生じる行為は間接取引に該当します。

具体的に該当する行為としては次のようなものがありますが、これらに限られませんので、個別に判断する必要があります。

① 理事の債務を法人が引き受けること

② 理事の債務について法人が物上保証をすること

4 承認を受けるべき理事

理事会で承認を受けるべき理事は、法人を代表した理事長なのか取引の相手方たる理事なのかについては、考え方が分かれています。

そのため、実務的には、理事長及び取引の相手方たる理事の双方が承認を受ける義務があると考えるのが無難ですが、その考え方によったとしてもどちらか一方が承認を受ければ足りると解されます。

なお、直接取引の場合における法人と取引を行おうとする理事及び間接取引の場合における法人と利益が相反する関係にある理事は、特別利害関係理事に該当するものと解されます（大阪地判昭和57年12月24日判時1091号136頁、東京地判平成7年9月20日判時1572号131頁参照）ので、議決に加わることはできません（Q98参照）。

5 「重要な事実」とは

重要な事実を開示する目的は、理事会が利益相反取引を承認すべきか否かを判断するためと考えられます。そのため、「重要な事実」とは、承認をするか否かを判断するために必要な事実と解され、具体的には、取引の主な内容（相手方が誰か、取引の目的物は何か、取引数量や価格など）及び利益相反状態の具体的な説明などが考えられます。

6 利益相反取引の報告

利益相反取引をした理事は、当該取引後、遅滞なく、当該取引についての重要な事実を理事会に報告しなければなりません（法45条の16、一般法人法92条2項）。

第2章　理事・理事会

(1)　報告をすべき理事

　　報告すべき理事が、法人を代表した理事長か取引の相手方たる理事なのか、間接取引で利益相反関係にある理事も含まれるのかについては解釈が分かれますが、実務としては、法人を代表して取引を行った理事長から報告すれば足りると考えられます。

(2)　報告の時期

　　条文上「遅滞なく」とありますので、原則として、取引が終了して報告が可能となってから、最初に開催される理事会で報告すべきと解されます。

(3)　報告の内容

　　条文上、承認手続と同様に「重要な事実」を報告することとなっていることから、承認手続に準じて考えればよいと解されますが、もし承認時点に開示した事実のうち取引の際に変更された点などがあった場合には、当該変更点については丁寧な報告が求められると考えられます。

指導監査のポイント

　1　指摘基準

　①　理事会の決議を要する事項について決議が行われていない場合

　②　議案について特別な利害関係を有する理事が議決に加わっている場合

　③　議案について特別な利害関係を有する理事がいないことを法人が確認していない場合

　2　着眼点

　①　次の事項については、理事会の決議を要します。（抜粋）

　　ⅰ　利益相反取引の承認

　②　理事会の決議には、決議に特別の利害関係※を有する理事が加わることができません。

　　※　「特別の利害関係」とは、理事が、その決議について、法人に対する忠実義務を履行することが困難と認められる利害関係を意味するものであり、「特別の利害関係」がある場合としては、理事の競業取引や利益相反

227

取引の承認や理事の損害賠償責任の一部免除の決議（法人の定款に規定
　　がある場合に限る。）等の場合があります。
③　理事会の決議に特別の利害関係を有している理事が加わっていない
　　かについての確認は法人において行われる必要があり、その確認が行
　　われているかについて指導監査で確認します。この確認は原則として
　　議事録で行うものですが、当該理事会の議案について特別の利害関係
　　を有する場合には法人に申し出ることを定めた通知を発出した場合
　　や、理事の職務の執行に関する法人の規程に、理事が理事会の決議事
　　項と特別の利害関係を有する場合に届け出なければならないことを定
　　めている場合は、個別の議案の議決の際に法人で改めてその確認を行
　　う必要はなく、決議に利害関係を有する理事がいない場合には、議事
　　録への記載も不要になります。

3　確認書類
①　理事会の議事録
②　理事の職務の執行に関する規程
（注）　指導監査ガイドラインに記載はありませんが、上記着眼点の記載から
　　すれば、法人に申し出ることを定めた通知などの法人が決議に特別の利
　　害関係を有する理事がいるかを確認した書類も確認書類になると考えら
　　れます。

利益相反取引の規制が及ばない取引

Q74 当法人では、利用者が制作した製品を販売していますが、理事が当該製品を購入する場合にも利益相反取引に該当し、理事会の承認・報告が必要なのでしょうか。

理事が、法人の販売する製品を一般の顧客として他の顧客と同様の価格・条件で購入する場合には、利益相反取引の規制は及ばず、理事会の承認・報告は不要であると解されます。

解説

　利益相反取引を行おうとする場合、理事は、理事会において、当該取引につき重要な事実を開示し、その承認を受けなければならず（法45条の16第4項、一般法人法84条1項）、取引後は遅滞なく、当該取引についての重要な事実を理事会に報告しなければなりません（法45条の16第4項、一般法人法92条2項）。

　そして、理事が法人の販売する製品を購入する場合には、直接取引である「理事が自己……のために社会福祉法人と取引しようとするとき」（法45条の16第4項、一般法人法84条1項2号）に形式的に該当することになります。しかし、利益相反取引について理事会の承認・報告を求めるのは、理事が法人と直接取引をする際などには、理事が自らの利益を考慮せず法人の利益のために自己を犠牲にすることを常に期待することが困難であるため、そのような類型の取引によって法人に損害が生じることを防止するためです。そのため、形式的には直接取引に該当する場合であっても、抽象的にみて法人に損害が生じ得ない取引については、利益相反取引の規制は及ばないものと解されます。

　そうであれば、法人が販売する製品を理事が購入するとしても、理事が一般顧客として他の顧客と同様の価格・条件で購入する場合には、抽象的にみて当該取引によって法人に損害は生じ得ませんので、利益相反取引の規制は及ばず、理事会の承認・報告は不要であると解されます。

指導監査のポイント

1　指摘基準
　　理事会の決議を要する事項について決議が行われていない場合

2　着眼点
　　次の事項については、理事会の決議を要します。(抜粋)
　　i　利益相反取引の承認

3　確認書類
　　理事会の議事録

第2章 理事・理事会

利益相反取引について低額基準を設けることの可否

利益相反取引に該当したとしても、一定の金額以下の低額の取引の場合には理事会の承認・報告を不要とすることは可能でしょうか。

利益相反取引に該当する場合には、たとえ低額の取引であったとしても理事会の承認・報告が必要であり、一定の金額以下の場合に承認・報告を不要とすることはできません。

解説

利益相反取引を行おうとする場合、理事は、理事会において、当該取引につき重要な事実を開示し、その承認を受けなければならず（法45条の16第4項、一般法人法84条1項）、取引後は遅滞なく、当該取引についての重要な事実を理事会に報告しなければなりません（法45条の16第4項、一般法人法92条2項）。

それでは、例えば千円といった低額の取引であっても、利益相反取引に該当する場合には理事会の承認・報告が必要となるのでしょうか。

この点について、低額の取引の場合には法人に与える影響は小さく、低額の取引をも承認・報告の対象とすると手続が煩雑になるため、低額取引の場合には承認・報告を不要と解したいという実務上の要請はあろうかと思います。しかし、少なくとも現行法ではいわゆる軽微基準のような概念は採用されておらず、低額取引の場合に承認・報告を不要と解することはできません。

したがって、たとえ低額の取引であったとしても、利益相反取引に該当する場合には、理事会の承認・報告が必要であると解されます。

指導監査のポイント

1 指摘基準
① 理事会の決議を要する事項について決議が行われていない場合
② 議案について特別な利害関係を有する理事が議決に加わっている場合
③ 議案について特別な利害関係を有する理事がいないことを法人が確認していない場合

231

2 着眼点

① 次の事項については、理事会の決議を要します。（抜粋）

　ⅰ　利益相反取引の承認

② 理事会の決議には、決議に特別の利害関係※を有する理事が加わることができません。

　※ 「特別の利害関係」とは、理事が、その決議について、法人に対する忠実義務を履行することが困難と認められる利害関係を意味するものであり、「特別の利害関係」がある場合としては、理事の競業取引や利益相反取引の承認や理事の損害賠償責任の一部免除の決議（法人の定款に規定がある場合に限る。）等の場合があります。

③ 理事会の決議に特別の利害関係を有している理事が加わっていないかについての確認は法人において行われる必要があり、その確認が行われているかについて指導監査で確認します。この確認は原則として議事録で行うものですが、当該理事会の議案について特別の利害関係を有する場合には法人に申し出ることを定めた通知を発出した場合や、理事の職務の執行に関する法人の規程に、理事が理事会の決議事項と特別の利害関係を有する場合に届け出なければならないことを定めている場合は、個別の議案の議決の際に法人で改めてその確認を行う必要はなく、決議に利害関係を有する理事がいない場合には、議事録への記載も不要になります。

3 確認書類

① 理事会の議事録

② 理事の職務の執行に関する規程

（注） 指導監査ガイドラインに記載はありませんが、上記着眼点の記載からすれば、法人に申し出ることを定めた通知などの法人が決議に特別の利害関係を有する理事がいるかを確認した書類も確認書類になると考えられます。

第2章　理事・理事会

理事長の選定等

理事長の選定方法や権限などについて教えてください。

理事長は、理事会で選定及び解職を行います。
理事長は法人の唯一の代表者であり、定期的に職務の執行状況を理事会に報告しなければなりません。
理事長がその職務を行うについて第三者に損害を加えた場合、法人は賠償責任を負います。

解説
1　改正社会福祉法における理事長の位置付け
　法改正前においては、理事長は法律上の機関として位置付けられておらず、原則として全ての理事が代表権を有していました。
　しかし、法改正によって、理事長は、代表権を有する唯一の機関として法律上必置の機関に位置付けられました。

2　選定及び解職方法
（1）　理事会決議
　　理事長の選定及び解職は、理事会で行うこととされ、理事会は、理事の中から理事長1人を必ず選定しなければなりません（法45条の13第2項3号、3項）。
　　理事会の決議は、議決に加わることができる理事の過半数（定款で割合を加重することができます。）が出席し、その過半数（定款で割合を加重することができます。）をもって行います（法45条の14第4項）。

（2）　理事長の選定・解職と特別利害関係理事
　　決議について特別の利害関係を有する理事（以下「特別利害関係理事」といいます。）は、当該決議に加わることができないところ（同条5項）、理事長選定の決議の場合、理事長候補者は特別利害関係理事に該当しないと解されます。
　　一方、理事長解職の決議の場合、当該理事長は特別利害関係理事に該当す

233

ると解されます（最判昭和44年３月28日民集23巻３号645頁参照）。

3　権限及び義務

(1)　権限

理事長は、法人の業務を執行し（法45条の16第２項）、法人の業務に関する一切の裁判上又は裁判外の行為をする権限を有します（法45条の17第１項）。

当該権限に加えた制限は、当該制限を知らない第三者に対して主張することができません（同条２項）。

(2)　義務

理事長は、３か月に１回以上、自己の職務の執行の状況を理事会に報告しなければなりません。ただし、定款で毎会計年度に４か月を超える間隔で２回以上その報告をしなければならない旨を定めた場合は、定款の定めに従い報告すれば足ります（法45条の16第３項）。

なお、当該報告を省略することはできず、必ず実際に開催された理事会において行う必要があります。

4　法人の賠償責任

法人は、理事長がその職務を行うについて第三者に加えた損害を賠償する責任を負います（法45条の17第３項、一般法人法78条）。

指導監査のポイント

1　指摘基準

①　理事長の選定が法令及び定款に定める手続により行われていない場合

②　議案について特別な利害関係を有する理事が議決に加わっている場合

③　議案について特別な利害関係を有する理事がいないことを法人が確認していない場合

④　理事長が、理事会において、３か月に１回以上（定款に定めがある場合には、毎会計年度に４か月を超える間隔で２回以上）職務執行に

第2章　理事・理事会

関する報告をしていない場合

2　着眼点
　①　理事長は、法人の代表権（法人の業務に関する一切の裁判上又は裁判外の行為を対外的にする権限）を有するとともに、対内的に法人の業務を執行する権限も有するものであり、理事会で理事の中から選定しなければなりません。

　　　なお、法律上、法人の代表権を有する者は理事長のみとされ、理事長の代表権を他の者に委任することはできません（理事長の職務代行者を定め、職務代行者名で法人の代表権を行使できることとする旨の定款の定めは無効となります。）。また、法人の代表者の登記については、法に定める理事長以外の者を代表者として登記することはできません。

　②　理事会の決議には、決議に特別の利害関係※を有する理事が加わることができません。

　　※　「特別の利害関係」とは、理事が、その決議について、法人に対する忠実義務を履行することが困難と認められる利害関係を意味するものであり、「特別の利害関係」がある場合としては、理事の競業取引や利益相反取引の承認や理事の損害賠償責任の一部免除の決議（法人の定款に規定がある場合に限る。）等の場合があります。

　③　理事会の決議に特別の利害関係を有している理事が加わっていないかについての確認は法人において行われる必要があり、その確認が行われているかについて指導監査で確認します。この確認は原則として議事録で行うものですが、当該理事会の議案について特別の利害関係を有する場合には法人に申し出ることを定めた通知を発出した場合や、理事の職務の執行に関する法人の規程に、理事が理事会の決議事項と特別の利害関係を有する場合に届け出なければならないことを定めている場合は、個別の議案の議決の際に法人で改めてその確認を行う必要はなく、決議に利害関係を有する理事がいない場合には、議事録への記載も不要になります。

　④　理事長は、理事会※1において、3か月に1回以上職務の執行状況についての報告をします。なお、この報告の回数は定款の相対的記載事項であり、毎会計年度に4か月を超える間隔で2回以上※2とする

ことができます。

※1　この報告は、実際に開催された理事会（決議の省略によらない理事会）において行わなければなりません。

※2　定款で理事長の報告を「毎会計年度に４か月を超える間隔で２回以上」と定めた場合、同一の会計年度の中では理事会の間隔が４か月を超えている必要がありますが、会計年度をまたいだ場合、前回理事会から４か月を超える間隔が空いていなくとも差し支えありません。

3　確認書類

①　定款

②　理事会の議事録

③　理事の職務の執行に関する規程

（注）　指導監査ガイドラインに記載はありませんが、上記着眼点の記載からすれば、法人に申し出ることを定めた通知などの法人が決議に特別の利害関係を有する理事がいるかを確認した書類も確認書類になると考えられます。

第2章 理事・理事会

第2節　理事会

理事会の権限

理事会の権限を教えてください。

理事会の権限は次のとおりです（法45条の13第2項）。
① 法人の業務執行の決定
② 理事の職務の執行の監督
③ 理事長の選定及び解職
具体的な内容は解説で確認してください。

解説
1　業務執行の決定
　業務執行の決定とは、すなわち法人の経営の決定権限を有するということです。ただし、評議員会の権限を害することはできませんので、法令・定款で定められた評議員会の権限事項以外の全ての経営事項を決定できるということになります。
　理事会が定める規則等又は個別の決議によって、業務執行の決定を理事に委ねることができますが、「重要な業務執行の決定」を委任することはできません（法45条の13第4項）（Q85参照）。

2　理事の職務の執行の監督
　理事会で業務執行の決定を行ったとしても、決定事項に基づいて実際に業務執行するのは個々の理事長や業務執行理事といった業務執行機関になります。そこで、業務執行機関が理事会の決定に基づいて、適切に職務を遂行しているか否かの監督を理事会がすることになります。
　具体的には、理事長や業務執行理事などに対し、業務執行計画や職務の執行状況について必要な報告や資料の提示を求めるなどして、理事会でその適否を検討・判断することによって行います。

3 理事長の選定及び解職

　理事長は、社会福祉法人の業務に関する一切の裁判上又は裁判外の行為をする権限を有する必要的機関と位置付けられました（法45条の13第3項、45条の17第1項）が、その理事長の選定及び解職は、理事会の権限とされています。

指導監査のポイント

　1　指摘基準
　　　理事長の選定が法令及び定款に定める手続により行われていない場合

　2　着眼点
　①　理事長は、法人の代表権（法人の業務に関する一切の裁判上又は裁判外の行為を対外的にする権限）を有するとともに、対内的に法人の業務を執行する権限も有するものであり、理事会で理事の中から選定しなければなりません。
　　　なお、法律上、法人の代表権を有する者は理事長のみとされ、理事長の代表権を他の者に委任することはできません（理事長の職務代行者を定め、職務代行者名で法人の代表権を行使できることとする旨の定款の定めは無効となります。）。また、法人の代表者の登記については、法に定める理事長以外の者を代表者として登記することはできません。
　②　指導監査を行うに当たっては、理事長が理事会の決定により選定されているかについて確認します。なお、理事長の選定については、法令上の手続に関する特別の規定はなく、理事会の決議事項として、法令及び定款に定める手続に従って行います。

　3　確認書類
　①　定款
　②　理事会の議事録

238

第2章　理事・理事会

理事会における理事・監事との日程調整上の留意点

理事会の開催日を決めるに当たり、理事・監事と日程調整をするのですが、注意すべき点はありますか。

理事会の定足数を満たせる日程にすることはもちろんですが、特定の理事又は監事が原則として2回連続して欠席しないようにしてください。
また、当該理事会において監事の全員が欠席とならないように、少なくとも監事1名は出席できるように調整してください。

解説

　理事会の開催日を決定するに際して、実務的には、招集通知を発する前に理事及び監事と日程の調整をすることになります。その際には、次のことに気を付ける必要があります。
①　理事会の定足数
　　理事会の決議は、議決に加わることができる理事の過半数（これを上回る割合を定款で定めた場合にあっては、その割合以上）が出席する必要がありますので（法45条の15第4項）、定足数を満たす出席が確保できる日程にする必要があります。
②　指導監査との関係
　ⅰ　特定の理事又は監事が2回以上連続して欠席とならないこと
　　　指導監査ガイドラインにおいて、名目的・慣例的に選任されていると考えられる理事・監事がいる場合には、指摘事項になるところ、名目的・慣例的に選任されているか否かの基準は、原則として、当該年度及びその前年度において理事会を2回以上続けて欠席している者であることとされています。
　　　そのため、日程調整をする際には、前回の理事会に欠席していた理事又は監事がいた場合、当該理事又は監事が出席できる日程とする必要があります。
　ⅱ　監事の全員が欠席とならないこと
　　　指導監査ガイドラインにおいて、監事の全員が欠席した理事会がある場合には、所轄庁がやむを得ない事情があると認める場合を除き、指摘事項

239

になるとされています。

　そのため、日程調整をする際には、監事の全員が欠席とならないよう、少なくとも1名は監事が出席できる日程とする必要があります。

　なお、監事の全員が欠席であっても指摘事項とならない「所轄庁がやむを得ない事情があると認める場合」がどのような事情を指しているのかについては、具体的な解釈が示されていませんので、今後の指導監査実務を注視する必要があります。

指導監査のポイント

1　指摘基準
① 理事会への欠席が継続しており、名目的・慣例的に選任されていると考えられる役員（理事・監事）がいる場合
② 理事会に2回以上続けて欠席した監事がいる場合※
③ 監事の全員が欠席した理事会がある場合※
※ ②及び③については、所轄庁がやむを得ない事情があると認める場合は指摘事項になりません。

2　着眼点
① 理事会の役割の重要性に鑑みれば、実際に理事会に参加できない者や地方公共団体の長等の特定の公職にある者が名目的・慣例的に理事として選任され、その結果、理事会を欠席することとなることは適当ではないため、理事にこのような者がいないかについて確認します。
　　この場合の理事として不適当であると判断するための基準は、原則として、当該年度及びその前年度において理事会を2回以上続けて欠席している者であることによることとされています。
② 監事の役割の重要性に鑑みれば、実際に理事会に参加できない者や地方公共団体の長等の特定の公職にある者が名目的・慣例的に理事として選任され、その結果、理事会を欠席することとなることは適当ではないため、監事にこのような者がいないかを確認します。
　　この場合の監事として不適当であると判断するための基準は、原則として、当該年度及びその前年度において理事会を2回以上続けて欠席している者であることによることとされています。

第2章　理事・理事会

③　指導監査を行うに当たっては、理事会に出席し、必要がある場合には意見を述べなければならないという監事の義務の履行のため、監事が理事会に出席しているかについて確認します。なお、監事が理事会に出席し必要に応じて意見を述べることは、理事や理事会の職務の執行に対する牽制を及ぼす観点から重要であることから、法律上の義務とされたものであり、理事会においても監事が出席できるよう理事会の日程調整を行う等の配慮を行うことが必要であるとされています。

3　厚生労働省Q&A

問　評議員の評議員会への出席又は理事及び監事の理事会への出席については、「欠席が継続しており、名目的、慣例的に選任されていると考えられる評議員、理事及び監事がいる場合」は文書指摘を行うこととなっており、その判断の基準について、着眼点で「原則として」とありますが、この「原則として」の取扱いはどうなるのでしょうか。

答　理事及び監事がその職責を果たす観点から、理事会への出席が求められていることを踏まえ、以下の例のような法人側に責任のないやむを得ない理由がある場合に、欠席理由について、法人の説明を十分に聞いた上で、欠席回数のみをもって文書指摘が行われないこともあり得ることを留意されたい。

（やむを得ない理由の例）

①　自然災害

②　本人の病気・けが

③　その他、法人の責めに帰さないやむを得ない理由があると、所轄庁が認めた場合

4　確認書類

理事会の議事録

241

実務のポイント

　指摘基準の①と②は、監事が２回以上続けて欠席した場合には原則として指摘事項となる点は共通していますが、なぜ指摘事項となるかの根拠が異なっています。指摘基準の①は名目的・慣例的な監事は不適当であることが根拠（上記着眼点②）ですが、指摘基準の②は監事の義務が履行されていないことが根拠（上記着眼点③）となっています。

　また、２回以上続けて欠席した場合でも指摘しない例外事由の書きぶりも異なっています。指摘基準①との関係では「法人側に責任のないやむを得ない理由」には文書指摘が行われないこともあり得るとし、やむを得ない理由の例が示されていますが（上記厚生労働省Q＆A）、指摘基準②との関係では「所轄庁がやむを得ない事情があると認める場合」には指摘事項とならないとされており、具体的な例は示されていません。

　そのため、監事が２回以上続けて理事会に欠席した場合に、指摘基準①との関係では例外事由に該当し、指摘基準②との関係では例外事由に該当しないという場合があり得るように読めてしまいます。しかし、そのような解釈は法人にとって指摘されるか否かの予測可能性を奪い、ローカルルールの温床になりかねませんので、筆者としては、一方の指摘基準の例外事由に該当すると判断するのであれば、もう一方の指摘基準との関係でも例外事由に該当すると解するべきだと考えます。

第2章　理事・理事会

理事会の招集方法

理事会の招集は誰が、どのように行えばよいのでしょうか。

理事会は、原則として各理事が招集しますが、定款又は理事会で招集権者を定めた場合は、当該招集権者が招集することになります。
　理事及び監事の全員の同意がある場合を除き、1週間（これを下回る期間を定款で定めた場合にあっては、その期間）前までに招集通知を発して理事会を招集します。

解説
第1　招集権者
　1　理事による招集
　（1）原則
　　　理事会は、各理事が招集することができます（法45条の14第1項）。
　（2）招集権者を定めた場合
　　ア　招集権者による招集
　　　定款又は理事会において、理事会を招集する理事（以下「招集権者」といいます。）を定めた場合には、招集権者が招集することになります（同条ただし書き）。
　　イ　招集権者以外の理事による招集
　　　招集権者以外の理事は、招集権者に対して、理事会の目的である事項（理事会の議題と同義であり、決議事項と報告事項があります。）を示して、理事会の招集を請求（以下「理事による招集請求」といいます。）することができます（同条2項）。
　　　理事による招集請求の日から5日以内に、理事による招集請求の日から2週間以内の日を理事会の日とする招集通知が発せられない場合には、招集請求をした理事は、自ら理事会の招集をすることができます（同条3項）。

　2　監事による招集
　　監事は、理事が不正の行為をし、若しくは当該行為をするおそれがあると

243

認めるとき、又は法令若しくは定款に違反する事実若しくは著しく不当な事実があると認める場合において、必要があると認めるときは、理事（招集権者を定めた場合には招集権者）に対し、理事会の招集を請求（以下「監事による招集請求」といいます。）することができます（法45条の18第3項、一般法人法101条2項）。

　監事による招集請求の日から5日以内に、監事による招集請求の日から2週間以内の日を理事会の日とする招集通知が発せられない場合には、招集請求をした監事は、自ら理事会の招集をすることができます（法45条の18第3項、一般法人法101条3項）。

第2　招集手続

1　招集通知

　理事会を招集する者は、理事会の日の1週間（これを下回る期間を定款で定めた場合にあっては、その期間）前までに、各理事及び各監事に対してその通知を発しなければなりません（法45条の14第9項、一般法人法94条1項）。社会福祉法人の理事会類似の機関である株式会社における取締役会の実務においては、定款で3日前までに短縮している例が多いとされています（江頭憲治郎『株式会社法（第7版）』419頁（有斐閣、2017））。

　通知の方法については法律上限定されていませんので、書面によることはもちろん、口頭や電話でも可能であり、会議の目的事項を特定することも要求されていません。

2　招集手続の省略

　上記1にかかわらず、理事及び監事の全員の同意があるときは、招集の手続を省略することができます（法45条の14第9項、一般法人法94条2項）（Q83参照）。

3　全員出席理事会

　招集手続の趣旨は、理事及び監事が理事会に出席できるようにすることにあることから、理事及び監事の全員が出席する場合には、招集手続なくして理事会を開催しても決議の効力に影響はないと解されます。

　しかし、法律上の規定がないことから所轄庁の指導監査で指摘される可能性は否定できないため、招集手続の省略の同意をとっておくべきと思われます。

第2章　理事・理事会

指導監査のポイント

1　指摘基準
①　招集権を有さない者が理事会を招集している場合
②　理事及び監事の全員に期限までに理事会の招集通知が発出されていない場合
③　招集通知が省略された場合に、理事及び監事の全員の同意が確認できない場合

2　着眼点
①　理事会は、各理事（理事会を招集する理事を定款又は理事会で定めたときは、その理事）が招集することとされています。また、理事会を招集する理事を定款又は理事会で定めたときは、その他の理事は招集権者である理事に対して、理事会の目的である事項を示して、理事会の招集を請求することができ、当該請求があった場合には、請求日から5日以内に、理事会の招集通知（請求日から2週間以内の日に理事会を開催するものである必要があります。）が発せられない場合には、その請求をした理事が理事会を招集することができます。
②　理事会を招集する者は、理事会の日の1週間（これを下回る期間を定款で定めた場合にあってはその期間）前までに、各理事及び各監事に対してその通知を発出しなければなりません。ただし、理事及び監事の全員の同意があるときは、招集通知を発出せずに理事会を開催することができます。
③　指導監査を行うに当たっては、理事会を招集した理事が開催通知を期限までに発出しているか、招集通知を省略している場合には、理事及び監事の全員の同意があるかを確認します。
④　理事会の招集通知を省略することについての理事及び監事の同意の取得・保存の方法について、法令上の制限はありませんが、法人において、理事及び監事の全員が同意書を提出することとする、又は理事会の議事録に当該同意があった旨を記載する等、書面若しくは電磁的記録による何らかの形で保存できるようにしておくことが望ましいとされています。

245

3　確認書類

①　理事会の招集通知※

②　理事会の議事録

③　招集通知を省略した場合の理事及び監事の全員の同意を証する書類

※　法令上、招集通知は口頭でも可能ですので、正確には招集通知を発したことが確認できる書類等が確認書類になるものと思われます。

(注)　指導監査ガイドラインに記載はありませんが、招集権者の定めの有無及び内容を確認する必要がありますので、定款又は理事会に関する規則も確認書類になるものと考えられます。

第2章　理事・理事会

［決算理事会（定時評議員会前）招集通知　作成例］

平成〇年〇月〇日

各理事
各監事　　様

社会福祉法人〇〇会
理事長　　〇〇〇〇

第〇回理事会の開催について

拝啓　ますますご清栄のこととお喜び申し上げます。
　さて、第〇回理事会を下記により開催いたしますので、ご多忙中誠に恐縮ですが、
ご出席くださいますようお願いいたします。
　なお、社会福祉法第45条の14第5項の規定により、決議事項に特別の利害関係を
有する理事は決議に加わることができないこととなっているため、今回審議する議案
に該当するものがございましたら、別紙出欠票の該当欄に「〇」をお付けいただき、
ＦＡＸ又は郵送にてご返信くださいますよう、お願いいたします。

記

1　日時
　　平成〇年〇月〇日（〇曜日）　〇時〇分から〇時〇分まで（予定）

2　場所
　　〇〇区〇〇一丁目〇番〇号　社会福祉法人〇〇会法人本部　会議室

3　議題・議案
　（1）決議事項（議案書は別添のとおりです）
　　　　第1号議案　平成〇年度事業報告及び平成〇年度計算書類等の承認の件
　　　　第2号議案　次期役員候補者の件
　　　　第3号議案　役員の報酬額（案）及び役員等報酬規程（案）の件
　　　　第4号議案　定款変更の件
　　　　第5号議案　定時評議員会の招集の件
　（2）報告事項
　　　　理事長及び常務理事の職務執行状況の報告

4　事務局連絡先
　　社会福祉法人〇〇会　法人本部（担当　〇〇）
　　〒〇〇〇－〇〇〇〇
　　住所　・・・・・・・・・・・
　　電話　・・・・・・・・・・・
　　FAX　・・・・・・・・・・・

（東京都福祉保健局：「改正社会福祉法に対応した法人運営に関する講習会」資料）

第〇回社会福祉法人〇〇会理事会

出欠票

（FAX 〇〇-〇〇〇〇-〇〇〇〇）

社会福祉法人〇〇会理事長　殿

　平成〇年〇月〇日（〇曜日）開催の、第〇回社会福祉法人〇〇会の理事会に

出席　・　欠席

します。

> （ご欠席の場合、欠席理由を
> 備考欄にご記入ください。）

各決議事項に係る特別の利害関係については、下記のとおりです。

決議事項	特別の利害関係の有無
第1号議案 　平成〇年度事業報告及び平成〇年度 　計算書類等の承認の件	有　・　無
第2号議案 　次期役員候補者の件	有　・　無
第3号議案 　役員の報酬額（案）及び役員等報酬 　規程（案）の件	有　・　無
第4号議案 　定款変更の件	有　・　無
第5号議案 　定時評議員会の招集の件	有　・　無

氏名　＿＿＿＿＿＿＿＿＿＿＿＿＿＿＿＿＿　㊞

住所　＿＿＿＿＿＿＿＿＿＿＿＿＿＿＿＿＿

【備考欄・ご意見欄】

（東京都福祉保健局：「改正社会福祉法に対応した法人運営に関する講習会」資料）

第2章　理事・理事会

法定の招集通知期間短縮の可否

理事会を開催するに当たり、法定の招集通知期間を短縮することはできますか。

定款で定めた場合に限り、招集通知期間を短縮することができます。

解説

　理事会を招集する者は、理事会の日の1週間前までに、各理事及び各監事に対してその通知を発しなければなりません（法45条の14第9項、一般法人法94条1項）。ただし、この1週間という期間は、定款の定めにより短縮することができます（一般法人法94条1項かっこ書き）。

　社会福祉法人における理事会は、株式会社における取締役会類似の機関であるところ、取締役会の招集通知期間においても同様の規定があります。そして、株式会社においては、定款の定めで招集通知期間を短縮する運用が多くみられ、『3日前』とする会社が多いといわれています（別冊商事法務編集部『改正会社法下における取締役会の運営実態』10頁（商事法務、2016））。

　一方、逆に同期間を伸長することも可能であると解されます。なぜなら、招集通知期間は、理事が理事会に出席する機会と準備期間を確保することが制度趣旨であるところ、同期間を伸長することは同趣旨に反しないためです。現に、株式会社においては、期間を伸長する運用もあります。

指導監査のポイント

1　指摘基準
　　理事及び監事の全員に期限までに理事会の招集通知が発出されていない場合

2　着眼点
　①　理事会を招集する者は、理事会の日の1週間（これを下回る期間を定款で定めた場合にあってはその期間）前までに、各理事及び各監事

249

に対してその通知を発出しなければなりません。

② 指導監査を行うに当たっては、理事会を招集した理事が開催通知を期限までに発出しているかを確認します。

3 確認書類

① 理事会の招集通知[※1]

（② 定款[※2]）

※1 法令上、招集通知は口頭でも可能ですので、正確には招集通知を発したことが確認できる書類等が確認書類になるものと思われます。

※2 指導監査ガイドラインに記載はありませんが、定款で招集通知期限を短縮している場合がありますので、定款も確認書類になるものと思われます。

第2章　理事・理事会

招集通知を書面で行うことの要否

理事会の招集通知は、必ず書面で行わなくてはならないのでしょうか。

法令上、理事会の招集通知は書面で行う必要はありません。ただし、法人の内規において、書面で通知すると定めている場合がありますので、その場合には内規に従って、書面で通知する必要があります。

解説

　評議員会の招集通知は、原則として書面で行う必要がありますが（法45条の9第10項、一般法人法182条1項）、理事会においてはそのような規定はありません。そのため、法令上は書面で行う必要はなく、電子メールはもちろん口頭で通知することも可能です。ただし、指導監査においては、期限までに招集通知が発せられているかが確認されるため、後日確かに通知を発したことが確認できるようにする必要がある点には注意が必要です。

　また、上記のとおり法令上は書面で通知をする必要はないのですが、法人の内規において書面で通知すると定めている例が散見されますので、そのような内規がある法人は、当該内規に従って書面で通知する必要があります。

指導監査のポイント

1　指摘基準
　　理事及び監事の全員に期限までに理事会の招集通知が発出されていない場合

2　着眼点
　①　理事会を招集する者は、理事会の日の1週間（これを下回る期間を定款で定めた場合にあってはその期間）前までに、各理事及び各監事に対してその通知を発出しなければなりません。
　②　指導監査を行うに当たっては、理事会を招集した理事が開催通知を期限までに発出しているかを確認します。

3 確認書類

理事会の招集通知※

※ 法令上、招集通知は口頭でも可能ですので、正確には招集通知を発したことが確認できる書類等が確認書類になるものと思われます。

第2章　理事・理事会

招集通知に議題等を示すことの要否

理事会の招集通知には、議題等を示す必要がありますか。

法令上、理事会の招集通知に議題等を示す必要はなく、日時と場所だけで足ります。ただし、法人の内規において、議題や議案を示すと定めている場合がありますので、その場合には内規に従って、議題や議案を示す必要があります。

解説

　評議員会の招集通知には、日時及び場所、議題及び議案の概要を記載する必要がありますが（法45条の9第10項、一般法人法182条3項、規則2条の12）、理事会においてはそのような規定はありません。そのため、法令上は議題や議案を示す必要はなく、参集するのに必要な情報である日時と場所だけ示せば足りることになります。ただし、法人の内規において議題や議案を示すと定めている例が散見されますので、そのような内規がある法人は、当該内規に従って議題や議案を示す必要があります。

> **指導監査のポイント**
>
> 　指導監査ガイドラインにおいては、理事会の招集通知に何が示されていたかを確認することにはなっていません。そのため、仮に議題や議案を示すとの内規があるにもかかわらず、同事項を示していなかったとしても、指導監査ガイドラインの指摘事項には該当せず、口頭指摘又は助言にとどまるものと考えられます。

理事会招集手続の省略

　招集手続を行わずに理事会を開催することはできますか。

　理事及び監事の全員の同意があれば、招集手続を行うことなく理事会を開催することができます。

解説

　理事会を招集する者は、理事会の日の１週間（これを下回る期間を定款で定めた場合にあっては、その期間）前までに、各理事及び各監事に対してその通知を発しなければなりません（法45条の14第９項、一般法人法94条１項）が、理事及び監事の全員の同意があれば、招集手続を省略して理事会を開催することができます（法45条の14第９項、一般法人法94条２項）。

　招集手続は、理事及び監事が理事会に出席する機会と準備期間を確保することを目的とするため、理事及び監事の全員が招集手続は不要であると判断した場合にまで、招集手続を求める理由はないとの考えに基づいています。

　なお、理事及び監事の同意は、書面で行うことは要件となっていないため、口頭でもかまいません。ただし、指導監査との関係では、同意の有無が確認されるため、実務上は同意書を取得するか当該理事会の議事録に同意があった旨を記載するなどして、後日、同意があったことを確認できるようにする必要があります。

　また、招集手続を省略して開催される理事会に欠席者がいても問題はありません。

指導監査のポイント

1　指摘基準
　　招集通知が省略された場合に、理事及び監事の全員の同意が確認できない場合

2　着眼点
　①　指導監査を行うに当たっては招集通知を省略している場合には、理事及び監事の全員の同意があるかを確認します。

第2章　理事・理事会

②　理事会の招集通知を省略することについての理事及び監事の同意の取得・保存方法について、法令上の制限はありませんが、法人において、理事及び監事の全員が同意書を提出することとする、又は理事会の議事録に当該同意があった旨を記載する等、書面若しくは電磁的記録による何らかの形で保存できるようにしておくことが望ましいとされています。

3　確認書類
　招集通知を省略した場合の理事及び監事の全員の同意を証する書類

招集通知に記載のない議題

Q84 招集通知に記載のない議題について、理事会で審議することはできますか。

 招集通知に記載がなくても、動議として議題が提出されれば、審議することができると考えられます。

解説

　法令上、理事会の招集通知に議題を記載することは求められていません。そのため、招集通知に議題を記載していない場合には、本質問のような問題は起こらず、全ての議題について審議できることになります。

　一方、実務上は、定款又は理事会運営規則等で、招集通知に議題を記載することとしている例もあろうかと思います。このような場合には、記載されていない議題を審議することができるかが問題となります。

　この点について、社会福祉法人の理事会類似の機関である株式会社の取締役会に関する学説として、招集通知に会議の目的事項を明示した場合には、議題をみて欠席した取締役にとって不意打ちになることを理由として、取締役全員が出席した場合を除き、その通知に書かれていない事項は原則として決議することができないとするものがあります。

　しかし、理事は職務として理事会に出席する義務を負っていると解すべきであり、議題を見て欠席することは許されない上、理事会は業務執行に関するあらゆる事項について意思決定することが求められています。また、評議員会とは異なり、招集通知に議題を記載することが求められておらず、招集通知記載の議題以外の議題を決議してはならないとの規定もありません。さらに、取締役会に関する裁判例ではありますが、定款に基づく取締役会規程により会議の目的事項を記載した書面で招集通知をなすことが要求されている場合であっても、そこに記載されていない目的事項について審議することを禁じていると解することはできないとしたものがあります（名古屋高判平成12年1月19日金判1087号18頁）。

　したがって、仮に招集通知に議題が記載されていたとしても、記載のない議題を動議として提出して審議することができると解されます。

第2章　理事・理事会

業務執行の決定

業務執行の決定は全て理事会で行わなくてはならないのでしょうか。

業務執行の決定は理事に委任することができますが、重要な業務執行の決定は理事に委任することができませんので、理事会で決議する必要があります。

解説

理事会には広範な権限が与えられていますが、業務執行の決定の全てを理事会で行う必要はなく、理事に委任することもできます。しかし、理事の専横を防止する等の目的のため、「重要な業務執行の決定」は理事に委任できないとされており、委任できない事項が次のとおり例示的に列挙されています（法45条の13第4項各号）。

① 重要な財産の処分及び譲受け
② 多額の借財
③ 重要な役割を担う職員の選任及び解任
④ 従たる事務所その他の重要な組織の設置、変更及び廃止
⑤ 理事の職務の執行が法令及び定款に適合することを確保するための体制その他社会福祉法人の業務の適正を確保するために必要なものとして省令で定める体制（内部管理体制）の整備
⑥ 定款の定めに基づく理事、監事及び会計監査人の法人に対する責任の免除

1　「重要な財産の処分及び譲受け」

「重要な財産」に該当するか否かは、一律の基準が存在するわけではなく、個別具体的に判断していかなくてはなりません。つまり、同じ100万円の財産を処分するという場合であっても、総資産100億円の法人と1,000万円の法人では、その財産の重要性は異なりますので、個別に判断せざるを得ないことになるのです。

この点については、同様の規定がある会社法における判例において、「重要な財産の処分に該当するかどうかは、当該財産の価額、会社の総資産に占める割合、保有目的、処分の態様、従来の取扱い等の事情を総合的に考慮して判断され

257

る。」（最判平成 6 年 1 月20日民集48巻 1 号 1 頁）とされています。

　「処分」には譲渡のみならず賃貸、寄付、債務免除など様々な類型が考えられ
ること、「財産」には動産のみならず不動産や知的財産権も含まれること等から、
上記判例で示された要素を総合的に考慮して、個別具体的に理事会の決議を経る
べきか否かという観点から判断していく必要があります。

　なお、「譲受け」には、不動産や動産の購入、賃借、設備投資などが含まれる
と考えられます。

2　「多額の借財」

　「多額」か否かは、「重要な」と同様、法人毎に個別具体的に判断していくこと
になります。

　「借財」には、金融機関などからの借入れのみならず、債務保証、約束手形の
振出し及びデリバティブ取引などのほか、リース契約もその内容によっては含ま
れると考えられますので、契約の名称にとらわれることなく、その実質から該当
性を判断する必要があります。

3　「重要な役割を担う職員」

　どの職員が「重要な役割を担う職員」に該当するかについて、法は当該文言以
外に手掛かりとなる定義や条文を置いていないため、解釈で決するしかありませ
ん。

　解釈に当たっては、同様の規定のある会社法において選任及び解任に取締役会
決議が必要とされている「重要な使用人」に関する議論が参考になると思われま
す。「重要な使用人」とは、支配人及びそれに準ずる重要性を有する使用人を意
味し、重要性については、全ての会社にとって共通の画一的な基準があるわけで
はなく、その選任及び解任が会社の経営に重大な影響を与えるかどうかにつき、
具体的事案において、会社の規模、業種、職制、経営組織、業務の態様、その使
用人に与えられる実際の権限等を総合考慮して判断することとなります。そし
て、これらに該当するのは、一般的に役員を除いた各部門の最高位の使用人であ
ると考えられています（東京弁護士会会社法部『新・取締役会ガイドライン（第
2 版）』164頁（商事法務、2016））。

　会社法の上記の考え方からすれば、「重要な役割を担う職員」とは、法人の規
模、業種、職制、経営組織、業務の態様、その職員に与えられる実際の権限等を
総合考慮して判断されることになり、具体的には施設長などが該当すると考えら

第2章　理事・理事会

れます。その他の職員については、上記の考慮要素から個別具体的に判断することになります。

4　「重要な組織の設置、変更及び廃止」とは

「重要な組織」とは、「従たる事務所」に準ずる程度の重要性を有する法人内部の組織をいうと解され、具体的には専務理事などの役付理事や経営会議の設置などが該当すると考えられます。

5　内部管理体制の整備

Q86をご参照ください。

指導監査のポイント

1　指摘基準
① 　理事に委任ができない事項が理事に委任されている場合
② 　理事に委任されている範囲が、理事会の決定において明確に定められていない場合

2　着眼点
① 　理事会の権限である法人の業務執行の決定を、理事長等に委任することはできますが、法人運営に関する重要な事項及び理事（特に理事長や業務執行理事）の職務の執行の監督に必要な事項※等については、理事会で決定されなければならず、理事長等にその権限を委任することはできません。また、理事へ権限を委任する際は、その責任の所在を明らかにするため、委任する権限の内容を明確にすべきとされています。
　※ 　理事に委任することができない事項
　　 ⅰ重要な財産の処分及び譲受け、ⅱ多額の借財、ⅲ重要な役割を担う職員の選任及び解任、ⅳ従たる事務所その他の重要な組織の設置、変更及び廃止、ⅴ内部管理体制の整備、ⅵ役員等の損害賠償責任の一部免除
② 　指導監査に当たっては、理事に委任することができない事項が理事に委任されていないかを確認するとともに、理事に委任されている権限の内容が明確なものとなっているかを規程等や理事会の議事録により確認します。

259

③　理事会の権限の理事への委任は、理事会で定める規程あるいは個別の決議によって行うことができ、法令上、必ずしも規程によらなければならないわけではないですが、権限の明確化のため、規程等で定めるべきとされています。

④　理事に委任することができない事項のうち、ⅰ「重要」な財産、ⅱ「多額」の借財、ⅲ「重要な役割」を担う職員、ⅳ「重要な組織」の範囲については、法人が実施する事業の内容や規模等に応じて、法人の判断として理事会で決定されるべきであるが、理事に委任されている範囲を明確にするため、金額、役職又は役割、組織が行う業務等を具体的に決定すべきとされています。

⑤　指導監査を行うに当たっては、これらの内容（金額等）についての判断を行うものではなく、理事会の決定において、理事に委任される範囲が明確に定められているかを確認します。

3　確認書類
　①　理事会の議事録
　②　理事に委任する事項を定める規程等

第2章　理事・理事会

内部管理体制の整備

一定規模以上の法人は、内部管理体制について理事会決議が必要と聞きましたが、何を決議すればよいのでしょうか。

事業の規模が最終会計年度の収益30億円又は負債60億円を超える規模の法人においては、いわゆる内部管理体制の「整備」について決議する必要があります。

解説
1　決議義務を負う法人
　理事会は、「理事の職務の執行が法令及び定款に適合することを確保するための体制その他社会福祉法人の業務の適正を確保するために必要なものとして厚生労働省令で定める体制」（以下「内部管理体制」といいます。）の「整備」について理事に委任できず、理事会決議事項となります（法45条の13第4項5号）。
　そして、最終会計年度の収益※1が30億円又は負債※2が60億円を超える事業規模の法人においては、理事会で内部統制システムの「整備」について決議しなければなりません（同条5項、令13条の3）。
　　※1　収益とは
　　　　前年度の決算における法人単位事業活動計算書中の「サービス活動増減の部」の「サービス活動収益計」の額
　　※2　負債とは
　　　　前年度の決算における法人単位貸借対照表中の「負債の部」の「負債の部合計」の額

2　決議義務の内容
　理事会で決議しなくてはならない事項は、内部管理体制そのものではなく「整備」についてですので、いわゆる基本方針を決議すれば足ります。そのため、内部管理体制を設けないという決議をしたとしても、決議義務との関係では問題がありません。

3　法及び規則で定める体制
　法及び規則で定められている内部管理体制の内容は次のとおりです（法45条の

261

13第4項5号、規則2条の16)。

① 理事の職務の執行が法令及び定款に適合することを確保するための体制
② 理事の職務の執行に係る情報の保存及び管理に関する体制
③ 損失の危険の管理に関する規程その他の体制
④ 理事の職務の執行が効率的に行われることを確保するための体制
⑤ 職員の職務の執行が法令及び定款に適合することを確保するための体制
⑥ 監事がその職務を補助すべき職員を置くことを求めた場合における当該職員に関する事項
⑦ ⑥の職員の理事からの独立性に関する事項
⑧ 監事の⑥の職員に対する指示の実効性の確保に関する事項
⑨ 理事及び職員が監事に報告をするための体制その他の監事への報告に関する体制
⑩ 前号の報告をした者が当該報告をしたことを理由として不利な取扱いを受けないことを確保するための体制
⑪ 監事の職務の執行について生ずる費用の前払い又は償還の手続その他の当該職務の執行について生ずる費用又は債務の処理に係る方針に関する事項
⑫ その他監事の監査が実効的に行われることを確保するための体制

4　具体的な作業内容

内部管理体制に関して法人が実際に行う作業は次のとおりです。

① 内部管理体制の現状把握
　内部管理状況の確認、内部管理に係る規程等の整備状況の確認
② 内部管理体制の課題認識
　現状把握を通じて、業務の適正を確保するために必要な体制と現状の体制を比較し、取り組むべき内容を決定
③ 内部管理体制の基本方針の決定
　法人の内部管理体制の基本方針について、理事会で決定
④ 基本方針に基づく内部管理体制の整備
　基本方針に基づいて、内部管理に係る必要な規程の策定及び見直し等

5　内部管理体制の基本方針例

厚生労働省が示した内部管理体制の基本方針例は後掲のとおりです。これは参考とすることができますが、法人ごとに事情が異なることから、安易にこの例を

第2章　理事・理事会

そのまま決議すれば足りるわけではありませんのでご注意ください。

指導監査のポイント

　1　指摘基準
　　　理事会の決議を要する事項について決議が行われていない場合

　2　着眼点
　　　次の事項については、理事会の決議を要する。（抜粋）
　　i　内部管理体制の整備（特定社会福祉法人のみ）

　3　確認書類
　　　理事会の議事録

［厚生労働省による内部管理体制の基本方針参考例］

内部管理体制の基本方針

　本○○福祉会は、平成○○年○月○日、理事会において、理事の職務執行が法令・定款に適合すること、及び業務の適正を確保するための体制の整備に関し、本○○福祉会の基本方針を以下のとおり決定した。

　1　経営に関する管理体制
　①　理事会は、定時に開催するほか、必要に応じて臨時に開催し、法令・定款、評議員会の決議に従い、業務執行上の重要事項を審議・決定するとともに、理事の職務執行を監督する。
　②　「理事会運営規則」及び「評議員会運営規則」に基づき、理事会及び評議員会の役割、権限及び体制を明確にし、適切な理事会及び評議員会の運営を行う。
　③　業務を執行する理事等で組織する経営戦略等に関する会議体（以下「経営会議等」という。）を定期的又は臨時に開催し、業務執行上における重要事項について機動的、多面的に審議する。
　④　「理事職務権限規程」に基づき、業務を執行する理事の担当業務を明確化し、事業運営の適切かつ迅速な推進を図る。

263

⑤　職務分掌・決裁権限を明確にし、理事、職員等の職務執行の適正性を確保するとともに、機動的な業務執行と有効性・効率性を高める。

⑥　評議員会、理事会、経営会議等の重要会議の議事録その他理事の職務執行に係る情報については、定款及び規程に基づき、適切に作成、保存及び管理する。

⑦　業務執行機関からの独立性を有する内部監査部門を設置し、業務の適正及び効率性を確保するため、業務を執行する各部の職務執行状況等を定期的に監査する。

2　リスク管理に関する体制
①　リスク管理に関し、体制及び規程を整備し、役割権限等を明確にする。
②　「個人情報保護方針」及び「個人情報保護に関する諸規程」に基づき、個人情報の保護と適切な管理を行う。
③　事業活動に関するリスクについては、法令や当協会内の規程等に基づき、職務執行部署が自律的に管理することを基本とする。
④　リスクの統括管理については、内部監査部門が一元的に行うとともに、重要リスクが漏れなく適切に管理されているかを適宜監査し、その結果について業務を執行する理事及び経営会議等に報告する。
⑤　当会の経営に重大な影響を及ぼすおそれのある重要リスクについては、経営会議等で審議し、必要に応じて対策等の必要な事項を決定する。
⑥　大規模自然災害、新型インフルエンザその他の非常災害等の発生に備え、対応組織や情報連絡体制等について規程等を定めるとともに、継続的な教育と定期的な訓練を実施する。

3　コンプライアンスに関する管理体制
①　理事及び職員が法令並びに定款及び当協会の規程を遵守し、確固たる倫理観をもって事業活動等を行う組織風土を高めるために、コンプライアンスに関する規程等を定める。
②　当会のすべての役職員のコンプライアンス意識の醸成と定着を推進するため、不正防止等に関わる役職員への教育及び啓発活動を継続して実施、周知徹底を図る。
③　当会の内外から匿名相談できる通報窓口を常設して、不正の未然防止を図るとともに、速やかな調査と是正を行う体制を推進する。コンプライア

第2章　理事・理事会

ンスに関する相談又は違反に係る通報をしたことを理由に、不利益な取扱いは行わない。

④　内部監査部門は、職員等の職務執行状況について、コンプライアンスの観点から監査し、その結果を経営会議等に報告する。理事等は、当該監査結果を踏まえ、所要の改善を図る。

4　監査環境の整備（監事の監査業務の適正性を確保するための体制）

①　監事は、「監事監査規程」に基づき、公平不偏の立場で監事監査を行う。

②　監事は、理事会等の重要会議への出席並びに重要書類の閲覧、審査及び質問等を通して、理事等の職務執行についての適法性、妥当性に関する監査を行う。

③　監事は、理事会が決定する内部統制システムの整備について、その決議及び決定内容の適正性について監査を行う。

④　監事は、重要な書類及び情報について、その整備・保存・管理及び開示の状況など、情報保存管理体制及び情報開示体制の監査を行う。

⑤　監事の職務を補助するものとして、独立性を有するスタッフを配置する。

⑥　理事又は職員等は、当協会に著しい損害を与えるおそれのある事実又は法令、定款その他の規程等に反する行為等を発見した時は、直ちに理事長、業務執行理事並びに監事に報告する。

⑦　理事及び職員等は、職務執行状況等について、監事が報告を求めた場合には、速やかにこれに応じる。

⑧　理事長は、定期的に監事と会合を持つなどにより、事業の遂行と活動の健全な発展に向けて意見交換を図り、相互認識を深める。

265

評議員会の招集決議

 評議員会を招集する決議をする際の決議事項と留意点を教えてください。

 評議員会を招集するには、原則として、理事会での招集決議が必要となります。また、その決議の際には、①日時及び場所、②議題、③議案の概要（議案が確定していない場合にあっては、その旨）を定める必要がありますので、決議内容に漏れがないように注意してください。

解説

1　評議員会の招集決議

原則として、評議員会を招集する場合には、理事会の決議によって、次に掲げる事項を定めなくてはなりません（法45条の9第10項、一般法人法181条1項、規則2条の12）。

① 評議員会の日時及び場所
② 評議員会の目的である事項があるときは、当該事項（議題）
③ 評議員会の目的である事項に係る議案（当該目的である事項が議案となるものを除きます。）の概要（議案が確定していない場合にあっては、その旨）

これらのうち、③議案の概要を決議することを失念している法人が多くありますので、特に③を決議することを忘れないよう注意する必要があります。

2　議題と議案

上記にある『議題』とは、会議の目的事項であり、『議案』とは、議題に対する具体的な提案を意味します。

少しわかりづらいと思いますので、具体例で考えてみます。例えば、評議員会において理事6名を選任する場合、『理事6名選任の件』が『議題』であり、『A氏を理事として選任する。』が『議案』になります。つまり、評議員会で決めるべき目的事項たる『議題』は、あくまで理事を6名選任することであり、誰を理事とするかまでは『議題』には含まれません。具体的に誰を理事として選ぶべきかは『議案』になるのです。

また、『議題』の中には、決議を要する『決議事項』と、報告をするだけで足りる『報告事項』があります。

第2章　理事・理事会

指導監査のポイント

1　指摘基準

①　評議員会の日時及び場所等が理事会の決議により定められていない場合

②　理事会の決議を要する事項について決議が行われていない場合

2　着眼点

①　評議員会の招集については、理事会の決議により評議員会の日時及び場所等※を定め、理事が評議員会の1週間（又は定款に定めた期間）前までに評議員に書面又は電磁的方法（電子メール等）により通知をする方法で行わなければなりません。指導監査を行うに当たっては、これらの手続が適正になされているかについて確認します。

※　理事会の決議により定めなければならない事項（招集通知に記載しなければならない事項）
 ⅰ　評議員会の日時及び場所
 ⅱ　評議員会の目的である事項がある場合は当該事項
 ⅲ　評議員会の目的である事項に係る議案（当該目的である事項が議案となるものを除きます。）の概要（議案が確定していない場合はその旨）

②　次の事項については、理事会の決議を要します。（抜粋）
 ⅰ　評議員会の日時及び場所並びに議題・議案の決定

3　確認書類
　理事会の議事録

理事会への報告事項

理事会への報告事項には何がありますか。

法定の報告事項には次のものがあります。
① 理事長及び業務執行理事の職務執行状況の報告
② 理事の競業取引の報告
③ 理事の利益相反取引の報告
④ 監事による理事の不正行為等の報告

解説
1 報告事項
法律上、理事会への報告事項には次のものがあります。
① 理事長及び業務執行理事の職務執行状況の報告（法45条の16第3項）
② 理事の競業取引の報告（法45条の16第4項、一般法人法92条2項）
③ 理事の利益相反取引の報告（法45条の16第4項、一般法人法92条2項）
④ 監事による理事の不正行為等の報告（法45条の18第3項、一般法人法100条）

2 職務執行状況の報告
(1) 義務者
　次に掲げる理事は、3か月に1回以上（定款で毎会計年度に4か月を超える間隔で2回以上とした場合はその規定に従い）自己の職務の執行の状況を理事会に報告しなければなりません（法45条の16第3項）。
① 理事長
② 理事長以外の理事であって、理事会の決議によって法人の業務を執行する理事として選定されたもの（本質問において「業務執行理事」といいます。）

(2) 報告頻度
　『3か月に1回以上』の意味は、報告の間隔が3か月以内ということですので、単純に四半期に1回報告すればよいわけではありません。つまり、あ

第2章　理事・理事会

る理事会で報告をしたら、その日から３か月以内に開催される理事会で次の
報告をする必要があります。

　一方、理事会に直ちに報告すべき緊急事態が発生した場合には、理事長及
び業務執行理事は、本規定にとらわれることなく、適時に理事会を開催して
報告すべきといえます。

3　競業取引及び利益相反取引の報告

　Q72、73をご参照ください。

4　監事による報告

　監事は、理事が不正の行為をし、若しくは当該行為をするおそれがあると認め
るとき、又は法令若しくは定款に違反する事実若しくは著しく不当な事実がある
と認めるときは、遅滞なく、その旨を理事会に報告しなければなりません（法45
条の18第３項、一般法人法100条）。

5　報告の省略

　理事及び監事の全員に対して、理事会に報告すべき事項を通知したときは、当
該事項を理事会に報告することを省略することができます（法45条の14第９項、
一般法人法98条１項）。

　ただし、理事長及び業務執行理事の職務執行状況の報告については、報告を省
略することはできませんので注意が必要です（法45条の14第９項、一般法人法98
条２項）。

指導監査のポイント

　1　指摘基準

　　　理事長及び業務執行理事（選任されている場合）が、理事会におい
　　て、３か月に１回以上（定款に定めがある場合には、毎会計年度に４か
　　月を超える間隔で２回以上）職務執行に関する報告をしていない場合

　2　着眼点

　　①　理事長及び業務執行理事は、理事会[※1]において、３か月に１回以
　　　上職務の執行状況についての報告をします。なお、この報告の回数は

定款の相対的記載事項であり、毎会計年度に4か月を超える間隔で2回以上[※2]とすることができます。

※1　この報告は、実際に開催された理事会（決議（筆者注：報告）の省略によらない理事会）において行わなければなりません。

※2　定款で理事長及び業務執行理事の報告を「毎会計年度に4か月を超える間隔で2回以上」と定めた場合、同一の会計年度の中では理事会の間隔が4か月を超えている必要がありますが、会計年度をまたいだ場合、前回理事会から4か月を超える間隔が空いていなくとも差し支えありません。

② 指導監査を行うに当たっては、理事長及び業務執行理事が法令又は定款の定めに基づき報告をしているかを確認します。

3　確認書類
① 定款
② 理事会の議事録

第2章　理事・理事会

報告事項と理事会の定足数

決議事項がなく、報告事項だけが議題の場合の理事会において、定足数を満たす必要はありますか。

報告事項だけの理事会であっても、定足数を満たす必要があると解されます。

解説
1　決議事項と報告事項

　理事会の『議題』には、決議を要する『決議事項』と、報告をするだけで足りる『報告事項』があります。『報告事項』の例としては、理事長及び業務執行理事による職務執行状況の報告（法45条の16第3項）、理事による利益相反取引後の報告（法45条の16第4項、一般法人法92条2項）などがあります。

2　報告事項と定足数

　社会福祉法は「理事会の決議は、議決に加わることができる理事の過半数……が出席し」（法45条の14第4項）と定めており、決議事項がある場合の理事会が定足数を満たす必要があることは明らかです。

　一方、上記定足数の規定には「決議は」とあるため、『報告事項』においても定足数を満たす必要があるかは、文言上は明らかではありません。しかし、定足数要件は、理事の会議が理事会として成立するための要件であると解される上、理事会の監督権限が適正に行使される必要もあることからすれば、『報告事項』においても、定足数を満たす必要があると考えられます。

　そのため、定足数を満たしていない理事会における報告は適法なものではなく、理事会に対する報告がなされていないものと評価されると考えられます。

> **指導監査のポイント**
> 1　指摘基準
> 　　理事長及び業務執行理事（選任されている場合）が、理事会において、3か月に1回以上（定款に定めがある場合には、毎会計年度に4か

271

月を超える間隔で2回以上）職務執行に関する報告をしていない場合

2　着眼点
　①　理事長及び業務執行理事は、理事会※において、3か月に1回以上職務の執行状況についての報告をします。なお、この報告の回数は定款の相対的記載事項であり、毎会計年度に4か月を超える間隔で2回以上とすることができます。
　　※　この報告は、実際に開催された理事会（決議（筆者注：報告）の省略によらない理事会）において行わなければなりません。
　②　指導監査を行うに当たっては、理事長及び業務執行理事が法令又は定款の定めに基づき報告をしているかを確認します。

3　確認書類
　①　定款
　②　理事会の議事録

第2章　理事・理事会

理事長・業務執行理事の職務執行状況の報告

 理事長等の職務執行状況の報告について教えてください。

 理事長及び業務執行理事は、法又は定款に基づき定期的に職務執行状況の報告を理事会で行う必要があります。この報告は省略することができませんので、必ず理事会を開催して行わなくてはなりません。
　報告の内容については、法令上は規定がありませんが、解説に記載した事項などを報告することが考えられます。

解説
1　職務執行状況の報告回数
　理事長及び業務執行理事として選定された理事は、3か月に1回以上、自己の職務の執行の状況を理事会に報告しなければなりません（法45条の16第3項）。この『3か月に1回』とは、『四半期に1回』ではありませんので、各四半期に1回報告を行ったとしても、各報告の間が3か月を超えていれば違法となります。
　ただし、定款で毎会計年度に4か月を超える間隔で2回以上その報告をしなければならない旨を定めた場合には、例えば、決算理事会と予算理事会の年2回報告をすれば足りますし、実際、このような定款の定めをもつ法人が多いように思われます。

2　報告内容
　職務執行状況の報告で具体的に何を報告すべきかについては、法令に定めがありませんので、解釈に委ねられています。想定される報告内容としては、次のような事項が考えられますので、これらを参考に、各法人で何を報告事項とすべきかを検討することになります。
　① 　常時注視すべき事項
　　例：月次（四半期、半期）決算、法人全体・施設ごとの業績情報、部門別事業活動の状況など
　② 　定期的に注視すべき事項
　　例：コンプライアンス活動の状況、内部統制システムの運用状況など

273

③　発生したときに注視すべき事項
　例：不祥事又は事故の発生・対応状況、事業又は経理上生じた重要事項、理
　　　事会決議事項のうち重要な事項の経過、行政庁への届出のうち重要なも
　　　のなど

3　報告方法

　理事会においてどのような方法で報告すべきかについて法令上の制限はありま
せん。そのため、口頭、資料などの書面又はスライドでの表示など任意の方法で
行うことができますので、報告事項の内容に合わせて、内容を理解してもらうの
に効果的な方法で行えばよいことになります。

4　報告の省略

　職務執行状況の報告については、報告の省略をすることができませんので、必
ず実際に開催された理事会で報告をする必要があります。

指導監査のポイント

　1　指摘基準
　　　理事長及び業務執行理事（選任されている場合）が、理事会におい
　　て、3か月に1回以上（定款に定めがある場合には、毎会計年度に4か
　　月を超える間隔で2回以上）職務執行に関する報告をしていない場合

　2　着眼点
　①　理事長及び業務執行理事は、理事会[1]において、3か月に1回以
　　上職務の執行状況についての報告をします。なお、この報告の回数は
　　定款の相対的記載事項であり、毎会計年度に4か月を超える間隔で2
　　回以上[2]とすることができます。
　　※1　この報告は、実際に開催された理事会（決議（筆者注：報告）の省
　　　　略によらない理事会）において行わなければなりません。
　　※2　定款で理事長及び業務執行理事の報告を「毎会計年度に4か月を超
　　　　える間隔で2回以上」と定めた場合、同一の会計年度の中では理事会
　　　　の間隔が4か月を超えている必要がありますが、会計年度をまたいだ
　　　　場合、前回理事会から4か月を超える間隔が空いていなくとも差し支
　　　　えありません。

第2章　理事・理事会

　②　指導監査を行うに当たっては、理事長及び業務執行理事が法令又は
　　定款の定めに基づき報告をしているかを確認します。

3　確認書類
　①　定款
　②　理事会の議事録

理事会への報告の省略手続

Q91 理事会に報告すべき事項の報告を理事会を開催せずに行うことはできますか。

 理事及び監事の全員に対して、理事会に報告すべき事項を通知することによって、理事会を開催して報告することを省略できます。

解説

1　報告の省略

理事、監事又は会計監査人が理事及び監事の全員に対して理事会に報告すべき事項を通知したときは、当該事項を理事会へ報告することを要しないとされています（法45条の14第9項、一般法人法98条1項）ので、同通知を行った場合には、理事会を開催して報告することを省略できます。

2　報告すべき事項

理事会に報告すべき事項としては、理事による利益相反取引後の報告（法45条の16第4項、一般法人法92条2項）、監事による理事の不正行為等を認めた場合の報告（法45条の18第3項、一般法人法100条）などがあります。

理事長及び業務執行理事の職務執行状況の報告も報告すべき事項ではありますが、同報告については適用除外とされていることから、報告の省略を行うことはできませんので、注意が必要です（法45条の14第9項、一般法人法98条2項）。

3　報告の省略の手続

報告義務を負っている理事、監事又は会計監査人が、理事及び監事の全員に対して報告すべき事項を通知することになります。同通知は法令上書面であることが求められていませんが、実務上は、報告の有無とその内容が後日争いにならないよう書面ですべきと考えられます。

4　議事録の作成

理事会への報告を省略した場合にも議事録を作成しなければならず、議事録には次の事項を記載する必要があります（法45条の14第6項、規則2条の17第4項

第2章　理事・理事会

2号）。

① 理事会への報告を要しないものとされた事項の内容

② 理事会への報告を要しないものとされた日

③ 議事録の作成に係る職務を行った理事の氏名

なお、報告の省略を行った場合、出席した理事及び監事はいませんので、出席理事及び監事の署名又は記名押印義務もないと解されますが、議事録の真正を担保する意味で、議事録作成に係る職務を行った理事が署名又は記名押印することが考えられます。

［理事会への報告の省略の通知書例］

平成　　年　　月　　日

理事各位

監事各位

社会福祉法人○○○○○

理事長　○○　○○　印

通知書

　社会福祉法第45条の14第9項において準用する一般社団法人及び一般財団法人に関する法律第98条の規定に基づき、理事会への報告事項について、下記のとおり通知します。

記

報告事項

　　1　○○○○について

　　　　○○○○・・・・・

　　2　○○○○について

　　　　○○○○・・・・・

第2章 理事・理事会

理事会の決議方法

理事会の決議方法を教えてください。

原則として参集して決議する必要があり、書面又は電磁的方法による議決権の行使、代理人による議決権の行使及び持ち回りによる議決権の行使は認められていません。

解説

　理事は、法人との委任契約に基づき、善良な管理者の注意をもってその職務を遂行する義務が課せられており（法38条、民法644条）、理事会は、このような理事が参集して相互に十分な討議を行うことによって意思決定を行う場であるため、理事会決議の省略（法45条の14第9項、一般法人法96条）が認められる場合を除き、原則として参集して決議する必要があり、書面又は電磁的方法による議決権の行使、代理人による議決権の行使及び持ち回りによる議決権の行使は認められていません。

　ただし、出席者が一堂に会するのと同等の、相互に十分な議論を行うことができる方法であれば、テレビ会議や電話会議の方法による開催は認められます（詳細はQ93参照）。

> **指導監査のポイント**
> 1　指摘基準
> 　欠席した理事が書面により議決権の行使をしたこととされている場合
>
> 2　着眼点
> 　平成28年改正法の施行前は、定款に定めることにより、欠席した理事の書面による議決権の行使（書面議決）が認められていましたが、平成28年改正法の施行後は、理事会における議決は対面（テレビ会議等によることを含みます。）により行うこととされており、書面議決の方法によることはできなくなっています。書面による議決権の行使がなされた場合にはその取扱いを是正する必要があり、指導監査を行うに当たって

はこの書面議決がなされていないかを確認します。

3　確認書類
　理事会の議事録

テレビ会議システム等を利用した決議方法

理事会の会場以外の場所から理事会に参加することはできますか。

出席者が一堂に会するのと同等の相互に十分な議論を行うことができる方法であれば、テレビ会議や電話会議による開催は認められます。
テレビ会議や電話会議による開催の場合には、議事録に記載すべき事項が追加されますので注意が必要です。

解説
1 テレビ会議等
　出席者が一堂に会するのと同等の相互に十分な議論を行うことができる方法であれば、テレビ会議や電話会議の方法による開催は認められます。
　ここでいう電話会議とは、電話会議システムのようにシステム化されたものでなくとも、各理事の音声が即時に他の理事に伝わり、適時的確な意見表明が互いにできるのであれば、一般的な電話機のマイク及びスピーカーシステム機能、スカイプなどのインターネットを利用する手段を用いてもよいと解されます（東京弁護士会会社法部『新・取締役会ガイドライン（第2版）』388頁（商事法務、2016）参照）。
　一方、理事会の会場に設置された電話にスピーカーフォン機能などがなく、受話器を通してしかお互いの声が聞き取れない場合などのように、遠隔地にいる理事を含む各理事の発言が即時に他の全ての理事に伝わるような即時性と双方向性が確保されない方法で行われた場合には、遠隔地にいる理事が出席したとは評価されないと考えられますので注意が必要です（福岡地判平成23年8月9日（平成21年（ワ）第4338号）参照）。

2 議事録記載事項
　理事会が開催された場所に存しない理事、監事又は会計監査人が理事会に出席した場合（例えば、テレビ会議などで出席した理事がいる場合）には、当該出席方法を議事録に記載する必要があります（法45条の14第6項、規則2条の17第3項1号）。

指導監査のポイント

1　指摘基準
　　議事録に必要事項が記載されていない場合

2　着眼点
　　議事録の記載事項は、次のとおりです。（抜粋）
　①　理事会が開催された日時及び場所（当該場所に存しない理事、監
　　　事又は会計監査人が理事会に出席した場合における当該出席の方法
　　　（例：テレビ会議）を含む。）

3　確認書類
　　理事会の議事録

実務のポイント

　上述のとおり、テレビ会議等での出席が認められるためには、即時・双方向に意思伝達をすることができる状況にあったことが必要であり、議事録にも、具体的な出席方法としてそのような状況を基礎付ける事実の記載をすべきと考えられます。

第2章 理事・理事会

［テレビ会議システムを使用した場合の議事録例］

平成○年度第○回理事会議事録

1 開催日時 平成○年○月○日（○曜日） 午後○時～午後○時
2 開催場所 当法人会議室
3 出席者 　　理事○名中○名

　　　　　　　A、B、C、D、E、F
　　　　　　（Cは、当法人○○施設会議室からテレビ会議によって出席）
　　　　　　監事○名中○名
　　　　　　　G、H

4 議題
　　第1号議案 ○○の件
　　第2号議案 ○○の件
　　報告事項 ○○の件
5 議事の経過の要領及びその結果
　定刻、当法人会議室及び当法人○○施設会議室における全理事及び全監事の出席が確認され、定款の定めにより○○理事長が議長となり、本理事会はテレビ会議システムを用いて開催する旨を宣言した。
　当法人のテレビ会議システムは、出席者の音声と画像が即時に他の出席者に伝わり、適時的確な意見表明が互いにできる仕組みとなっていることが確認されて、議事に入った。

　⑴第1号議案 ○○の件

　　～ 以下省略 ～

　本日のテレビ会議システムを用いた理事会は、終始異常なく、議題の審議を全て終了したので、議長は、以上をもって全議題を終了した旨を述べ、午後○時○分閉会を宣し、解散した。

　上記議事の経過の要領及びその結果を明確にするため、この議事録を作成し、出席理事及び出席監事が記名押印する。

　　～ 以下省略 ～

283

理事会決議の省略の要件

Q94 理事会決議の省略の要件と決議内容に制限があるのかを教えてください。

 決議の省略の要件は次のとおりです。
① 理事会の決議の省略に関する定款の定めがあること
② 理事が理事会の決議の目的である事項について提案すること
③ 当該提案につき理事（当該事項について議決に加わることができるものに限ります。）の全員が書面又は電磁的記録により同意の意思表示をしたこと
④ 監事が当該提案について異議を述べていないこと
　決議事項について法令上の制限はありませんが、慎重な検討が必要な議題の場合には決議の省略を回避したほうがよいこともあります。

解説
1　理事会決議の原則
(1)　要件

　理事会の決議は、議決に加わることのできる理事の過半数（これを上回る割合を定款で定めた場合に合っては、その割合以上）が出席し、その過半数（これを上回る割合を定款で定めた場合にあっては、その割合以上）をもって行います（法45条の14第4項）。

　「議決に加わることができる理事」とありますので、決議について特別の利害を有する理事（同条5項）は含まれません。つまり、理事が6人の場合、通常であれば4人以上の出席が要件となりますが、そのうちの1人が特別の利害を有する理事の場合には、3人以上の出席が要件となります。

(2)　理事の議決権の行使方法

　理事には法人との委任契約に基づき善管注意義務が課せられていることから、議決権の行使については、理事相互が十分な討議を行って意思決定をすべきであり、書面又は電磁的方法による議決権の行使や代理人、持ち回りによる議決権の行使は認められません。ただし、テレビ会議や電話会議の方法

第2章　理事・理事会

による開催は認められています。

2　理事会決議の省略

(1)　要件

　　以上の原則の例外として、次の全ての要件を満たすときは、当該提案を可決する旨の理事会の決議があったものとみなすことができます（法45条の14第9項、一般法人法96条）。

①　理事会の決議の省略に関する定款の定めがあること

②　理事が理事会の決議の目的である事項について提案すること

③　当該提案につき理事（当該事項について議決に加わることができるものに限る。）の全員が書面又は電磁的記録により同意の意思表示をしたこと

④　監事が当該提案について異議を述べていないこと

(2)　決議内容の制限

　　法令上、決議の省略によることができないとされる決議事項はありません。したがって、重要な決定であっても、又は緊急性のない決議であったとしても、決議の省略を行うこと自体は否定されていません。

　　ただし、理事の善管注意義務違反の判断においては、当該議題について時間をかけた慎重な検討がされたか否かが問題となり得ます。その意味においては、影響が大きく慎重な検討を要するような議題の場合には、安易に決議の省略を行うべきではないと考えられます。

285

理事会決議の省略の手続

理事会決議の省略の手続を教えてください。

実務的には、提案者である理事を含めた全ての理事(特別利害関係理事は除きます。)の同意を書面で取得した上、監事からも異議を述べない旨の確認書を取得する方法で行います。

解説
1 理事の全員の同意
　理事会決議の省略をするためには、理事が理事会の目的である事項について提案し、「当該提案につき理事(当該事項について議決に加わることができるものに限る。)の全員」の同意が必要とされています(法45条の14第9項、一般法人法96条)。この理事の全員に、特別利害関係理事が含まれないことは明確ですが、当該議題を提案した理事が含まれるかは文言上明確ではありません。自ら提案したのだから改めて同意を取得する必要はないという考えもありますが、除外してよいか明らかでない以上は、提案した理事からも同意を取得した方が無難といえます。

2 理事及び監事への提案書
　理事による理事会決議の目的である事項についての提案方法については、法令上の制限はありませんが、実務上は、決議の目的事項を記載した提案書を理事及び監事に送付することになると思われます。

3 理事からの同意書と備置き
　理事からの同意の意思表示は、書面又は電磁的記録によって行う必要がありますので、実務上は、提案書とともに同意書を理事に送付し、押印した上で返送してもらうことになると思われます。
　なお、当該同意書は、理事会の決議があったものとみなされた日から10年間、主たる事務所に備え置く必要があります(法45条の15第1項)。

第2章　理事・理事会

4　監事からの確認書

　監事が異議を述べることができる期間については、法令上の制限がありません。そこで、実務上は、監事に対し、提案書とともに異議があるか否かを確認する確認書を送り、押印した上で返送してもらう方法がとられることになると思われます。

5　決議があったとみなされる日

　理事の全員が同意の意思表示をしたときに、当該提案を可決する旨の理事会の決議があったものとみなされます。

　ここにいう「同意の意思表示をしたとき」とは、決議の省略に際して同意が必要とされる理事全員の意思表示が提案者に到達したとき（通常到達すべきときを含みます。）を指すと解されます（相澤哲『論点解説新・会社法』370頁（商事法務、2006）参照）。

　したがって、6人の理事から同意を取得する必要がある場合には、6人目の理事からの同意の意思表示が到達した日となります。

6　議事録の作成と備置き

　理事会の決議を省略した場合であっても、議事録の作成義務はあります。当該議事録は、理事会の決議があったものとみなされた日から10年間、主たる事務所に備え置く必要があります（法45条の15第1項）。

　決議を省略した場合の記載事項は次のとおりです（規則2条の17第4項1号）。

① 　理事会の決議があったものとみなされた事項の内容
② 　①の事項の提案をした理事の氏名
③ 　理事会の決議があったものとみなされた日[※1]
④ 　議事録の作成に係る職務を行った理事の氏名[※2]

　　※1　全ての理事の同意の意思表示が法人に到達した日になります。
　　※2　特段の定めはありませんが、提案を行った理事になることが多いかと思われます。

指導監査のポイント

　1　指摘基準
　　① 　理事会の決議があったとみなされる場合に、理事全員の同意の意思
　　　表示及び監事が異議を述べていないことを示す書面又は電磁的記録が

287

ない場合
② 必要な理事全員の意思表示の書面又は電磁的記録が備え置かれていない場合
③ 議事録に必要事項が記載されていない場合
④ 必要な議事録が主たる事務所に備え置かれていない場合
⑤ 議案について特別な利害関係を有する理事が議決に加わっている場合
⑥ 議案について特別な利害関係を有する理事がいないことを法人が確認していない場合

2 着眼点
① 定款に、理事会の議案について、理事の全員の事前の同意の意思表示がある場合には理事会の決議を省略することは認められているため、この定めがあるときは、理事の全員の事前の同意の意思表示により、当該議案について理事会の決議があったものとみなされます。また、当該議案について監事が異議を述べたときは、決議要件を満たさないため、監事からも事前に同意の書面を徴収することが望ましいとされています。
② 理事全員の同意により理事会の決議を省略した場合は、理事会において実際の決議があったものではありませんが、次の事項を議事録に記載します。
ⅰ 理事会の決議があったものとみなされた事項の内容
ⅱ ⅰの事項を提案した理事の氏名
ⅲ 理事会の決議があったものとみなされた日
ⅳ 議事録の作成に係る職務を行った理事の氏名
③ 理事会は、法人の業務執行の決定等の法人運営に関する重要な決定を行うものであり、評議員や債権者が閲覧等を行えるようにするため、議事録については、理事会の日から10年間、書面又は電磁的記録を主たる事務所に備え置く必要があります。
④ 理事会の決議を省略した場合には、理事全員の同意の意思表示を記載若しくは記録した書面又は電磁的記録を、理事会の決議があったものとみなされた日から10年間、主たる事務所に備え置く必要がありま

第2章　理事・理事会

す。

⑤　指導監査を行うに当たっては、議事録に必要事項の記載があるか、議事録が主たる事務所に備え置かれているか、理事会の決議を省略した場合には理事全員の意思表示の書面又は電磁的記録が主たる事務所に備え置かれているかを確認します。

⑥　理事会の決議には、決議に特別の利害関係※を有する理事が加わることができません。

※　「特別の利害関係」とは、理事が、その決議について、法人に対する忠実義務を履行することが困難と認められる利害関係を意味するものであり、「特別の利害関係」がある場合としては、理事の競業取引や利益相反取引の承認や理事の損害賠償責任の一部免除の決議（法人の定款に規定がある場合に限る。）等の場合があります。

⑦　理事会の決議に特別の利害関係を有している理事が加わっていないかについての確認は法人において行われる必要があり、その確認が行われているかについて指導監査で確認します。この確認は原則として議事録で行うものですが、当該理事会の議案について特別の利害関係を有する場合には法人に申し出ることを定めた通知を発出した場合や、理事の職務の執行に関する法人の規程に、理事が理事会の決議事項と特別の利害関係を有する場合に届け出なければならないことを定めている場合は、個別の議案の議決の際に法人で改めてその確認を行う必要はなく、決議に利害関係を有する理事がいない場合には、議事録への記載も不要になります。

3　確認書類
①　定款
②　理事会議事録
③　理事全員の同意の意思表示を記した書類
④　理事全員の同意の意思表示及び監事が異議を述べていないことを示す書面又は電磁的記録
⑤　理事の職務の執行に関する規程
（注）　指導監査ガイドラインに記載はありませんが、上記着眼点の記載からすれば、招集通知などの法人が決議に特別の利害関係を有する理事がいるかを確認した書類も確認書類になると考えられます。

実務のポイント

　理事会の決議を省略する場合、特別の利害関係を有する理事は『当該提案について議決に加わることができる理事』ではありませんので、同意の意思表示をすべき理事には含まれません。そのため、指導監査との関係では、提案事項について特別の利害関係を有するか否かを法人として確認した方が無難であると解されます。そして、実務上は、次のような方法で確認することが考えられます。

　① 　提案書と併せて、特別の利害関係を有する場合には法人に申し出ることを通知する方法（次頁の提案書作成例参照）

　② 　理事の職務の執行に関する法人の規程で、理事が特別の利害関係を有する場合には届け出なければならないことを定める方法

第2章　理事・理事会

［理事会の決議の省略　提案書　作成例］

平成○年○月○日

各理事　様

社会福祉法人○○会
理事長　○○○○

提　案　書

拝啓　ますますご清栄のこととお慶び申し上げます。
　さて、理事会の目的である事項につきまして、社会福祉法第45条の14第9項が準用する一般社団法人及び一般財団法人に関する法律第96条及び定款第○条の規定に基づき、理事会を開催することなく、提案事項につき決議の省略を行いたいと存じます。
　つきましては、下記「提案事項」にご同意いただける場合は、別添「同意書」に署名押印の上、ご返送くださいますようお願い申し上げます。

記

1　提案事項
　　第1号議案　評議員会の招集事項を以下のとおり定める。
　（1）開催日時及び開催場所
　　　　決議の省略の方法により行う。
　（2）議題
　　　　理事1名選任の件
　（3）議案の概要
　　　　○○○○氏を理事候補者とする議案を評議員会に提案する。
　　　　（同氏の略歴は別添の議案書をご確認ください。）

2　同意書の送付について
　　平成○年○月○日までにご返送くださいますようお願いいたします。
　　なお、提案事項について特別の利害関係を有する場合は、決議の省略に加わることができないとされておりますので、同意書の提出に代えて、その旨をご連絡ください。

3　返送先
　　社会福祉法人○○会　法人本部（担当　○○）
　　〒○○○─○○○○
　　住所　・・・・・・・・
　　電話　・・・・・・・・

（東京都福祉保健局：「改正社会福祉法に対応した法人運営に関する講習会」資料）

［理事会の決議の省略　同意書　作成例］

社会福祉法人○○会
　理事長　○○○○　殿

同　意　書

　私は、平成○年○月○日付提案書により貴殿から提案のありました下記の事項について、社会福祉法第 45 条の 14 第 9 項が準用する一般社団法人及び一般財団法人に関する法律第 96 条及び定款第○条の規定に従って、書面により、当該提案を可決する旨の理事会の決議があったものとみなすことに同意いたします。

記

提案事項
第 1 号議案　評議員会の招集事項を以下のとおり定める。
（1）開催日時及び開催場所
　　　決議の省略の方法により行う。
（2）議題
　　　理事 1 名選任の件
（3）議案の概要
　　　○○○○氏を理事候補者とする議案を評議員会に提案する。

以　上

平成　　年　　月　　日

理事　　　　　　　　　　　　印

（東京都福祉保健局：「改正社会福祉法に対応した法人運営に関する講習会」資料）

第２章　理事・理事会

［理事会の決議の省略　監事に対する異議の確認依頼書　作成例］

平成〇年〇月〇日

各監事　様

社会福祉法人〇〇会
理事長　〇〇〇〇

理事会決議の省略に係る異議の確認について

拝啓　ますますご清栄のこととお慶び申し上げます。
　さて、理事会の目的である事項につきまして、社会福祉法第45条の14第9項が準用する一般社団法人及び一般財団法人に関する法律第96条及び定款第〇条の規定に基づき、理事会を開催することなく、提案事項につき決議の省略を行いたいと存じます。
　つきましては、下記「提案事項」につき監事の皆様に異議の有無を確認したく、異議がない場合は、別添「確認書」に署名押印の上、ご返送くださいますようお願い申し上げます。

記

1　提案事項
　　第１号議案　評議員会の招集事項を以下のとおり定める。
　　（１）開催日時及び開催場所
　　　　　決議の省略の方法により行う。
　　（２）議題
　　　　　理事１名選任の件
　　（３）議案の概要
　　　　　〇〇〇〇氏を理事候補者とする議案を評議員会に提案する。
　　　　　（同氏の略歴は別添の議案書をご確認ください。）

2　確認書の送付について
　　平成〇年〇月〇日までにご返送くださいますようお願いいたします。

3　返送先
　　社会福祉法人〇〇会　法人本部（担当　〇〇）
　　〒
　　住所
　　電話

（東京都福祉保健局：「改正社会福祉法に対応した法人運営に関する講習会」資料）

［理事会の決議の省略　監事の確認書　作成例］

社会福祉法人〇〇会
　理事長　〇〇〇〇　殿

確　認　書

　私は、平成〇年〇月〇日付依頼書により貴殿から異議の確認依頼がありました下記
の提案事項に係る理事会決議の省略について、異議がないことを確認いたします。

記

提案事項
第1号議案　評議員会の招集事項を以下のとおり定める。
（1）開催日時及び開催場所
　　　決議の省略の方法により行う。
（2）議題
　　　理事1名選任の件
（3）議案の概要
　　　〇〇〇〇氏を理事候補者とする議案を評議員会に提案する。

以　上

平成　　年　　月　　日

監事　　　　　　　　　　印

（東京都福祉保健局：「改正社会福祉法に対応した法人運営に関する講習会」資料）

294

第２章　理事・理事会

［理事会の決議の省略　議事録　作成例］

社会福祉法人○○会　理事会議事録

　平成○年○月○日、理事長○○○○が、理事の全員に対して理事会の決議の目的である事項について下記の内容の提案書を発し、また、監事の全員に対して当該提案に対する異議の有無を確認する依頼書を発したところ、当該提案につき、理事の全員から書面により同意の意思表示を得るとともに、監事の全員から書面により異議を述べない旨の回答を得たので、社会福祉法第45条の14第9項が準用する一般社団法人及び一般財団法人に関する法律第96条及び定款第○条に基づく理事会の決議の省略により、当該提案を可決する旨の理事会の決議があったものとみなされた。理事会の決議があったものとみなされた事項を明確にするため、本議事録を作成し、議事録作成者が記名押印する。

記

1　理事会の決議があったものとみなされた事項の内容
　　第1号議案　評議員会の招集事項を以下のとおり定める。
　（1）開催日時及び開催場所
　　　　決議の省略の方法により行う。
　（2）議題
　　　　理事1名選任の件
　（3）議案
　　　　○○○○氏を理事候補者とする議案を評議員会に提案する。（別添議案書のとおり）

2　理事会の決議があったものとみなされた事項を提案した者の氏名
　　理事長　　○○○○

3　理事会の決議があったものとみなされた日
　　平成○年○月○日
　　理事の全員（○名）の同意書及び監事の全員（○名）の確認書は別添のとおり。
　　なお、提案した事項について特別の利害関係を有する理事はいなかった。

4　理事会議事録の作成に係る職務を行った者の氏名
　　理事長　　○○○○

平成○年○月○日

議事録作成者
理事長　　○○○○　　㊞

（東京都福祉保健局：「改正社会福祉法に対応した法人運営に関する講習会」資料）

理事会の議長

理事会の議長は決める必要がありますか。決める場合にはどのように決めればよいでしょうか。

法令上は議長を定める必要はありませんが、運営上は定めるべきと考えられます。
選定方法についても法令上の定めはありませんが、①定款で定める、②理事会運営規則等で定める又は③理事の互選により定めることになると考えられます。

解説
1 議長の要否
　法には理事会の議長に関する規定はなく、議長を定めることは求められていません（規則2条の17第3項8号では「議長が存するときは、議長の氏名」を議事録に記載することとされていますので、議長がいる場合といない場合が想定されています。)。したがって、議長を定めずに理事会の決議を行っても法令上問題になることはありません。
　しかし、理事会の運営上は、議長がいる方が議事進行などをスムーズに行えるため、実務上は議長を定める例が大半になろうかと思います。

2 議長の選出方法
　議長の選出方法についても法令の定めはありませんが、実務上は次の方法により議長を選出することになろうかと思います。
　① 定款で定める
　　定款に「理事会の議長は、理事長とする。」などと規定することになります。
　② 理事会運営規則等で定める
　　理事会の運営に関する規則を制定し、その規則の中で議長を定めることもできます。
　③ 理事の互選で選出する
　　定款及び規則で定めを置かない場合には、理事の互選により選出することができます。

第2章　理事・理事会

指導監査のポイント

1　指摘基準
　　議事録に必要事項が記載されていない場合

2　着眼点
　①　理事会は、法人の業務執行の決定等を決議により行う重要な機関であり、その決議の内容については、適切に記録される必要があるため、法令により議事録の内容及び作成手続が定められています。
　②　議事録の記載事項は、次のとおりです。(抜粋)
　　 i 　議長の氏名（議長が存する場合）

3　確認書類
　　理事会の議事録

実務のポイント

　議長の選出方法として、上記2①又は②の方法により議長を定める場合には、あらかじめ定めた議長に事故あるとき又は欠けたときのため、次順位で議長になるものを定めておくか、互選で選出する旨を定めておくと運営に支障が生じないでしょう。

297

理事会の議長の議決権

理事を理事会の議長として定めた場合、議長が議決権を行使する際に注意すべきことはありますか。

厚生労働省は、議長の議決権は可否同数のときの決定権として行使されることとなり、可否同数のときより前の議決はできないとしています。

これに対し、私見としては、議長も他の理事と同様に議決権を行使することができると考えています。その場合には『可否同数の際には議長の決するところによる』との定款又は内規の定めは認められないと解されます。

解説

理事を理事会の議長として定めた場合、議長が議決権を行使する際に、他の理事と異なる規定があるのかが問題となります。

1　厚生労働省の見解

社会福祉法においては、議長の議決権行使に関する規定は存在していませんが、厚生労働省は次の見解を示しています。

（厚生労働省Q&A）
問　評議員会及び理事会において議長を置くことや、議長となった者の議決権の行使について、定款に規定しても差し支えありませんか。
答　可能です。ただし、議長の議決権は可否同数のときの決定権として行使されることとなり、それより前に行使することは二重の投票権を有する結果にもなり、不都合な事態を招きます。そのため、可否同数のときより前の議決はできないことに留意することが必要です。

この見解によれば、原則として議長は議決権を行使することができず、議決の結果、可否が同数だった場合に限り議決権を行使することができることになります。具体的には、理事6名の法人で5名が出席した理事会において、議長を除く4名が可否同数（賛成2名、反対2名）だった場合に初めて議長は賛成か反対かの議決権を行使できることになります。

298

第2章　理事・理事会

2　私見

　厚生労働省の上記見解とは異なり、筆者は、議長たる理事も他の理事と同様に議決権を行使することができると解しています。

　確かに厚生労働省の見解と同じ立場の定めは他の法律では存在しています。例えば、地方自治法においては「普通地方公共団体の議会の議事は、出席議員の過半数でこれを決し、可否同数のときは、議長の決するところによる。」（地方自治法116条1項）、「前項の場合においては、議長は、議員として議決に加わる権利を有しない。」（同条2項）と規定されています。また、中小企業等協同組合法においても「総会の議事は、この法律又は定款若しくは規約に特別の定めがある場合を除いて、出席者の議決権の過半数で決し、可否同数のときは、議長の決するところによる。」（中小企業等協同組合法52条1項）、「議長は、組合員として総会の議決に加わる権利を有しない。」（同条3項）と規定されています。

　一方、社会福祉法には上記のような規定は存在していません。そして、会社法においても同様の規定は存在していないところ、会社法において、議長は議決権を行使することができると解されています。また、厚生労働省の見解に従う場合、次のような場面で不都合が生じることになります。

① 　理事6名の法人で、理事6名が出席した理事会において、議長を除く5名が賛成3名、反対2名だった場合

　　この場合、法令上決議をする際に必要な賛成数は、出席者6名の過半数である4名となります。しかし、議長を除いた決議では賛成3名であるところ、反対は2名であるから可否同数に該当しませんので、議長は議決権を行使することができないまま否決されることになります。もし議長が賛成を投じるつもりであれば、議長を含めると出席者の過半数である4名の賛成が得られるため可決となります。この場合、議長を含めた出席理事の過半数が賛成しているにもかかわらず、否決されるという結論になります。

② 　決議要件を定款で加重している場合

　　この場合には、議長を除いた議決で可否同数になった時点で、議長が議決権を賛否のいずれで行使したとしても否決という結論になる場合があります。そのため、事実上議長が議決権を行使することはできず、むしろ議決権行使を認めるべき場面である議長の1票によって賛否が分かれうる場合（賛成があと1票あれば可決になる場合）には、可否同数ではないため議決権が行使できないことも考えられます。また、もし厚生労働省の見解が議決権の行使ではなく、決定権を議長が有すると解するのであれば（厚生労働省Q&

299

Aでは、議長の議決権は可否同数のときの「決定権」として行使されるという表現になっています。)、決議要件の緩和に他なりませんので、法45条の14第4項に違反すると解されます。

　以上からすれば、上記のように議長が議決権を有しないとする法令上の根拠条文がある場合はさておき、そのような規定がない社会福祉法において、議長が議決権を有しない又は行使できないとする解釈には理由がないように考えられます。そのため、理事を議長として定めた場合であっても、当該議長は他の理事と同様、議決権を行使することができると解されます。

　なお、私見による場合、議長は最初の議決時に既に議決権を行使していますので、『可否同数の際には議長の決するところによる』との定款又は内規の定めは、実質的には議長に2つの議決権行使を認めることとなり、ひいては法定決議要件の緩和になるため、法45条の14第4項に違反し許されないと解されます。ただし、最初の議決の際に、議長が任意に議決権行使を留保した上で決議をとり、可否同数の場合に議長の議決権を行使するという運用については、議長の最初の議決権行使を制限するものではなく、議長に2つの議決権を与えるものでもないため、許容されるものと解されます。

指導監査のポイント

1　指摘基準

　成立した決議について、法令又は定款に定める定足数又は賛成数が不足していた場合

2　着眼点

　理事会の決議は、必要な数の理事が出席し、必要な数の賛成をもって行われる必要があります。法律上、決議に必要な出席者数（定足数）は議決に加わることのできる理事の過半数であり、決議に必要な賛成数は出席した理事の過半数ですが、定足数及び賛成数は定款の相対的記載事項であり、定款に過半数を超える割合を定めた場合には、その割合となります。なお、定款においては、特定の議案に関する決議について、過半数を超える割合とすることを定めることもできるとされています。

第2章　理事・理事会

3　確認書類
　①　定款
　②　理事会の議事録

特別利害関係理事

決議について特別な利害関係を有する理事について教えてください。

特別利害関係理事は、理事会の定足数に含まれず、議決権を有しません。特別の利害関係とは、特定の理事が、当該決議について、法人に対する忠実義務を誠実に履行することが定型的に困難と認められる個人的利害関係ないしは法人外の利害関係を意味すると解され、特別の利害関係の有無は決議ごとに個別に判断する必要があります。

解説
1　特別の利害関係とは

決議について特別の利害関係を有する理事（以下「特別利害関係理事」といいます。）は、理事会の定足数に含まれず、議決権を有しません（法45条の14第4項、5項）。

同様の規定が会社法にも存在するところ（会社法369条）、社会福祉法人の理事類似の機関である取締役について議決権行使が排除されるという事前予防措置がとられている理由は、取締役が会社のために忠実に職務を執行する義務を負っていること（会社法355条）の表れであり（江頭憲治郎『株式会社法（第7版）』421頁（有斐閣、2017））、会社法上の特別の利害関係とは、特定の取締役が、当該決議について、会社に対する忠実義務を誠実に履行することが定型的に困難と認められる個人的利害関係ないしは会社外の利害関係を意味すると解されています（落合誠一『会社法コンメンタール8（初版）』292頁（商事法務、2009））。

社会福祉法人の理事についても、株式会社の取締役と同様に法人のために忠実に職務を執行する義務を負っているため（法45条の16第1項）、上記の解釈が当てはまるものと考えられます。そのため、社会福祉法上の特別の利害関係とは、特定の理事が、当該決議について、法人に対する忠実義務を誠実に履行することが定型的に困難と認められる個人的利害関係ないしは法人外の利害関係を意味すると解されます。

2　特別利害関係理事に該当する例

特別利害関係理事に該当する代表的な例は次のとおりですが、特別利害関係理

第2章　理事・理事会

事に該当する場合は、これらに限られませんので、事案に応じて、特別利害関係の有無を適切に判断していく必要があります。

① 利益相反取引の承認決議における取引を行う理事
② 競業取引の承認決議における競業を行う理事
③ 理事長解職の決議における当該理事長
④ 法人に対する責任の一部免除の決議における対象となる理事

3　特別利害関係理事の有無の確認

　指導監査ガイドラインによれば、理事会の決議に特別の利害関係を有している理事が加わっていないかについて確認する必要があるとされています。そのため、法人としては指導監査ガイドラインに記載のある次のいずれかの方法等により特別利害関係理事の有無を確認することになります。

① 理事会の場で特別利害関係理事の有無を確認し、議事録に記載する
② 当該理事会の議案について特別の利害関係を有する場合には法人に申し出ることを定めた通知を発出する
③ 理事の職務の執行に関する法人の規程に、理事が理事会の決議事項と特別の利害関係を有する場合に届け出なければならないことを定める

指導監査のポイント

　1　指摘基準
　　① 議案について特別な利害関係を有する理事が議決に加わっている場合
　　② 議案について特別な利害関係を有する理事がいないことを法人が確認していない場合

　2　着眼点
　　① 理事会の決議には、決議に特別の利害関係※を有する理事が加わることができません。
　　※ 「特別の利害関係」とは、理事が、その決議について、法人に対する忠実義務を履行することが困難と認められる利害関係を意味するものであり、「特別の利害関係」がある場合としては、理事の競業取引や利益相反取引の承認や理事の損害賠償責任の一部免除の決議（法人の定款に規定がある場合に限る。）等の場合があります。

303

② 理事会の決議に特別の利害関係を有している理事が加わっていない
かについての確認は法人において行われる必要があり、その確認が行
われているかについて指導監査で確認します。この確認は原則として
議事録で行うものですが、当該理事会の議案について特別の利害関係
を有する場合には法人に申し出ることを定めた通知を発出した場合
や、理事の職務の執行に関する法人の規程に、理事が理事会の決議事
項と特別の利害関係を有する場合に届け出なければならないことを定
めている場合は、個別の議案の議決の際に法人で改めてその確認を行
う必要はなく、決議に利害関係を有する理事がいない場合には、議事
録への記載も不要になります。

3 確認書類
① 理事会の議事録
② 理事の職務の執行に関する規程
（注） 指導監査ガイドラインに記載はありませんが、上記着眼点の記載から
すれば、法人に申し出ることを定めた通知などの法人が決議に特別の利
害関係を有する理事がいるかを確認した書類も確認書類になると考えら
れます。

第２章　理事・理事会

［決算理事会（定時評議員会前）招集通知　作成例］

平成○年○月○日

各理事
各監事 } 様

社会福祉法人○○会
理事長　○○○○

第○回理事会の開催について

拝啓　ますますご清栄のこととお喜び申し上げます。
　　さて、第○回理事会を下記により開催いたしますので、ご多忙中誠に恐縮ですが、
ご出席くださいますようお願いいたします。
　　なお、社会福祉法第45条の14第5項の規定により、決議事項に特別の利害関係を
有する理事は決議に加わることができないこととなっているため、今回審議する議案
に該当するものがございましたら、別紙出欠票の該当欄に「○」をお付けいただき、
ＦＡＸ又は郵送にてご返信くださいますよう、お願いいたします。

記

1　日時
　　平成○年○月○日（○曜日）　○時○分から○時○分まで（予定）

2　場所
　　○○区○○一丁目○番○号　社会福祉法人○○会法人本部　会議室

3　議題・議案
　（1）決議事項（議案書は別添のとおりです）
　　　　第1号議案　平成○年度事業報告及び平成○年度計算書類等の承認の件
　　　　第2号議案　次期役員候補者の件
　　　　第3号議案　役員の報酬額（案）及び役員等報酬規程（案）の件
　　　　第4号議案　定款変更の件
　　　　第5号議案　定時評議員会の招集の件
　（2）報告事項
　　　　理事長及び常務理事の職務執行状況の報告

4　事務局連絡先
　　社会福祉法人○○会　法人本部（担当　○○）
　　〒○○○○－○○○○
　　住所　・・・・・・・・・・・・・
　　電話　・・・・・・・・・・・・・
　　ＦＡＸ　・・・・・・・・・・・・

（東京都福祉保健局：「改正社会福祉法に対応した法人運営に関する講習会」資料）

第○回社会福祉法人○○会理事会

出欠票

（FAX　○○-○○○○-○○○○）

社会福祉法人○○会理事長　殿

　平成○年○月○日（○曜日）開催の、第○回社会福祉法人○○会の理事会に

出席　・　欠席

します。

（ご欠席の場合、欠席理由を
備考欄にご記入ください。）

各決議事項に係る特別の利害関係については、下記のとおりです。

決議事項	特別の利害関係の有無
第1号議案 　平成○年度事業報告及び平成○年度 　計算書類等の承認の件	有　・　無
第2号議案 　次期役員候補者の件	有　・　無
第3号議案 　役員の報酬額（案）及び役員等報酬 　規程（案）の件	有　・　無
第4号議案 　定款変更の件	有　・　無
第5号議案 　定時評議員会の招集の件	有　・　無

氏名　　　　　　　　　　　　　　　　　　　㊞

住所

【備考欄・ご意見欄】

（東京都福祉保健局：「改正社会福祉法に対応した法人運営に関する講習会」資料）

第2章　理事・理事会

［決算理事会（定時評議員会前）議事録　作成例］

社会福祉法人○○会　第○回理事会議事録

1　開催日時　平成○年○月○日（○曜日）　　午後○時○分から午後○時○分まで

2　開催場所　社会福祉法人○○会法人本部　会議室

3　出席者
　　理事（6名）　○○○○　○○○○　○○○　○○○○　○○○○　○○○○
　　監事（2名）　○○○○　○○○○
　　事務局（3名）　事務局長　○○○○　特別養護老人ホーム○○施設長　○○○
　　　　　　　　　　○○保育園園長　○○○○

4　欠席者
　　なし

5　議長
　　理事長　○○○○

6　決議に特別の利害関係を有する理事　該当者なし

7　議題
（1）決議事項
　　第1号議案　平成○年度事業報告及び平成○年度計算書類等の承認の件
　　第2号議案　次期役員候補者の件
　　第3号議案　役員の報酬額（案）及び役員等報酬規程（案）の件
　　第4号議案　定款変更の件
　　第5号議案　定時評議員会の招集の件
（2）報告事項
　　理事長及び常務理事の職務執行状況の報告

8　理事会の議事の経過の要領及びその結果
　　午後○時○分、理事総数6名のところ、6名の出席により理事会が成立していることを確認後、○○事務局長が開会を告げた。その後、出席理事の互選により議長の選出を行い、○○理事長が議長に就任した。
　　また、事務局より、理事会の招集通知において、決議事項に特別の利害関係を有する理事が存するかを確認した結果、本日の議案について該当する理事はいない旨が報告された。

307

（1）第1号議案　平成〇年度事業報告及び平成〇年度計算書類等の承認の件
　　　平成〇年度事業報告書（案）及び平成〇年度決算報告書（計算書類・財産目録・決算附属明細書）（案）について、〇〇常務理事及び事務局から説明があった。また、監事監査報告書に基づき、監事監査の結果について、〇〇監事及び〇〇監事から説明があった。
　　〇〇議長　　それでは、本件に関しご意見、ご質問等はございませんか。
　　〇〇理事　　・・・・・・・・・・・
　　〇〇監事　　・・・・・・・・・・・
　　〇〇議長　　その他にご意見、ご質問等はございませんか。ないようでしたら、お諮りしたいと存じます。第1号議案について、承認ということでよろしいでしょうか。
　　　　　　　　　　　（異議なしとの声あり）
　　〇〇議長　　本件は原案のとおり議決されたものと認めます。

（2）第2号議案　次期役員候補者の件
　　　事務局より、評議員会に諮る議案として、議案資料「次期役員候補者名簿（案）」に基づき説明があり、事務局案として、理事5名と監事2名を重任とし、理事1名を新任の候補者としたこと及び新任の理事候補者〇〇〇〇氏の経歴について説明があった。
　　　また、事務局より、監事の選任に関する議案については現監事の過半数以上の同意が必要とされている旨を説明したところ、〇〇監事及び〇〇監事から、議案資料の監事候補者に同意する旨の発言があった。

　　〇〇議長　　それでは、本件に関しご意見、ご質問等はございませんか。
　　〇〇理事　　・・・・・・・・・・・
　　〇〇議長　　その他にご意見、ご質問等はございませんか。ないようでしたら、お諮りしたいと存じます。第2号議案について、承認ということでよろしいでしょうか。
　　　　　　　　　　　（異議なしとの声あり）
　　〇〇議長　　本件は原案のとおり議決されたものと認めます。

（3）第3号議案　役員の報酬額（案）及び役員等報酬規程（案）の件
　　　事務局より、評議員会に諮る議案として、「理事及び監事の報酬総額（案）」及び「役員等報酬規程（案）」の説明があった。
　　〇〇議長　　それでは、本件に関しご意見、ご質問等はございませんか。
　　〇〇理事　　報酬規程の他に、理事及び監事の報酬額を定めなければならないのか。
　　事務局　　　社会福祉法の改正により、理事及び監事の報酬は、定款又は評議員会の決議で定めることとされ、また、報酬額の定めとは別に、報酬の支給基準、いわゆる役員報酬規程について評議員会の承認を得るものと定められております。
　　　　　　　　評議員会による報酬額の決議と、役員報酬規程の承認との違いにつ

第2章　理事・理事会

いてですが、厚生労働省の作成した定款例では、「理事及び評議員に
対して、評議員会において別に定める総額の範囲内で、評議員会にお
いて別に定める報酬等の支給の基準に従って算定した額を報酬等と
して支給することができる」と定められており、当法人の定款にも同
様の規定がございます。これは、評議員会による決議で、まず各年度
の報酬支給額の上限を定めて頂いた上で、役員の皆様の業務に対して
支給する具体的な報酬金額、例えば非常勤理事の理事会の出席につい
て1回〇円、常勤の理事長については月額〇円といった形で、報酬規
程により評議員会の承認を得ることとなります。
　　　　　　　　なお、厚生労働省が示した指導監査ガイドラインにおいても、「①
の報酬等の額の定めと②の報酬等の支給基準は、報酬等の有無にかか
わらず、必ず両方を規定する必要があることに留意する必要がある」
とされています。
〇〇議長　　　その他にご意見、ご質問等はございませんか。ないようでしたら、
お諮りしたいと存じます。第3号議案について、承認ということで
よろしいでしょうか。
　　　　　　　　　　　（異議なしとの声あり）
〇〇議長　　　本件は原案のとおり議決されたものと認めます。

（4）第4号議案　定款変更の件
　　事務局より、評議員会に諮る議案として、議案資料「定款変更認可申請書（案）」
により、平成〇年〇月〇日の第〇回理事会において承認された新規事業である〇
〇事業を追加する定款変更について説明があった。
〇〇議長　　　それでは、本件に関しご意見、ご質問等はございませんか。
〇〇議長　　　ご質問等がないようでしたら、お諮りしたいと存じます。第4号
議案について、承認ということでよろしいでしょうか。
　　　　　　　　　　　（異議なしとの声あり）
〇〇議長　　　本件は原案のとおり議決されたものと認めます。

（5）第5号議案　定時評議員会の招集の件
　　事務局より、議案資料「第〇回評議員会招集通知（案）」に基づき、事務局案
として、評議員会を下記のとおり開催したい旨の説明があった。

　　　　日時　平成〇年〇月〇日（〇曜日）　〇時〇分から〇時〇分まで（予定）
　　　　場所　〇〇区〇〇一丁目〇番〇号　社会福祉法人〇〇会法人本部　会議室
　　　　議題　報告事項
　　　　　　（1）平成〇年度事業報告の件
　　　　　　決議事項
　　　　　　（1）平成〇年度計算書類・財産目録の承認の件
　　　　　　（2）理事6名及び監事2名の選任の件
　　　　　　（3）役員の報酬額決定及び役員等報酬規程の承認の件
　　　　　　（4）定款変更の件

309

議案の概要　本理事会の第1号議案（計算書類及び財産目録の部分に限る。）、第2号議案、第3号議案及び第4号議案のとおり

　〇〇議長　　それでは、本件に関しご意見、ご質問等はございませんか。
　　　　　　　ご意見等がないようでしたら、お諮りしたいと存じます。第5号議案について、承認ということでよろしいでしょうか。
　　　　　　　　　　　（異議なしとの声あり）
　〇〇議長　　本件は原案のとおり議決されたものと認めます。

（6）理事長及び常務理事の職務執行状況の報告
　　理事会への報告事項として、報告資料に基づき、〇〇理事長及び〇〇常務理事から、それぞれの担当職務の執行状況について説明があった。
　〇〇議長　　職務執行状況の報告につきまして、ご意見、ご質問等はございませんか。
　〇〇理事　　・・・・・・・・
　〇〇議長　　その他にご意見、ご質問等はございませんか。よろしいでしょうか。
　　　　　　　それでは、報告事項につきましては、理事会として了承されたものとさせていただきます。
　　　　　　　本日の議題は全て終了しました。これをもちまして、本日の理事会を閉会させていただきたいと存じます。本日はありがとうございました。

平成〇年〇月〇日

議事録署名人

理事長　〇〇〇〇　㊞

監事　〇〇〇〇　㊞

監事　〇〇〇〇　㊞

（東京都福祉保健局：「改正社会福祉法に対応した法人運営に関する講習会」資料）

第2章　理事・理事会

理事会の議長と特別利害関係理事

決議について特別な利害関係を有する理事は、理事会の議長になることができますか。

明文の規定はありませんが、議長になれないと解されます。

解説

　決議について特別な利害関係を有する理事は定足数に含まれず、議決権を有しないことは明らかですが（法45条の14第4項、5項）、理事会の議長になれるか否かについては明文の規定がありません。
　そのため、解釈によることとなりますが、議事進行が公正に行われるのであれば議長になっても問題ないと考えることもできなくはありません。
　しかし、社会福祉法人の理事会類似の機関である株式会社の取締役会に関する裁判例においては、「会議体の議長は議決権を有する当該構成員が務めるべきであるし、取締役会の議事を主宰して、その進行、整理にあたる議長の権限行使は、審議の過程全体に影響を及ぼしかねず、その態様いかんによっては、不公正な議事を導き出す可能性も否定できないのであるから、特別利害関係人として議決権を失い取締役会から排除される当該代表取締役は、当該決議に関し、議長としての権限も当然に喪失するものとみるべきである」（東京地判平成2年4月20日判時1350号138頁）とされています。
　特別な利害関係を有する理事に関する規定は、株式会社における規定と趣旨を同じくするものであり、上記裁判例の考え方は社会福祉法人の理事会にも当てはまるものと考えられます。
　そのため、決議について特別な利害関係を有する理事は、理事会の議長にはなれないと解されます。

311

理事及び監事以外の者が理事会に出席することの可否

Q100 理事及び監事以外の者、具体的には法人職員や顧問弁護士などが理事会に出席することは問題ありませんか。

原則として、理事及び監事以外の者が当然に出席できるとは解されません。ただし、業務の説明などを行う職員については、理事から特段の異議がない限り出席できると解されます。また、それ以外の第三者については、理事会の冒頭に出席してよいかの決議を経る必要があると解されます。

解説

1 理事会に当然に出席できる者

理事会は理事を構成員とした会議体ですので、理事は構成員として当然に出席することができます。

また、監事については理事会への出席義務があると考えられていますので（法45条の18第3項、一般法人法101条1項）、出席することができます。

2 理事及び監事以外の者

それでは、理事及び監事以外の者は出席できるのでしょうか。この点については、法令上何の規定もありませんので、解釈に委ねられます。

会議体の一般原則として、会議に当然に出席できる者は、構成員及び出席が明文で認められている者に限られると考えられます。一方で、会議体の構成員が出席を認めた者の出席まで排斥する理由はありませんので、理事が出席を認めた者は出席できると解されます。また、法人職員が説明等のために出席する必要性は高いように思われます。

そこで、理事及び監事以外の者については次のように整理されるべきと考えます。

① 業務の説明等を行う法人職員

理事会において、理事から特段の異議（退席を求める意見）がない限りは、理事会に出席できると考えられます。ここでのポイントは、理事から異議があった場合には、退席する必要があるという点になります。

第 2 章　理事・理事会

② 顧問弁護士、理事等が連れてきた者などの法人職員以外の第三者

　これらの者については、①の職員のような一般的な出席の必要性が見出しがたく、出席の可否についてはより慎重な手続を踏むべきであり、理事会の冒頭で出席の可否について積極的に決議を経るべきと考えます。したがって、同決議で出席に異議がない場合に限って、出席できるものと考えられます。

　①との違いは、出席の可否について積極的な決議を要する点であり、その結果、異議（退席を求める意見）がある場合には、退席しなくてはならないのは①と同様です。

313

理事会議事録の記載事項

 理事会の議事録の記載事項を教えてください。

 理事会議事録の記載事項は法令で定められていますので解説で確認してください。

解説
1 議事録作成義務

理事会の議事については、「厚生労働省令で定めるところにより、議事録を作成し」なければならないとされているため、理事会が開催された場合には、必ず議事録を書面又は電磁的記録をもって作成する必要があります（法45条の14第6項、規則2条の17第2項）。

2 記載事項

議事録に記載しなくてはならない事項は次のとおりです（規則2条の17第3項）。
　① 理事会が開催された日時及び場所（当該場所に存しない理事、監事又は会計監査人が理事会に出席した場合における当該出席の方法を含む。）
　② 理事会が次に掲げるいずれかのものに該当するときは、その旨
　　ⅰ 招集権者がいる場合に招集権者以外の理事の請求を受けて招集されたもの
　　ⅱ ⅰの請求により招集されないためその請求した理事が招集したもの
　　ⅲ 理事会への報告義務による監事の請求を受けて招集されたもの
　　ⅳ ⅲの請求により招集されないため監事が招集したもの
　③ 理事会の議事の経過の要領及びその結果
　④ 決議を要する事項について特別の利害関係を有する理事があるときは、当該理事の氏名
　⑤ 次に掲げる規定により理事会において述べられた意見又は発言があるときは、その意見又は発言の内容の概要
　　ⅰ 競業取引又は利益相反取引をした理事の取引後の当該取引についての重要な事実の報告

第2章　理事・理事会

　　ⅱ　監事の理事による不正の行為等の報告
　　ⅲ　出席監事の意見
⑥　議事録に署名し又は記名押印しなければならない者を当該理事会に出席した理事長とする定款の定めがあるときは、理事長以外の理事であって、理事会に出席したものの氏名
⑦　理事会に出席した会計監査人の氏名又は名称
⑧　理事会の議長が存するときは、議長の氏名

3　署名又は記名押印すべき者

　議事録を書面をもって作成する場合には、出席した理事（定款で出席した理事長とする定めがある場合には理事長）及び監事は、議事録に署名し、又は記名押印しなければなりません（法45条の14第6項）。

　なお、決議を省略した場合については、会議に出席した理事及び監事はいませんので、出席理事及び監事の署名又は記名押印は不要であると解されますが、議事録の真正を担保する意味で、議事録の作成に係る職務を行った理事が署名又は記名押印することも考えられます。

4　決議の省略をした場合の議事録の記載事項

　理事会の決議を省略した場合であっても、議事録の作成義務はあります。ただし、その場合の記載事項は、上記の決議が行われた場合と異なりますので、注意が必要です。

　決議を省略した場合の記載事項は次のとおりです（規則2条の17第4項1号）。

①　理事会の決議があったものとみなされた事項の内容
②　①の事項の提案をした理事の氏名
③　理事会の決議があったものとみなされた日[※1]
④　議事録の作成に係る職務を行った理事の氏名[※2]
　　※1　全ての理事の同意の意思表示が法人に到達した日になります。
　　※2　特段の定めはありませんが、提案を行った理事になることが多いかと思われます。

指導監査のポイント
　1　指摘基準
　　①　議事録に必要事項が記載されていない場合

315

② 議事録に議事録署名人の署名等がない場合

2 着眼点
① 理事会は、法人の業務執行の決定等を決議により行う重要な機関であり、その決議の内容については、適切に記録される必要があるため、法令により議事録の内容及び作成手続が定められています。
② 議事録の記載事項は、次のとおりです。
  i 理事会が開催された日時及び場所（当該場所に存しない理事、監事又は会計監査人が理事会に出席した場合における当該出席の方法（例：テレビ会議）を含む。）
  ii 理事会が次に掲げるいずれかに該当するときは、その旨
    ア 招集権者以外の理事が招集を請求したことにより招集されたもの
    イ 招集権者以外の理事が招集したもの
    ウ 監事が招集を請求したことにより招集されたもの
    エ 監事が招集したもの
  iii 理事会の議事の経過の要領及びその結果
    なお、理事会の決議に参加した理事であって、議事録に異議をとどめないものは、その決議に賛成したものと推定されることから、議事録においては、決議に関する各理事の賛否について正確に記録される必要があります。
  iv 決議を要する事項について特別の利害関係を有する理事があるときは、当該理事の氏名
  v 次に掲げる規定により理事会において述べられた意見又は発言があるときは、その意見又は発言の内容の概要
    ア 競業又は利益相反取引を行った理事による報告
    イ 理事が不正の行為をし、若しくは当該行為をするおそれがあると認めるとき、又は法令若しくは定款に違反する事実若しくは著しく不当な事実があると認めるときの監事の報告
    ウ 理事会において、監事が必要があると認めた場合に行う監事の意見
  vi 理事長が定款の定めにより議事録署名人とされている場合の、理

第2章　理事・理事会

　　　　事長以外の出席した理事の氏名
　　ⅶ　理事会に出席した会計監査人の氏名又は名称（監査法人の場合）
　　ⅷ　議長の氏名（議長が存する場合）
③　議事録については、その真正性を確保するため、出席者の署名又は
　記名押印に関する規定が設けられています。法律上、出席した理事及
　び監事全員の署名又は記名押印が必要とされていますが、議事録署名
　人の範囲は定款の相対的記載事項であり、定款に定めることにより、
　理事全員ではなく理事長のみの署名又は記名押印で足りることとなり
　ます。なお、議事録は、書面又は電磁的記録により作成しますが、電
　磁的記録により作成する場合には、署名又は記名押印の代わりに電子
　署名をすることが必要です。
④　指導監査を行うに当たっては、議事録に必要事項の記載及び議事録
　署名人の署名等があるか、議事録が主たる事務所に備え置かれている
　か、理事会の議決を省略した場合には理事全員の意思表示の書面又は
　電磁的記録が主たる事務所に備え置かれているかを確認します。

3　確認書類
　①　定款
　②　理事会の議事録
　③　理事全員の同意の意思表示を記した書類

［決算理事会（定時評議員会前）議事録　作成例］

社会福祉法人〇〇会　第〇回理事会議事録

1　開催日時　平成〇年〇月〇日（〇曜日）　　午後〇時〇分から午後〇時〇分まで

2　開催場所　社会福祉法人〇〇会法人本部　会議室

3　出席者
　　理事（6名）　〇〇〇〇　〇〇〇〇　〇〇〇　〇〇〇〇　〇〇〇〇　〇〇〇〇
　　監事（2名）　〇〇〇〇　〇〇〇〇
　　事務局（3名）　事務局長　〇〇〇〇　特別養護老人ホーム〇〇施設長　〇〇〇
　　　　　　　　　〇〇保育園園長　〇〇〇〇

4　欠席者
　　なし

5　議長
　　理事長　〇〇〇〇

6　決議に特別の利害関係を有する理事　該当者なし

7　議題
（1）決議事項
　　　第1号議案　平成〇年度事業報告及び平成〇年度計算書類等の承認の件
　　　第2号議案　次期役員候補者の件
　　　第3号議案　役員の報酬額（案）及び役員等報酬規程（案）の件
　　　第4号議案　定款変更の件
　　　第5号議案　定時評議員会の招集の件
（2）報告事項
　　　理事長及び常務理事の職務執行状況の報告

8　理事会の議事の経過の要領及びその結果
　　午後〇時〇分、理事総数6名のところ、6名の出席により理事会が成立している
　ことを確認後、〇〇事務局長が開会を告げた。その後、出席理事の互選により議長
　の選出を行い、〇〇理事長が議長に就任した。
　　また、事務局より、理事会の招集通知において、決議事項に特別の利害関係を有
　する理事が存するかを確認した結果、本日の議案について該当する理事はいない旨
　が報告された。

第2章　理事・理事会

（1）第1号議案　平成〇年度事業報告及び平成〇年度計算書類等の承認の件
　　　平成〇年度事業報告書（案）及び平成〇年度決算報告書（計算書類・財産目録・決算附属明細書）（案）について、〇〇常務理事及び事務局から説明があった。また、監事監査報告書に基づき、監事監査の結果について、〇〇監事及び〇〇監事から説明があった。
　　〇〇議長　　それでは、本件に関しご意見、ご質問等はございませんか。
　　〇〇理事　　・・・・・・・・・・
　　〇〇監事　　・・・・・・・・・・
　　〇〇議長　　その他にご意見、ご質問等はございませんか。ないようでしたら、お諮りしたいと存じます。第1号議案について、承認ということでよろしいでしょうか。
　　　　　　　　　　　（異議なしとの声あり）
　　〇〇議長　　本件は原案のとおり議決されたものと認めます。

（2）第2号議案　次期役員候補者の件
　　　事務局より、評議員会に諮る議案として、議案資料「次期役員候補者名簿（案）」に基づき説明があり、事務局案として、理事5名と監事2名を重任とし、理事1名を新任の候補者としたこと及び新任の理事候補者〇〇〇〇氏の経歴について説明があった。
　　　また、事務局より、監事の選任に関する議案については現監事の過半数以上の同意が必要とされている旨を説明したところ、〇〇監事及び〇〇監事から、議案資料の監事候補者に同意する旨の発言があった。

　　〇〇議長　　それでは、本件に関しご意見、ご質問等はございませんか。
　　〇〇理事　　・・・・・・・・・・
　　〇〇議長　　その他にご意見、ご質問等はございませんか。ないようでしたら、お諮りしたいと存じます。第2号議案について、承認ということでよろしいでしょうか。
　　　　　　　　　　　（異議なしとの声あり）
　　〇〇議長　　本件は原案のとおり議決されたものと認めます。

（3）第3号議案　役員の報酬額（案）及び役員等報酬規程（案）の件
　　　事務局より、評議員会に諮る議案として、「理事及び監事の報酬総額（案）」及び「役員等報酬規程（案）」の説明があった。
　　〇〇議長　　それでは、本件に関しご意見、ご質問等はございませんか。
　　〇〇理事　　報酬規程の他に、理事及び監事の報酬額を定めなければならないのか。
　　事務局　　　社会福祉法の改正により、理事及び監事の報酬は、定款又は評議員会の決議で定めることとされ、また、報酬額の定めとは別に、報酬の支給基準、いわゆる役員報酬規程について評議員会の承認を得るものと定められております。
　　　　　　　　評議員会による報酬額の決議と、役員報酬規程の承認との違いにつ

319

いてですが、厚生労働省の作成した定款例では、「理事及び評議員に対して、評議員会において別に定める総額の範囲内で、評議員会において別に定める報酬等の支給の基準に従って算定した額を報酬等として支給することができる」と定められており、当法人の定款にも同様の規定がございます。これは、評議員会による決議で、まず各年度の報酬支給額の上限を定めて頂いた上で、役員の皆様の業務に対して支給する具体的な報酬金額、例えば非常勤理事の理事会の出席について1回○円、常勤の理事長については月額○円といった形で、報酬規程により評議員会の承認を得ることとなります。

　　なお、厚生労働省が示した指導監査ガイドラインにおいても、「①の報酬等の額の定めと②の報酬等の支給基準は、報酬等の有無にかかわらず、必ず両方を規定する必要があることに留意する必要がある」とされています。

　○○議長　　その他にご意見、ご質問等はございませんか。ないようでしたら、お諮りしたいと存じます。第3号議案について、承認ということでよろしいでしょうか。

　　　　　　　（異議なしとの声あり）

　○○議長　　本件は原案のとおり議決されたものと認めます。

（4）第4号議案　定款変更の件

　　事務局より、評議員会に諮る議案として、議案資料「定款変更認可申請書（案）」により、平成○年○月○日の第○回理事会において承認された新規事業である○○事業を追加する定款変更について説明があった。

　○○議長　　それでは、本件に関しご意見、ご質問等はございませんか。

　○○議長　　ご質問等がないようでしたら、お諮りしたいと存じます。第4号議案について、承認ということでよろしいでしょうか。

　　　　　　　（異議なしとの声あり）

　○○議長　　本件は原案のとおり議決されたものと認めます。

（5）第5号議案　定時評議員会の招集の件

　　事務局より、議案資料「第○回評議員会招集通知（案）」に基づき、事務局案として、評議員会を下記のとおり開催したい旨の説明があった。

　　　　日時　平成○年○月○日（○曜日）　○時○分から○時○分まで（予定）
　　　　場所　○○区○○一丁目○番○号　社会福祉法人○○会法人本部　会議室
　　　　議題　報告事項
　　　　　　（1）平成○年度事業報告の件
　　　　　　決議事項
　　　　　　（1）平成○年度計算書類・財産目録の承認の件
　　　　　　（2）理事6名及び監事2名の選任の件
　　　　　　（3）役員の報酬額決定及び役員等報酬規程の承認の件
　　　　　　（4）定款変更の件

第2章　理事・理事会

　　　議案の概要　本理事会の第1号議案（計算書類及び財産目録の部分に限る。）、
　　　　　　　　　第2号議案、第3号議案及び第4号議案のとおり

　○○議長　　それでは、本件に関しご意見、ご質問等はございませんか。
　　　　　　　ご意見等がないようでしたら、お諮りしたいと存じます。第5号議
　　　　　　　案について、承認ということでよろしいでしょうか。
　　　　　　　　　　　（異議なしとの声あり）
　○○議長　　本件は原案のとおり議決されたものと認めます。

（6）理事長及び常務理事の職務執行状況の報告
　　理事会への報告事項として、報告資料に基づき、○○理事長及び○○常務理事
　から、それぞれの担当職務の執行状況について説明があった。
　○○議長　　職務執行状況の報告につきまして、ご意見、ご質問等はございませ
　　　　　　　んか。
　○○理事　　・・・・・・・・・
　○○議長　　その他にご意見、ご質問等はございませんか。よろしいでしょうか。
　　　　　　　それでは、報告事項につきましては、理事会として了承されたもの
　　　　　　　とさせていただきます。
　　　　　　　　本日の議題は全て終了しました。これをもちまして、本日の理事会
　　　　　　　を閉会させていただきたいと存じます。本日はありがとうございまし
　　　　　　　た。

　　　　　　　　　　　　　　　　　　　　　　　　平成○年○月○日

　　　　　　　　　　　　　議事録署名人

　　　　　　　　　　　　　理事長　　○○○○　　㊞

　　　　　　　　　　　　　　監事　　○○○○　　㊞

　　　　　　　　　　　　　　監事　　○○○○　　㊞

（東京都福祉保健局：「改正社会福祉法に対応した法人運営に関する講習会」資料）

理事会議事録の記名押印における実印の要否

理事会議事録に記名押印してもらう場合、押印するのは実印である必要があるのでしょうか。

議事録が登記申請の添付書類となっており、登記手続との関係において実印が要請されている場合を除き、記名押印の押印は実印である必要はなく認印でかまいません。

解説

社会福祉法上、議事録への記名押印の際に押印すべき印鑑について特段の規定はありませんので、実印である必要はなく、認印でも問題ありません。そのため、指導監査との関係で、実印か否かを確認されることはありません。

一方、議事録が登記申請の添付書類になっており、登記手続との関係において実印が要請されている場合には、実印を押印してもらう必要がありますので、実務上は、登記に関係する議事録の場合には予め法務局や司法書士に確認すべきといえます。

厚生労働省Q&A

問　評議員や役員の履歴書、就任承諾書や議事録署名人等の押印は、実印でなければなりませんか。

答　法人の登記に当たって、実印を押印した書類や印鑑登録証明書を申請書類として求められた場合には、登記を行うためにこれらの書類が必要となりますが、法人運営の観点からは、評議員や役員の履歴書や就任承諾書の押印は、必ずしも実印による必要はなく、法人監査においてもこれらの押印に使用された印鑑が実印であるかの確認は行いません（そのため、印鑑登録証明書の確認も不要です。）。

第2章 理事・理事会

理事会議事録が複数頁の場合の契印の要否

Q103 理事会議事録が複数頁に及んだ場合、契印をする必要があるのでしょうか。

 社会福祉法上は契印をすることは義務付けられていませんが、実務上は改ざん防止のために契印することが望ましいといえます。

解説

　社会福祉法上、理事会の議事録が複数頁に及んだ場合について、契印を義務付ける規定は存在しません。そのため、契印がなくても法令違反とはなりませんので、指導監査との関係で指摘を受けることはありません。

　ただし、実務上は、議事録作成後に頁の差し替えなどの改ざんを防止するため、契印することが望ましいといえます。その際、署名又は記名押印者全員の契印が望ましいのですが、会社法実務においては1名のみの契印とすることも多いとされていますので、社会福祉法人の実務においても参考になると思われます。

> **指導監査のポイント**
> 　議事録への契印は法令上の義務ではありませんので、たとえ議事録に契印がなかったとしても、文書・口頭を問わず指摘することはできず、助言にとどまるものと解されます。

理事会を途中出席又は途中退席した理事がいる場合の議事録

理事会を途中出席又は途中退席した理事がいた場合、議事録の記載で注意すべきことはありますか。

出席した理事欄に氏名を記載するとともに、どの議題についてどの理事が参加していたかを明確にする必要があります。

解説

1 定足数との関係

途中出席又は途中退席した理事がいる場合、その旨を議事録に記載する必要があります。理事会は、議決に加わることができる理事の過半数の出席を要するところ（法45条の14第4項）、この定足数は開会時に充足されただけでは足りず、討議・議決の全過程を通じて維持されなければならないと考えられます（最判昭和41年8月26日民集20巻6号1289頁参照）。

そのため、議事の進行状況との関係で、どの議題についてどの理事が参加していたかを記載し、定足数の充足状況が明確となるようにする必要があります。

2 推定規定との関係

理事会の決議に参加した理事であって議事録に異議をとどめないものは、その決議に賛成したものと推定されます（法45条の14第8項）。そのため、もし議案の議決の際に出席していないことが議事録に明記されていない場合、当該議案について決議に参加した理事として賛成したものと推定される可能性がありますので、このような事態を防ぐためにも、どの議題についてどの理事が参加していたかを記載する必要があります。

3 法定記載事項

議事録には、出席した理事が署名又は記名押印するか（法45条の14第6項）、議事録署名人を定款で出席した理事長及び監事としている場合には、出席した理事の氏名を記載する必要があるところ（法45条の14第6項、規則2条の17第3項6号）、途中出席又は途中退席した理事も『出席した理事』に該当するものと考えられます。

第2章　理事・理事会

指導監査のポイント

1　指摘基準
①　成立した決議について、法令又は定款に定める定足数又は賛成数が不足していた場合
②　議事録に必要事項が記載されていない場合

2　着眼点
①　理事会の決議は、必要な数の理事が出席し、必要な数の賛成をもって行われる必要があります。法律上、決議に必要な出席者数（定足数）は議決に加わることのできる理事の過半数であり、決議に必要な賛成数は出席した理事の過半数ですが、定足数及び賛成数は定款の相対的記載事項であり、定款に過半数を超える割合を定めた場合には、その割合となります。なお、定款においては、特定の議案に関する決議について、過半数を超える割合とすることを定めることもできるとされています。
②　議事録の記載事項は、次のとおりです。（抜粋）
　i　理事等が定款の定めにより議事録署名人とされている場合の、理事長以外の出席した理事の氏名
③　議事録については、その真正性を確保するため、出席者の署名又は記名押印に関する規定が設けられています。法律上、出席した理事及び監事全員の署名又は記名押印が必要とされていますが、議事録署名人の範囲は定款の相対的記載事項であり、定款に定めることにより、理事全員ではなく理事長のみの署名又は記名押印で足りることになります。
④　指導監査を行うに当たっては、議事録に必要事項の記載及び議事録署名人の署名等があるかを確認します。

3　確認書類
①　定款
②　理事会の議事録

決議事項につき反対意見を述べた理事がいる場合の議事録

Q105 理事会の決議事項について、反対（否決）意見を述べた理事がいた場合、議事録を作成する上で注意すべき点はありますか。

決議に参加した理事は、議事録に異議をとどめない限り、当該決議に賛成したものと推定されますので、反対（否決）意見を述べた理事がいた場合には、議事録にその旨を記載する必要があります。

解説

1 理事会決議と理事の損害賠償責任

理事は、その任務を怠ったときは、法人に対し、これによって生じた損害を賠償する責任を負います（法45条の20第1項）。また、その職務を行うについて悪意又は重大な過失があったときは、これによって第三者に生じた損害を賠償する責任を負います（法45条の21第1項）。

そのため、理事会の決議に基づいてなした行為により、法人又は第三者に損害が生じた場合、当該決議に賛成した理事に対し、判断が誤っていたこと等を理由として、損害賠償責任を追及される可能性があります。一方、当該決議に参加していない理事や反対意見を述べた理事については、他の理事への監視義務違反に基づく損害賠償責任の可能性はありますが、当該決議に賛成したことに基づく責任は発生しえないことになりますので、この点に違いが生じます。

2 推定規定と記載事項

それでは、理事会決議の場で反対意見を述べた理事がいたものの、議事録にその旨の記載がない場合には、当該理事の責任はどうなるでしょうか。この点について、実際には反対していたのだから責任を問われるはずがないと思われるかもしれませんが、実際に紛争化するのは理事会決議の数年後であることも珍しくないため、いざ紛争となったときに、当時の理事会決議で誰が賛成し、誰が反対をしたのかを立証することは容易ではありません。そこで、法は、理事会の決議に参加した理事であって、議事録に異議をとどめないものは、その決議に賛成したものと推定するとしました（法45条の14第8項）。

そのため、反対意見を述べた理事がいた場合には、議事録にその旨をきちんと

第2章　理事・理事会

記載する必要があります。また、反対した理事の監視義務違反の有無との関係まで考慮すれば、当該理事が反対理由を述べていた場合には、その理由についても議事録に記載しておくべきと考えられます。

指導監査のポイント

　反対意見を述べた理事がいる場合に、その旨を記載することは法定記載事項となっていないため、仮に記載がなくても指導監査において指摘事項となることはありません。しかし、上記のとおり、理事の損害賠償責任との関係では重要な記載になりますので、もし反対した理事がいるにもかかわらず、議事録にその旨の記載がない場合には、所轄庁としては助言すべき事項であろうと考えます。

特別利害関係理事がいる場合の議事録

Q106 決議について特別な利害関係を有する理事がいる場合、議事録を作成する上で注意する点はありますか。

 特別利害関係理事の氏名を記載する必要があるほか、当該理事が議決に加わっていない旨を議事録で明確にすることが重要です。

解説

1　法定記載事項

理事会の議事録には、法で定めのある記載事項を記載する必要があるところ（法45条の14第6項）、特別利害関係理事がいる場合には、当該理事の氏名を記載することとなっています（規則2条の17第3項4号）。

2　その他の記載事項

理事会では、議案について特別の利害関係を有する理事は議決に加わることができず（法45条の14第5項）、定足数の基礎にも算入されません（同条4項）。

そのため、理事会の運営に当たっては、特別利害関係理事を算入しないで、定足数と決議要件を満たしているか注意する必要があります。そして、特別利害関係理事がいる場合には、当該理事が議決に加わっていない旨を理事会議事録において明確にすることが重要になります。

なお、特別利害関係理事は、当該議案について理事会における意見陳述権もなく、退席を要求されれば従わなければならないと解されるため、当該議案の審議にも参加しないことになると考えられます。その場合には、審議にも参加しなかった旨を記載します。

［議事録記載例］

「理事○○は、本議案につき特別利害関係があるため、審議及び議決に参加しなかった。」

第2章　理事・理事会

指導監査のポイント

 1 指摘基準
  議事録に必要事項が記載されていない場合

 2 着眼点
  議事録の記載事項は、次のとおりです。（抜粋）
  ⅰ 決議を要する事項について特別の利害関係を有する理事があると
   きは、当該理事の氏名

 3 確認書類
  理事会の議事録

理事会への報告を省略した場合の議事録

理事会への報告を省略した場合でも議事録を作成する必要がありますか。作成を要する場合、何を記載すればよいのでしょうか。

理事会への報告を省略した場合でも議事録を作成する必要があります。その場合の記載事項は、通常の理事会議事録と異なりますので、注意が必要です。

解説
理事会への報告を省略した場合の議事録

　理事、監事又は会計監査人が理事及び監事の全員に対して理事会に報告すべき事項を通知したときは、当該事項を理事会へ報告することを要しないとされています（法45条の14第9項、一般法人法98条）。

　理事会への報告を省略した場合にも議事録を作成しなければならず、議事録には次の事項を記載する必要があります（法45条の14第6項、規則2条の17第4項2号）。
　① 　理事会への報告を要しないものとされた事項の内容
　② 　理事会への報告を要しないものとされた日
　③ 　議事録の作成に係る職務を行った理事の氏名

　なお、報告の省略を行った場合、出席した理事及び監事はいませんので、出席理事及び監事の署名又は記名押印義務もないと解されますが、議事録の真正を担保する意味で、議事録作成に係る職務を行った理事が署名又は記名押印することが考えられます。

指導監査のポイント
　1 　指摘基準
　　　議事録に必要事項が記載されていない場合

　2 　着眼点
　　① 　理事会は、法人の業務執行の決定等を決議により行う重要な機関で

あり、その決議の内容については、適切に記録される必要があるため、法令により議事録の内容及び作成手続が定められています。

② 指導監査を行うに当たり、議事録に必要事項の記載があるかを確認します。

③ 理事、監事及び会計監査人が、理事会への報告事項について報告を要しないこととされた場合は、理事会において実際に報告があったものではありませんが、次の事項を議事録に記載します。

　ⅰ 理事会への報告を要しないものとされた事項の内容

　ⅱ 理事会への報告を要しないものとされた日

　ⅲ 議事録の作成に係る職務を行った理事の氏名

3 確認書類

　理事会の議事録

［理事会の報告の省略　議事録　作成例］

社会福祉法人〇〇会　理事会議事録

　　社会福祉法第45条の14第9項において準用する一般社団法人及び一般財団法人に関する法律第98条の規定に基づき、理事及び監事の全員に対して、以下のとおり理事会に報告すべき事項につき通知がなされたので、当該事項について理事会に報告することを要しないものとされた。

記

1 理事会へ報告することを要しないものとされた事項の内容

（1）〇〇〇〇について

　　　〇〇〇〇・・・・・

（2）〇〇〇〇について

　　　〇〇〇〇・・・・・

2 理事会へ報告することを要しないものとされた日

　　年　　　月　　　日

3 議事録の作成に係る職務を行った理事の氏名

　理事長 〇〇　〇〇

　　以上のとおり理事会へ報告することを要しないものとされたので、これを証するため、本議事録を作成し、議事録作成者が署名（又は記名押印）する。

〇年〇月〇日

議事録作成者
理事長　〇〇〇〇　㊞

理事会の決議を省略した場合の議事録

 理事会の決議を省略した場合でも議事録を作成する必要がありますか。作成を要する場合、何を記載すればよいのでしょうか。

 理事会の決議を省略した場合でも議事録を作成する必要があります。その場合の記載事項は、通常の理事会議事録と異なりますので、注意が必要です。

解説
理事会の決議を省略した場合の議事録

　理事が理事会の決議の目的である事項について提案をした場合において、当該提案につき理事（当該事項について議決に加わることができるものに限ります。）の全員が書面又は電磁的記録により同意の意思表示をしたとき（監事が当該提案について異議を述べたときは除きます。）は、当該提案を可決する旨の理事会の決議があったものとみなす旨を定款で定めることができます（法45条の14第9項、一般法人法96条）。

　理事会の決議を省略した場合にも議事録を作成しなければならず、議事録には次の事項を記載する必要があります（法45条の14第1項、規則2条の17第4項1号）。

① 　理事会の決議があったものとみなされた事項の内容
② 　①の事項の提案をした理事の氏名
③ 　理事会の決議があったものとみなされた日※
④ 　議事録の作成に係る職務を行った理事の氏名
　※　全ての理事の同意の意思表示が法人に到達した日になります。

　なお、決議の省略を行った場合、出席した理事及び監事はいませんので、出席理事及び監事の署名又は記名押印義務もないと解されますが、議事録の真正を担保する意味で、議事録作成に係る職務を行った理事が署名又は記名押印することが考えられます。

指導監査のポイント

1 指摘基準
① 議事録に必要事項が記載されていない場合
② 理事会の決議があったとみなされた場合に、理事全員の同意の意思表示及び監事が異議を述べていないことを示す書面又は電磁的記録がない場合

2 着眼点
① 理事会は、法人の業務執行の決定等を決議により行う重要な機関であり、その決議の内容については、適切に記録される必要があるため、法令により議事録の内容及び作成手続が定められています。
② 指導監査を行うに当たり、議事録に必要事項の記載があるかを確認します。
③ 理事全員の同意により理事会の決議を省略した場合は、理事会において実際の決議があったものではありませんが、次の事項を議事録に記載します。
 ⅰ 理事会の決議があったものとみなされた事項の内容
 ⅱ ⅰの事項の提案をした理事の氏名
 ⅲ 理事会の決議があったものとみなされた日
 ⅳ 議事録の作成に係る職務を行った理事の氏名
④ 定款に、理事会の議案について、理事の全員の事前の同意の意思表示がある場合には理事会の決議を省略することは認められているため、この定めがあるときは、理事の全員の事前の同意の意思表示により当該議案について理事会の決議があったとみなされます。この場合には、理事会の決議が省略されたことが理事会議事録の記載事項となり、理事の全員の意思表示を記す書面又は電磁的記録は、決議があったものとみなされた日から10年間主たる事務所に備え置かなければなりません。また、当該議案について監事が異議を述べたときは、決議要件を満たさないため、監事からも事前に同意の書面を徴収することが望ましいとされています。

第2章　理事・理事会

3　確認書類

① 定款

② 理事会の議事録

③ 理事全員の同意の意思表示及び監事が異議を述べていないことを示す書面又は電磁的記録

［理事会の決議の省略　議事録　作成例］

社会福祉法人〇〇会　理事会議事録

　平成〇年〇月〇日、理事長〇〇〇〇が、理事の全員に対して理事会の決議の目的である事項について下記の内容の提案書を発し、また、監事の全員に対して当該提案に対する異議の有無を確認する依頼書を発したところ、当該提案につき、理事の全員から書面により同意の意思表示を得るとともに、監事の全員から書面により異議を述べない旨の回答を得たので、社会福祉法第 45 条の 14 第 9 項が準用する一般社団法人及び一般財団法人に関する法律第 96 条及び定款第〇条に基づく理事会の決議の省略により、当該提案を可決する旨の理事会の決議があったものとみなされた。理事会の決議があったものとみなされた事項を明確にするため、本議事録を作成し、議事録作成者が記名押印する。

記

1　理事会の決議があったものとみなされた事項の内容
　　第 1 号議案　評議員会の招集事項を以下のとおり定める。
　　（1）開催日時及び開催場所
　　　　決議の省略の方法により行う。
　　（2）議題
　　　　理事 1 名選任の件
　　（3）議案
　　　　〇〇〇〇氏を理事候補者とする議案を評議員会に提案する。（別添議案書のとおり）

2　理事会の決議があったものとみなされた事項を提案した者の氏名
　　理事長　〇〇〇〇

3　理事会の決議があったものとみなされた日
　　平成〇年〇月〇日
　　理事の全員（〇名）の同意書及び監事の全員（〇名）の確認書は別添のとおり。
　　なお、提案した事項について特別の利害関係を有する理事はいなかった。

4　理事会議事録の作成に係る職務を行った者の氏名
　　理事長　〇〇〇〇

平成〇年〇月〇日

議事録作成者
理事長　〇〇〇〇　㊞

（東京都福祉保健局：「改正社会福祉法に対応した法人運営に関する講習会」資料）

議事録の備置き

作成した議事録は、その後どうすればよいのでしょうか。

理事会の日から10年間、理事会の議事録を主たる事務所に備え置く必要があります。

解説

1　議事録の備置き

　作成した理事会の議事録は、理事会の日から10年間、その主たる事務所に備え置かなければなりません（法45条の15第1項）。この10年という期間は、役員等の損害賠償責任の時効期間等に配慮して定められていると解されます（落合誠一『会社法コンメンタール8（初版）』322頁（商事法務、2009）参照）。

　なお、理事会決議を省略した場合には、理事全員の同意の意思表示を記載又は記録した書面又は電磁的記録を、理事会の決議があったものとみなされた日から10年間、主たる事務所に備え置く必要があります（同項）。

2　備置きの方法

　「備置き」は、「保存」とは異なる概念であり、閲覧等を前提とした制度です。そのため「備置き」とは、適法な閲覧等の請求がなされた場合、又は、裁判所の閲覧等の許可がなされた場合に、業務時間内に適切にこれに応ずることができるような状態に置くことを意味すると解されます（落合誠一『会社法コンメンタール8（初版）』323頁（商事法務、2009）参照）。

　そのため、閲覧請求者が自ら手に取って閲覧できる状態で置いておく必要はなく、適法な閲覧請求等があった場合に、職員が容易に閲覧等に応じることができるよう事務所内のロッカー等にファイリングして置いておけば足りると解されます。

指導監査のポイント

1 指摘基準
① 必要な議事録が主たる事務所に備え置かれていない場合
② 必要な理事全員の意思表示の書面又は電磁的記録が備え置かれていない場合

2 着眼点
① 理事会は、法人の業務執行の決定等の法人運営に関する重要な決定を行うものであり、評議員や債権者が閲覧等を行えるようにするため、議事録については、理事会の日から10年間、書面又は電磁的記録を主たる事務所に備え置く必要があり、また、理事会の決議を省略した場合には、理事全員の同意の意思表示を記載若しくは記録した書面又は電磁的記録を、理事会の決議があったものとみなされた日から10年間、主たる事務所に備え置く必要があります。
② 指導監査を行うに当たっては、議事録が主たる事務所に備え置かれているか、理事会の決議を省略した場合には理事全員の意思表示の書面又は電磁的記録が主たる事務所に備え置かれているかを確認します。

3 確認書類
① 理事会の議事録
② 理事全員の同意の意思表示を記した書類

第2章　理事・理事会

理事会議事録の閲覧・謄写

 理事会議事録の閲覧・謄写手続について教えてください。

 評議員は、社会福祉法人の業務時間内は、いつでも理事会議事録の閲覧又は謄写の請求をすることができます。

債権者は、理事又は監事の責任を追及するため必要があるときは、裁判所の許可を得て、理事会議事録の閲覧又は謄写の請求をすることができます。

解説

1　閲覧・謄写に関する規定

(1) 評議員は、社会福祉法人の業務時間内は、いつでも次に掲げる請求をすることができます（法45条の15第2項）。

① 理事会の議事録が書面をもって作成されているときは、当該書面又は当該書面の写しの閲覧又は謄写の請求

② 理事会の議事録が電磁的記録をもって作成されているときは、当該電磁的記録に記録された事項を規則で定める方法により表示したものの閲覧又は謄写の請求

(2) 債権者は、理事又は監事の責任を追及するため必要があるときは、裁判所の許可を得て、上記(1)①又は②の請求をすることができます（法45条の15第3項）。裁判所は、閲覧又は謄写をすることにより、当該社会福祉法人に著しい損害を及ぼすおそれがあると認められるときは、許可をすることができません（同条4項）。

2　閲覧・謄写請求権者

理事会の議事録の閲覧又は謄写を請求できる者は次のとおりです。ただし、債権者については、評議員とは異なり、上記のとおり裁判所の許可が必要となります。

① 評議員
② 債権者

3 「閲覧」「謄写」とは

「閲覧」とは、請求者が議事録を見ることです。

「謄写」とは、議事録を請求者が自らの手で書き写す、コピーする又は写真撮影等をすることであり、法人が議事録をコピーして交付することまでは含まれていません。

4 「社会福祉法人の業務時間内」とは

法人が入所型の施設を運営している場合等には、24時間体制で職員が出勤しているため、そのような場合に「社会福祉法人の業務時間」をどのように解すべきかが問題となります。

この点については、議事録の閲覧・謄写請求ができるのを「業務時間内」に限定したのは、法人が業務活動を行っている時間帯でないと閲覧・謄写を請求されても、これに応ずるのが困難であることによると解するのであれば、「業務時間内」か否かは、原則として、議事録を管理している部門の活動時間を基準にして考えるべきだと思われます（松井秀樹「会社議事録の作り方－株主総会・取締役会・監査役会」71頁（中央経済社、2009）参照）。

資　料

指導監査ガイドライン（抜粋）
（最終改正：平成30年４月16日）

指導監査ガイドライン

<指導監査ガイドラインの留意事項について>

○ 指導監査ガイドライン（以下「ガイドライン」という。）は、所轄庁が別添「社会福祉法人指導監査実施要綱」（以下「実施要綱」という。）に基づいて行う一般監査について、その監査の対象とする事項（監査事項）、当該事項の法令及び通知上の根拠、監査事項の法令の適法性に関する判断を行う際の確認事項（チェックポイント）、チェックポイントを確認するための着眼点（着眼点）、法令又は通知等の違反がある場合に文書指摘を行うこととする基準（指摘基準）並びにチェックポイントを確認するために用いる書類（確認書類）を定めるものである。

○ ガイドラインの運用に関しては、次の事項に留意するものとする。

1 実施要綱の5の(1)に定める文書指摘、口頭指摘又は助言については、指摘基準に定めるものの他、次の点に留意して行うこと。
 (1) 監査担当者の主観的な判断で法令又は通知の根拠なしに指摘を行わないこと。
 (2) 指摘基準に該当しない場合は文書指摘を行わないこと。
 (3) 指摘基準に該当する場合であっても、違反の程度が軽微である場合又は文書指摘を行わずとも改善が見込まれる場合には、口頭指摘を行うことができること。なお、助言を行うこともできること。
 (4) 指摘基準に該当しない場合であっても、法人運営に資するものと考えられる事項については、助言を行うことができること。

2 法令又は通知等に違反する１つの事実が、複数の指摘基準に基づく指導等に該当する場合、いずれか一方の指摘基準に基づく指導等に該当すれば、他方の指摘基準に該当しても差し支えないこと。定款変更に係る評議員会の評議員会に法令等の違反がある場合、各々の指摘基準に同じ内容で同じ違反に係る特別決議に該当する場合、各々の指摘基準に該当するが、両方の指導基準に該当する必要はない。
 （例：定款変更に係る評議員会と評議員会に法令の違反がある場合、定款変更の手続に関する事項と評議員会の決議の手続に関する事項の２回行う必要はない。）

3 監査事項の確認に当たっては、ガイドラインに定める確認書類を用いること。
 ただし、ガイドラインは法人に新たな書類の作成を義務付けるものではないため、法人がガイドラインに定める確認書類を作成していない場合は、ガイドラインに定める確認書類の該当性を確認できる別の書類を用いて行うよう努めること。また、法令又は通知は通知の別の書類の作成を求めないこと。

※ なお、法人は、社会福祉事業を適正に行うため、事業運営の透明性の確保等に基づき付ける、客観的な資料に基づいて自ら説明できるようにすることが適当である。そのため、法人は、法人等に適正に運営を行っていることについて、客観的に定めるものとガイドラインに定める事項について、法令等で特定の文書の作成が義務付けられていない場合、法令等より客観的な説明を行うことができるようにするべきである。（法第24条第1項）、法人は、ガイドラインに定める確認書類を作成することが適当であることから、その根拠となるものであり、当該監査を行う際は、ガイドラインに定める監査事項及びチェックポイントの確認に関連するその他の事項の確認も行い、その結果に基づいて、当該問題の是正のための必要な指導を行うこととする。

○ 実施要綱の2の(3)に定める特別監査については、法人運営に重大な問題がある場合に行われるものであり、当該監査を行う際は、ガイドラインに定める監査事項及びチェックポイントの確認に加え、当該問題の内容又は原因に関連するその他の事項の確認を行い、その結果に基づいて、当該問題の是正のための必要な指導を行うこととする。

資　料　指導監査ガイドライン（抜粋）

○ ガイドラインにおける略称は次のとおりである。

法人：社会福祉法人

法：社会福祉法（昭和26年法律第45号）

令：社会福祉法施行令（昭和33年政令第185号）

規則：社会福祉法施行規則（昭和26年厚生省令第28号）

認可通知：「社会福祉法人の認可について（通知）」（平成12年12月1日付け障第890号・社援第2618号・老発第794号・児発第908号厚生省大臣官房障害保健福祉部長、厚生省社会・援護局長、厚生省老人保健福祉局長及び厚生省児童家庭局長連名通知）

審査基準：認可通知別紙1「社会福祉法人審査基準」

定款例：認可通知別紙2「社会福祉法人定款例」

審査要領：「社会福祉法人の認可について（通知）」（平成12年12月1日付け障企第59号・社援企第35号・老計第52号・児企第33号厚生省大臣官房障害保健福祉部企画課長、厚生省社会・援護局企画課長、厚生省老人保健福祉局企画課長及び厚生省児童家庭局企画課長連名通知）別紙「社会福祉法人審査要領」

徹底通知：「社会福祉法人の認可等の適正化並びに社会福祉法人及び社会福祉施設に対する指導監督の徹底について」（平成13年7月23日付け雇児発第488号・社援発第1275号・老発第274号厚生労働省雇用均等・児童家庭局長、厚生労働省社会・援護局長、厚生労働省老健局長連名通知）

入札通知：「社会福祉法人における入札契約等の取扱いについて」（平成29年3月29日付け雇児総発0329第1号・社援基発0329第1号・障企発0329第1号・老高発0329第3号厚生労働省雇用均等・児童家庭局総務課長、厚生労働省社会・援護局福祉基盤課長、厚生労働省社会・援護局障害保健福祉部企画課長・老健局高齢者支援課長連名通知）

会計省令：社会福祉法人会計基準（平成28年厚生労働省令第79号）

運用上の取扱い：「社会福祉法人会計基準の制定に伴う会計処理等に関する運用上の取扱いについて」（平成28年3月31日付け雇児総発0331第15号・社援発0331第39号・老発0331第45号厚生労働省雇用均等・児童家庭局長、厚生労働省社会・援護局長、厚生労働省老健局長連名通知）

留意事項：「社会福祉法人会計基準の制定に伴う会計処理等に関する運用上の留意事項について」（平成28年3月31日付け雇児総発0331第7号・社援基発0331第2号・障障発0331第4号・老総発0331第4号厚生労働省雇用均等・児童家庭局総務課長、厚生労働省社会・援護局福祉基盤課長、厚生労働省社会・援護局障害保健福祉部障害福祉課長、厚生労働省老健局総務課長連名通知）

平成28年改正法：社会福祉法等の一部を改正する法律（平成28年法律第21号）

平成28年改正政令：社会福祉法等の一部を改正する法律の施行に伴う関係政令の整備等及び経過措置に関する政令（平成28年政令第349号）

項目	監査事項	根拠	チェックポイント	着眼点、指摘基準、確認書類
I 法人運営	○ 法人の業務執行は、社会福祉関係法令、そして、定款及び法人内部で定めた各種内部規程（以下「内部規程等」という。）に基づき行われるものである。そして、当該業務執行に対する法人内部の牽制として、法人上、理事会による理事長等の職務執行の監督及び監査、監事による理事の業務執行の監査等が行われるものである。 ○ 指導監査を行うに当たっては、その様な仕組みが適正に運営されているかどうかを確認する。それ以外の事項については、必要と認める範囲に当たっても、その確認を行うことができる。 <指摘基準> ・ ガイドラインに定める指摘基準に該当しない内部規程等の違反があった場合には、原則として、当該内部規程等の是正を求める口頭指摘によること。 ・ 上記にかかわらず、重大な違反によるものであって、口頭指摘によることができる。 ・ 内部規程が法令、通知若しくは定款又は当該規程の実情に即していない場合で、当該規程の変更により是正するために必要な場合には、当該規程の変更を明確にした上で行うこととする。 ○ 指導監査に当たっては、違反の内容及びその根拠を明確にした上で行うこととする。		通知、定款及び法人内部で定めた各種内部規程（以下「内部規程等」という。）に基づき、当該業務執行に対する法人内部の牽制の仕組み。法令上、理事会による理事長等の監督及び監査、監事による理事の職務執行の監督及び監査等が行われる。それ以外の事項については、ガイドラインに定める対象を確認する事項を確認する方の一般的なものであるため、ガイドラインに定める対象に対して行う指導監査については、次のとおりとする。
1 定款	定款が法令等に従い、必要な事項が記載されているか。	法第31条第1項	定款の変更的記載事項（法第31条第1項）が事実に反するものとなっていないか。	<着眼点> ○ 法人の定款については、平成28年改正の施行に伴い、認可通知に伴い、その観点から、別紙2が「定款例」から「定款準則」へと改める。法人の定款の文言の全てが一般的に多いと思われる事項についての定款の定めの方の一例である。定款例の文言に拘束されるものではなくなったことに留意する必要がある。 ○ 各法人の定款に記載された任意的記載事項については、必要に応じ、事実に反する事項の有無を確認する。なお、相対的記載事項及び法第31条第1項各号に掲げる事項の全てを定款に記載する必要があり、そのいずれかでも欠ける場合には、定款の効力が生じないことに留意する必要がある。第31条第1項各号に掲げる事項：目的（第1号）、名称（第2号）、社会福祉事業の種類（第3号）、事務所の所在地（第4号）、評議員及び評議員会に関する事項（第5号）、役員（理事及び監事をいう。以下同じ。）の定数その他役員に関する事項（第6号）、理事会に関する事項（第7号）、会計監査人を置く場合にあってはその旨（第8号）、資産に関する事項（第9号）、会計に関する事項（第10号）、公益事業の種類（公益事業を行う場合に限る。第11号）、収益事業の種類（収益事業を行う場合に限る。第12号）、解散に関する事項（第13号）、定款の変更に関する事項（第14号）、公告の方法（第15号）。 <指摘基準> 必要的記載事項が記載されていない場合、又は定款に記載された内容と事実が異なる場合は、文書指摘によることとする。 <確認書類> 定款
2 定款	定款の変更が所定の手続きを経て行われているか。	法第45条の36第1項、第2項、第4項、第45条の9第7項第3号、規則第4条	○ 定款の変更の評議員会の特別決議を経て行われているか。 ○ 定款の変更の所轄庁の認可を受けて行われているか。	<着眼点> ○ 定款は、もっとも基本的な事項を定めるものであることから、その変更は、評議員会の特別決議（注）を経て行い（法第45条の36第1項）、所轄庁の認可又は所轄庁への届出の必要なものについては、これらの必要な手続がとられているかについて確認する。

344

資　料　指導監査ガイドライン（抜粋）

項目	監査事項	根拠	チェックポイント	着眼点、指摘基準、確認書類
			○所轄庁（所轄庁の認可が必要とされる事項の変更についての届出が行われているか。	なお、定款に記載された事項の変更の必要のうち、所轄庁の認可を要さない（所轄庁への届出で足りる）事項は、法第31条第1項に定める基本的記載事項のうち、事務所の所在地（第4号）の変更、資産に関する事項（第15号）の変更（基本財産が増加する場合に限る。）及び公告の方法（第9号）変更のみであり（規則第4条）、相対的記載事項及び任意的記載事項の変更であっても、所轄庁の認可が必要であることに留意する必要がある。 （注）評議員会の特別決議については、3の(2)の2を参照。 ＜指摘基準＞ 次の場合は文書指摘によることとする。 ・定款変更について所轄庁の認可を要している場合にかかわらず、認可の申請もしくは届出がされている場合又は定款変更を行った評議員会の招集手続又は議案の提出手続が法令に違反している場合 ・定款変更について評議員会の決議が成立しているにもかかわらず、所轄庁の認可を要する手続又は所轄庁への届出の手続が行われていない場合 ・定款変更を要さない場合の所轄庁の認可を要さない手続が行われていない場合 ＜確認書類＞ 決議を行った評議員会の議事録、評議員会の招集通知、評議員会の議題、議案を決定した理事会の議事録、所轄庁で保存している定款変更の届出書又は所轄庁で保存している書類を確認すること）
3 法令に従い、定款の備置き・公表がされているか。		法第34条の2第1項、第4項、第59条の2第1項第1号、規則第1号、第2条の5、10条第1項	○定款を事務所に備え置いているか。 ○定款の内容をインターネットを利用し公表しているか。 ○公表している定款は直近のものであるか。	＜着眼点＞ ・法人の公益性に照らし、その事務の運営の透明性を確保するため、計算書類等と同様、定款についても事務所に備え置き（法第34条の2第1項）及び公表（法第59条の2第1項第1号）が法人に義務付けられている。なお、公表又は利用者の安全の確保又は福祉が害する恐れがある母子生活支援施設や婦人保護（例：公表することにより個人又は利用者の安全の確保又は福祉が害する恐れがある母子生活支援施設や婦人保護施設等の所在地）については、公表することとされている内容を除く。 ・定款は主たる事務所及び従たる事務所に備え置く必要があり（法第34条の2第1項）、従たる事務所の電子計算機（パソコン）に当該電磁的記録の内容が記録されている場合は、従たる事務所の電子計算機（パソコン）に当該電磁的記録の内容が記録されている場合となる（法第34条の2第4項、規則第2条の5）。 ○定款の備置きを行うに当たっては、定款を主たる事務所に実際に備え置かれているか、当該従たる事務所に実際に備え置かれているかについて確認する。 ○指導監査を行うに当たっては、定款が主たる事務所に実際に備え置かれているか、又は従たる事務所の電子計算機（パソコン）に電磁的記録が記録されているかについて確認する。 ○原則として、法人（又は法人が加入する団体）のホームページへの掲載により行うこととし、定款の公表の方法及び実際に公表されていることを確認する。 ＜指摘基準＞ 次の場合は文書指摘によることとする。 ・主たる事務所における定款の備置き若しくは公表又は従たる事務所における定款の備置き若しくは定款の記録が行われていない場合 ・定款の公表（法人ホームページ等）による利用（ホームページ）により公表を行うことができないやむを得ない事情がある場合（なお、所轄庁が、法人のホームページ等の利用により公表を行うことができると認めるときは、この限りではない。法人が、法人ホームページ等の利用により公表する措置

345

項目	監査事項	根拠	チェックポイント	着眼点、指摘基準、確認書類
2 内部管理体制	1 特定社会福祉法人において、内部管理体制が整備されているか。	法第45条の13第5項、令第13条の3、規則第2条の16	○ 内部管理体制が理事会で決定されているか。 ○ 内部管理体制に係る必要な規程の策定が行われているか。	きるよう助言等の適切な支援を行うものとする。） ・価値を公表され又は公表されている定款の内容が直近のものでない場合 <着眼点> ○ 特定社会福祉法人（注）は、経営組織のガバナンスの強化を図るため、理事の職務の執行が法令及びこの社会福祉法人の業務の適正を確保するための体制（内部管理体制）の整備の決定を理事会で行うことが義務付けられている（法第45条の13第5項）。この内部管理体制の整備に係る決定については、理事長等（理事長等）に決定の権限を委任することができない事項であり（法第45条の13第4項第5号）、必ず理事会の決定によらなければならない。 （注）事業規模が政令で定める基準を超える法人をいう（7「会計監査人」の1において同じ。）。政令で定める事業規模の年間のサービス活動収益の額が30億円を超える法人又は負債対照表の負債の額が60億円を超える法人をいう（令第13条の3）。なお、特定社会福祉法人には、会計監査人の設置を義務付けられている（令第37条）。 ○ 内部管理体制として決定しなければならない事項は次のとおりであり（規則第2条の16）、指導監査を行うに当たっては、これらの決定が行われているかについて確認する。なお、これらの体制の内容は法人（理事会）の自主的な判断に基づき決定されるべきものであり、その具体的な内容の確認までは要しない。 ① 理事の職務の執行に係る情報の保存及びその他の管理に関する体制 ② 損失の危険の管理に関する規程その他の体制 ③ 理事の職務の執行が効率的に行われることを確保するための体制 ④ 職員の職務の執行が法令及び定款に適合することを確保するための体制 ⑤ ⑤の職員の理事からの独立性に関する事項 ⑥ ⑤の職員の理事からの独立性に関する事項 ⑦ 監事の⑤の職員に対する指示の実効性の確保に関する事項 ⑧ 理事及び職員が監事に報告をするための体制その他の監事への報告に関する体制 ⑨ ⑧の報告をした者が当該報告をしたことを理由として不利な取扱いを受けないことを確保するための体制 ⑩ 監事の職務の執行について生ずる費用の前払又は償還の手続その他の当該職務の執行について生ずる費用又は債務の処理に係る方針に関する事項 ⑪ その他監事の監査が実効的に行われることを確保するための体制 <指摘基準> 内部管理体制として理事会で決定されなければならない事項について、一部も理事会の決定がされていないものがある場合は、文書指摘によることとする。 <確認書類> ・関係規程、理事会の議事録
3 評議員・評議員会				
(1) 評議員の選任	1 法律の要件を満たす者が適正な手続により選任されているか。	法第39条	○ 定数の定めるところにより、社会福祉法人の適正な運営に必要な識見を有する者か。	<着眼点> ○ 評議員については、「社会福祉法人の適正な運営に必要な識見を有する者」のうちから、定款の定めるところにより選任する（法第39条）。そのため、法人は、定款で評議員の選任のために必要な事項（例：評議員選定・解任委員会を設置し、当該委員会により評議員を選任する）を定め、その定めに基づき選任する。

資　料　指導監査ガイドライン（抜粋）

項目	監査事項	根拠	チェックポイント	着眼点、指摘基準、確認書類
				つき評議員の選任を行う。ただし、理事又は理事会が評議員を選任し、又は解任する旨の定款の定めは効力を有しない（法第31条第5項）。 ○指導監査を行うに当たっては、評議員が「社会福祉法人の適正な運営に必要な識見を有する者」として選任されたものであること、及び法令又は定款に定められた方法により選任が行われていること等を確認する。 ○評議員の資格については、（社会福祉法人の適正な運営に必要な識見を有する者）として法人において適正な選任が行われている限り、制限を受けるものではない。そのため、指導監査を行うに当たっては、監査担当者の主観的な判断で、必要な識見を有していない等の指摘を行うことや、識見を有する評議員が「社会福祉法人の適正な運営に必要な識見を有する者」であるか否かの証明を求めることは差し控える必要がある。 法人における評議員の選任の手続においては、選任された者に対する委嘱状による委嘱が必要とされるものではないが、就任の意思表示があったことが確認できない場合には、就任承諾書に選任された旨を伝達することとともに、就任の意思を説明することが必要となる。
	2 評議員となることができない者又は適当ではない者が選任されていないか。	法第40条第1項、第2項、第5項、第4項、第61条第1項、審査基準第3の1の(1)、(3)、(4)、(6)	○欠格事由に該当する者が選任されていないか。 ○当該法人の役員又は職員を兼ねる評議員はいないか。 ○当該法人の各役員、各役員と特殊の関係にある者が評議員に選任されていないか。 ○社会福祉協議会にあっては、関係行政庁の職員が評議員の選任の総数の五分の一を超えて選任されていないか。	＜指摘基準＞ 次の場合は指摘し文書指導とする。 ・法令又は定款に定められた方法により評議員の選任が行われていない場合 ・評議員として選任された者について（社会福祉法人の適正な運営に必要な識見を有する者）としての選任が行われていない場合 ・定数を超過する評議員が選任されている場合 ＜確認書類＞ 評議員の選任に関する書類（評議員選任・解任委員会の資料、議事録等）、就任承諾書等 ＜着眼点＞ ○評議員会は、役員の選任・解任や定款変更等の法人の基本的事項について決議する権限を有し、これらを通じて中立・公正な立場から理事等を監督する役割を担う機関である。そして、その評議員会を構成する評議員の職務については、（個々の評議員が欠格事由に該当しないこと（法第40条第1項、当該法人の各評議員若しくは特殊の関係にある者（注2）を評議員として選任することができないこと（法第40条第4項及び第5項）が定められてはならず、法人の高い公益性に鑑み、法人は暴力団員等の反社会的勢力が評議員になることはできない。 （注1）欠格事由（評議員となることができない者）は次のとおり。 ①法人 ②成年被後見人又は被保佐人 ③生活保護法、児童福祉法、老人福祉法、身体障害者福祉法又はこの法律の規定に違反して刑に処せられ、その執行を終わり、又は執行を受けることがなくなるまでの者 ④③のほか、禁錮以上の刑に処せられ、その執行を終わり、又は執行を受けることがなくなるまで

項目	監査事項	根拠	チェックポイント	着眼点、指摘基準、確認書類
			○ 実際に評議員会に参加できない者が名目的に選任されていないか。 ○ 地方公共団体の長等特定の公職に名を連ねている者が慣例的に評議員として選任されていないか。 ○ 暴力団員等の反社会的勢力の者が評議員となっていないか。	の者 ⑤ 所轄庁の解散命令により解散を命ぜられた法人の解散当時の役員 (注2) 各評議員又は各役員と特殊の関係にある者の範囲は次のとおり。 ① 配偶者 ② 三親等以内の親族 ③ 厚生労働省令で定める者(規則第2条の7、第2条の8) i 当該評議員又は婚姻の届出をしていないが事実上婚姻関係と同様の事情にある者 ii 当該評議員又は役員の使用人 iii 当該評議員又は役員から受ける金銭その他の財産によって生計を維持している者 iv iiiの配偶者 v i〜iiiの三親等以内の親族でありこれらの者と生計を一にするもの vi 当該評議員又は役員、若しくは業務を執行する社員又は職員(同一の社会福祉法人の評議員に限る。) (注) 法人ではない団体で代表者又は管理人の定めがある場合には、その代表者又は管理人を含む。 vii 他の社会福祉法人の役員又は職員(当該他の社会福祉法人の評議員となっている当該社会福祉法人の役員又は職員、当該他の社会福祉法人の評議員等が当該社会福祉法人の評議員の総数の三分の一を超える場合に限る。) viii 次の団体の職員(国会議員又は地方公共団体の議会の議員を除く。)(同一の団体の職員が当該社会福祉法人の評議員の総数の三分の一を超える場合に限る。) ・国の機関、地方公共団体、独立行政法人、国立大学法人、大学共同利用機関法人、地方独立行政法人、特殊法人、認可法人 ※ 法人監査における確認事項ではないが、相続税特別措置法第40条第1項の適用を受けるための条件ともされる特殊の関係にある者の範囲については、上記(注2)と同一ではないことに留意が必要である。 ○ 法人は、評議員の選任に当たり、評議員候補者が欠格事由等以外の者でないかについて、各評議員又は各役員と特殊の関係にある者に該当しないか、確認を行う必要がある。確認方法は各法人において支障をきたさないものであるが、法人の判断により官公署が発行する着替え等を確認することとも考えられる。指導監査を行うに当たっては、法人が何らかの方法によりこれらの事項を確認した上で選任を行っているかについて確認する。 ○ 当該法人の役員又は職員との兼職の有無の確認については、法人が保有する関係書類により、該当する者がいないかを確認する。 上記(注2)の特殊の関係にある者の③のviiに該当しない場合であっても、関係行政庁の職員は法人の自主性を重んじ、不当な関与を行わないこととし(第1項第2号)及び(同項第3号)と規定し、公私分離の原則を定める趣旨に照らし関係行政庁は留意する必要がある。 ○ 社会福祉協議会については、公私の関係等によって組織され運営されるものであることから、関係行政庁の職員が評議員となることのみをもって不当な関与であるとはいえないが、その結果、評議員の公職にある者の名目的に評議員の重要性に鑑みると、実際に評議員会に参加できない者や地方公共団体の長等の特定の公職にある者を評議員として選任され、不当な関与に当たることに留意する。(法第109条第5項(役員に関する規定)参照) 評議員総数の五分の一を超える割合を占める場合は、不当な関与に当たると考えられる。(法第109条第5項(役員に関する規定)) 評議員の公職にある者の名目的に評議員の重要性に鑑みると、評議員にこのような者が少ないかについて確認する。

項目	監査事項	根拠	チェックポイント	着眼点、指摘基準、確認書類
				この場合に、評議員として不適当であるとの判断する基準は、原則として、当該年度の前年度の評議員会を全て欠席している者であることとする。ただし、指導監査を行う時点において、前記の評議員会の開催が1回のみである場合には、直近2回の評議員会を欠席している者であることとする。 ＜指摘基準＞ 次の場合は文書指摘によることとする。 ・ 評議員の選任手続において、評議員候補者が欠格事由に該当しないこと、当該法人の各評議員若しくは各役員と特殊の関係にある者がないこと又は暴力団体等の反社会的勢力の者でないことについて、法人において確認がされていない場合 ・ 法人が保有する書類により、欠格事由や特殊の関係にある役員を兼ねている場合 ・ 暴力団員等の反社会的勢力の者が評議員となっている場合 ・ 社会福祉協議会において、関係行政庁の職員が評議員総数の5分の1を超えている場合 ・ 欠席が継続し、名目的・慣例的に選任されていると考えられる評議員がある場合 ＜確認書類＞ 評議員の選任手続における関係書類（履歴書、誓約書等）、役職員名簿、評議員会の議事録等
	3 評議員の数は、法令及び定款に定める員数となっているか。	法第40条第3項	○ 評議員の数は、定款で定めた理事の員数を超えている。	＜着眼点＞ ・ 評議員の数は定款で定めた理事の員数を超える数をでなければならない（法第40条第3項。注）。指導監査を行うにあたっては、在任する評議員の人数が定款で定める評議員の員数及び定款で定めた理事の人数を超えているかについて確認する。 　なお、定款で定めた評議員の員数を超えていたとしてもよいというわけてではないことに留意する必要がある。 （注）上記にかかわらず、小規模法人に配慮する観点から、平成27年度決算における法人単位活動計算書のサービス活動収益4億円以下の法人については、平成29年度から平成31年度までの間の3年間について適用される経過措置が設けられており、当該経過措置により評議員の数は4人以上であればよいこととされている（平成28年改正法附則第10条、平成28年改正政令第4条第1項）。なお、平成28年度中に設立された法人については、その事業規模にかかわらず、この経過措置の対象となることとされている（同条第2項）。 ＜指摘基準＞ 次の場合は文書指摘によることとする。 ・ 在任する評議員の人数が定款で定めた理事の員数及び在任する理事の人数を超えていない場合（同注）以下の場合） ・ 経過措置の対象法人について、評議員の人数が4人未満である場合 ＜確認書類＞ 定款、評議員名簿、役員名簿、理事の選任・解任を証する書類等）、評議員の選任に関する書類（評議員選任・解任委員会の議事録、委嘱状、就任承諾書等）
(2) 評議員会の招集・運営	1 評議員会の招集が適正に行われているか。	法第45条の9第1項、同条第10項により準用される一般法人法	○ 評議員会の招集通知を期限までに発しているか。 ○ 招集通知に記載し、招集通知に記載し	＜着眼点＞ ・ 評議員会の招集については、理事会の決議により評議員会の日時及び場所等（注）を定め、理事が評議員会の1週間前（又は定款に定めた期間）までに評議員に書面又は電磁的方法（電子メール等）により通知する方法で行われなければならない（法第45条の9第10項により準用される一般法人法第 ＜確認書類＞ 定款、評議員会の招集の決議に関する書類（評議員の選任、理事の選任・解任を証する書類等）、就任承諾書等

項目	監査事項	根拠	チェックポイント	着眼点、指摘基準、確認書類
		第181条、第182条、規則第２条の12	なければならない事項は理事会の決議によって定めているか。 ○ 定時評議員会が毎会計年度終了後一定の時期に招集されているか。	181条及び第182条、規則第２条の12。なお、指摘監査を行うに当たっては、これらの手続が適正になされているかについて確認しなければならない事項（法第45条の９第10項により準用される一般法人法第181条第１項） ① 評議員会の日時及び場所 ② 評議員会の目的である事項がある場合は当該事項 ③ 評議員会の目的である事項に係る議案（議案が確定していない場合はその旨。）の概要 なお、評議員の全員の同意を経るときは、招集の手続を経ることなく評議員会を開催することができることとされており（法第45条の９第10項により準用される一般法人法第183条）、この場合には招集の通知を省略できるが、評議員会の同意があったことを客観的に確認できる書類の保存が必要であることにも留意する必要がある。 ○ 定時評議員会は毎会計年度終了後一定の時期に招集されなければならず（法第45条の９第１項）、また、計算書類は毎会計年度について、毎年６月末日までに定時評議員会に招集されなければならない（第45条の30、第59条第１項）。このため、計算書類を所轄庁に届け出る毎年６月末日（法第45条の31、定時評議員会の開催時期について評議員会の定めが出る毎年６月末日（定款に開催時期の定めがあり、当該時期を定款に記載した場合には、当該時期までに開催される必要がある（定款例第11条参照）。 ＜指摘基準＞ 次の場合には、文書指摘によることとする。 ・評議員会の日時及び理事等の決議により定められていない場合 ・評議員会の日時及び理事等の決議により定められている期間（又は定款に定める期間）までに通知していない場合 ・電磁的方法により通知しない場合に、評議員の承諾を得ていない場合 ・評議員会の招集通知に必要事項が記載されていない場合 ・評議員会の招集通知に評議員全員の同意を得た場合 ・定時評議員会を開催しているか届け出る毎年６月末日（定款に開催時期の定めがある場合を除く。）までに開催されていない場合 ＜確認書類＞ 評議員会の招集通知、理事会の議事録、評議員会の議事録、評議員会全員の同意が確認できる書類
2 決議が適正に行われているか。		法第45条の９第６項から第８項、第10項により準用される一般法人法第194条第１項、第195条	○ 決議に必要な数の評議員が出席し、必要な数の賛成をもって行われているか。 ○ 決議が必要な事項について、決議が行われているか。 ○ 特別の決議は必要数の賛成をもって行われているか。 ○ 決議について特別決議が行われているか。	＜着眼点＞ ○ 評議員会で決議を行うためには、議決に加わることができる評議員の過半数（定款で過半数を上回る割合を定めた場合にはその割合以上）の出席が必要である（法第45条の９第６項）。この「議決に加わることができる評議員」には、当該決議に特別の利害関係を有する評議員（法第45条の９第８項）は含まれない。 ○ 評議員会の決議は、法令及び定款で定める事項に限り行うことができる（法第45条の９第２項）。定款に定める事項の他、次の事項について。 ・理事、監事、会計監査人の選任及び解任 ・理事、監事の責任の免除 ・理事、監事の報酬等の決議（定款に報酬等の額を定める場合を除く。） ・役員報酬等基準の承認

資　料　指導監査ガイドライン（抜粋）

項目	監査事項	根拠	チェックポイント	着眼点、指導基準、確認書類
			の利害関係を有する評議員が評議員会の決議に加わっていないか。 ○評議員会の決議を省略した場合（決議があったとみなされた場合）や評議員会（報告）への報告があったとみなした場合に、評議員会の全員の書面又は電磁的記録による同意の意思表示があるか。	・計算書類の承認 ・定款の変更 ・解散の決議 ・合併の承認 ・社会福祉充実計画の承認 ○評議員会の決議には、その決議について特別の利害関係（注1）を有する評議員が加わることはできないことから（法第45条の9第8項）、当該特別の利害関係を有する評議員の存否については、その決議を行う前に、法人において確認しておく必要がある。そのため、当該法人においてその確認がなされたか、指導監査として確認する。この確認は、評議員会の議案について特別の利害関係を有するものではあるが、評議員会の招集等を定めた通知を発した場合に、当該特別の利害関係を有する者であり、評議員に申し出ることを定めている場合には、評議員会の決議の成立の際に利害関係に改めて確認を行う必要はなく、決議に利害関係がある評議員がいない場合には、議事録の記載は不要である。 （注1）「特別の利害関係」とは、評議員が、その決議について、法人に対する善管注意義務（定款）を上回る割合であるもの。民法（明治29年法律第89号）第644条）を履行することが困難と認められる利害関係を意味する。 ○評議員会における普通決議（特別決議以外の決議）は、出席者の過半数（法第45条の9第6項）をもって行い、特別決議（注2）は、議決に加わることができる評議員の3分の2（定款で3分の2を上回る割合を定めた場合にはその割合）以上の賛成（法第45条の9第7項）をもって行われる必要があり、指導監査を行うに当たっては、評議員会の決議について、出席者数及び賛成の成立に必要な数となっているかを確認する。 （注2）特別決議は、①監事の解任、②役員等の損害賠償責任の一部免除、③定款変更、④法人の合併契約の承認、②定款の変更、③解散の決議、④合併の承認、⑤社会福祉充実計画の承認 ○理事が評議員会の目的である事項について提案をした場合において、当該提案につき議決に加わることができる評議員の全員が書面又は電磁的記録により同意の意思表示をしたときは、当該提案を可決する旨の評議員会の決議があったものとみなされる（法第45条の9第10項により準用する一般法人法第194条第1項。また、理事が評議員の全員に対して評議員会に報告すべき事項を通知した場合において、当該事項を評議員会に報告することを要しないことにつき評議員の全員が書面又は電磁的記録により同意の意思表示をしたときは、当該事項の評議員会への報告があったものとみなされる（法第45条の9第10項により準用する一般法人法第195条）。そのため、当該省略された決議又は報告の省略がなされた場合には、当該書面又は電磁的記録があるかを確認する。 〈指導基準〉 次の場合は文書指摘によることとする。 ・成立した決議について、法令又は定款に定める出席者数又は賛成者数が不足していた場合 ・決議を要する事項について、決議が行われていない場合 ・成立した決議に特別の利害関係を有する者が加わっていた場合 ・決議に特別の利害関係を有する者がいるか法人が確認していない場合 ・決議の省略について、評議員の同意があったとみなされる場合に、評議員全員の同意の意思表示の書面又は電磁的記録が確認できない場合 ・評議員会への報告があったとみなされる場合に、評議員全員の同意の意思表示の書面又は電磁的記録がない場合には、当該書面又は電磁的記録の記

351

項目	監査事項	根拠	チェックポイント	着眼点、指摘基準、確認書類
	3 評議員会について、適正に記録の作成、保存を行っているか。	法第45条の9第10項により準用される一般法人法第194条第1項、法第45条の11第2項から第3項まで、規則第2条の15	○ 厚生労働省令で定めるところにより、議事録を作成しているか。 ○ 議事録を法人の事務所に法定の期間備え置いているか。 ○ 評議員会の決議があったとみなした場合に、同意の書面又は電磁的記録を法人の主たる事務所に法定の期間備え置いているか。	<確認書類> 定款、評議員会の議事録、同意、同意の意思表示の書面又は電磁的記録、法人が決議に特別の利害関係を有する事項があるかを確認した書類 <着眼点> ○ 評議員会は、法人の基本的事項についての決議を行う機関であり、その議事内容は法人にとって重要な資料であることから、法人においては、評議員会及び決議の内容等について記録した議事録を作成することが義務付けられている（同条第45条の11第1項、法第194条第1項）。そこで、指導監査を行うに当たり、必要事項が記載されているか（規則第2条の15）、評議員会の議事録が閲覧に供することができるようにすることが義務付けられている（同条第45条の11第2項、第3項）評議員会の日から法人の主たる事務所に5年間備え置かれているか（同条第45条の11第2項）について確認する。また、評議員会の決議が省略された場合においては、同意の意思表示の書面又は電磁的記録が法人の主たる事務所に10年間備え置かれているか（法第45条の9第10項により準用される一般法人法第194条第2項）について確認する。 評議員会の決議を省略した場合、開催された評議員会について記名押印がされていない場合がある。法人は、評議員会の決議があった旨の書面又は電磁的記録について、定款に従った署名又は記名押印が必要とする場合、定款上必要とする旨の規定はないが、議事録署名に関する規定を定款に準用する観点から、定款で評議員署名人に関する規定を設けることが望ましい（定款例第14条参照。）。 議事録の記載事項としては、開催された日時及び場所（当該場所に存しない評議員、理事、監事又は会計監査人が評議員会に出席した場合における出席の方法（例：テレビ会議）を含む。）、評議員会の議事の経過の要領及びその結果（規則第2条の15第2項）のほか、 ① 評議員会の決議に関する事項（規則第2条第3項） ② 評議員会の決議があったものとみなされた事項（同条第4項第1号）の事項の ③ 理事会の評議員会への報告を省略した場合（報告があったとみなされた場合）の事項（同条第2号）(注3) ④ 法の規定に基づき評議員会の内容に関する議事録の記載事項 (注1) 議事録が書面で作成されている場合には、出席した評議員及び議長は記名押印（規則第2条の15第3項）。 (注2) 議事録が電磁的記録で作成されている場合には、当該電磁的記録に記録された事項について電子署名（同条第2号）。 (注3) 定款例第14条参照。 内容の概要 i 監事による監事の選任若しくは解任又は辞任に関するその意見（選任後最初に開催された評議員会）（法第43条第3項において準用する一般法人法第74条第1項） ii 監事を辞任した者による辞任した旨及びその理由（辞任後最初に招集される評議員会）（法第74条第2項） iii 会計監査人による会計監査人の選任、解任若しくは不再任又は辞任に関する意見（法第43条第3項において準用する一般法人法第74条第4項） iv 会計監査人を辞任した者又は解任された会計監査人による辞任した旨及びその理由又は解任についての意見（辞任後最初に招集される評議員会）（同上） v 会計監査人の意見（辞任又は解任しようとする会計監査人）（法第102条） vi 監事による報酬等についての意見（法第45条の18第3項において準用する一般法人法第105条第3項） vii 会計監査人による法人の計算書類及び附属明細書が法令又は定款に適合するかどうかについて、監事と意見を異にするときの意見（法第45条の19第6項において準用する一般法人法第

資　料　指導監査ガイドライン（抜粋）

項目	監査事項	根拠	チェックポイント	着眼点、指摘基準、確認書類
	4　決算手続は、法令及び定款の定めに従い、適正に行われているか。	法第45条の19、第45条の30、第45条の31、規則第2条の39、第2条の40	○ 計算関係書類等について、監事の監査を受けているか。 ○ 会計監査人設置法人は、計算関係書類等について、会計監査人の監査を受けているか。 ○ 計算関係書類等は定時評議員会の承認を受けているか。	109条第1項 viii　定時評議員会において会計監査人の出席を求める決議を行った一般法人法第109条第2項において準用する同法第45条の19第6項に限る評議員、理事、監事又は会計監査人の氏名又は名称（法第45条の19第6項において準用する一般法人法第109条第2項） ⑤ 評議員の氏名（出席した評議員に限る。） ⑥ 議長の氏名（議長が存する場合に限る。） ⑦ 議事録の作成に係る職務を行った者の氏名 （注2）評議員会の決議を省略した場合（評議員会の決議があったとみなされた場合）の議事録の記載事項（規則第2条の15第4項第1号） ① 決議を省略した事項の内容 ② 決議を省略した者の提案をした者の氏名 ③ 評議員会の決議があったとみなされた日 ④ 議事録の作成に係る職務を行った者の氏名 なお、この場合は、全評議員の同意の議事録に記載しなければならないことに留意すること。 （注3）理事の評議員会への報告を省略した場合（報告があったとみなされた場合）の議事録の記載事項（同条第2号） ① 評議員会への報告があったものとみなされた事項の内容 ② 評議員会への報告があったものとみなされた日 ③ 議事録の作成に係る職務を行った者の氏名 なお、この場合は、全評議員の同意の意思表示に係る書面等を事務所に備え置く必要はないこと。 ○ 議事録については、記載された事項の全てについて、出席していない評議員や債権者等が、その関係書類と併せて内容の確認ができるよう明確に記載する方法により記載しなければならない。 ＜指摘基準＞ 次の場合は文書指摘によることとする。 ・議事録が作成されていない又は十分でない場合 ・議事録の必要事項が記載されていない又は十分でない場合 ・議事録が、評議員会の日から主たる事務所に10年間、従たる事務所に5年間備え置かれていない場合 ・議事録の決議を省略した場合に、同意の意思表示が行われた書面又は電磁的記録が、評議員会の決議があったとみなされた日から10年間備え置かれていない場合、法人の主たる事務所に評議員会の決議があったとみなされた事項の内容を記載した書面又は電磁的記録を備え置いていない場合 ・定款に評議員会議事録署名人に関する規定がある場合に、当該規定による署名又は記名押印がなされていない場合 ＜確認書類＞ 評議員会の議事録、同意の意思表示を行った書面又は電磁的記録 ○ 着眼点 ・決算に際しては、毎会計年度終了後3か月以内に、計算書類（計算書類及びその附属明細書）及び財産目録（以下「計算関係書類等」という。）を作成し、所轄庁に提出しなければならない（法第59条）。 ・計算関係書類等を所轄庁に提出するにあたっては、理事会の承認を受けたものでなければならない（法第45条の30、規則第2条の40。ただし、会計監査人設置法人においては、一定の要件（注）を満たす場合）。 ・計算書類及び財産目録については定時評議員会にその内容を報告することで足りる（法第45条の31、規則第2条の40）。

項目	監査事項	根拠	チェックポイント	着眼点、指摘基準、確認書類
			○ 会計監査人設置法人以外の法人は、計算書類及び財産目録について、定時評議員会の承認を受けているか。 ○ 会計監査人設置法人は、計算書類及び財産目録を定時評議員会に報告しているか。	（注1）会計監査人設置法人が、次の①から③の全ての要件を満たすことで足りることとする（規則第39、第2条の40）。 ① 計算書類又は財産目録についての会計監査報告に無限定適正意見が付されていること ② 会計監査報告に関する監事の監査報告に、会計監査人の監査の方法又は結果を相当でないと認めた意見がないこと ③ 計算書類又は財産目録について、特定監事まで監査報告の内容を通知しなかったことにより、監査報告を受けたものとみなされたものでないこと ○ 計算関係書類について理事会の承認を受けるにあたっては、監事の監査を受けなければならない。 会計監査人を置く場合（注2）、会計監査人の監査及び計算目録を定時評議員会に報告しているか。 （注2）監事の監査及び会計監査人の監査を行うに当たっては、必要な機関の承認や報告の手続が行われているかを確認する。 ＜指摘基準＞ 計算関係書類等について、必要な機関の承認を受けていない場合及び監査が行われていない場合は、Ⅰの5「監事」、7「会計監査人」を参照。 ＜確認書類＞ 定款、経理規程、監事による監査報告、会計監査人による会計監査報告、理事会議事録、評議員会議事録等
4　理事				
(1) 定数	1 法に規定された員数が定められ、その定款に定める員数を満たすよう選任がされているか。	法第44条第3項、第45条の7	○ 定数に定めた員数が選任されているか。 ○ 定款で定めた員数の3分の1を超える者が欠けたときは遅滞なく補充しているか。 ○ 欠員が生じていないか。	＜着眼点＞ ○ 理事会は、①法人の業務執行の決定、②理事の職務の執行の監督、③理事長の選定及び解職を行うものであり、理事会を構成する理事は、その理事会における意思決定を通じて業務執行の決定又は監督を担っている。理事という意味で、法人の運営における重要な役割を担っている。 ○ 理事は、6人以上（法第44条第3項）その定款に定める員数を定款に定める。 ○ その定款に定める員数について確認する。 ○ 定数に定めた員数の3分の1を超える者が欠けているか。指摘指導の時点で員数の3分の1を超える者が欠けていないか、欠けている場合には遅滞なく補充の手続が進められているかについて確認する。当該法人において、遅滞なく補充のための手続が進められているかについて確認する。なお、「遅滞なく」補充の手続は、法令に直接明記されていないが、理事会又は評議員会の選任の議案提出、又は評議員会の開催等の理事選任に関し手続を進めているか。法人において選任手続を進めているか（理事会、理事長等の理事選任に係る手続を進めているか。） ○ 具体的な検討や実施の有無について確認する。 ＜指摘基準＞ 次の場合は文書指摘によることとする。 ・定款で定めた員数が選任されていない場合 ・定款で定めた員数の3分の1を超える欠員が生じているにもかかわらず、法人において補充のための手続がとられていない場合

資　料　指導監査ガイドライン（抜粋）

項目	監査事項	根拠	チェックポイント	着眼点、指摘基準、確認書類
				が進められておらず、かつ、具体的な検討も行われていない場合 ・欠員がある場合に、法人において補充のための手続が進められておらず、かつ、補充の検討が行われていない場合 <確認書類> 定款、理事又は評議員の選任に関する書類
(2) 選任及び解任	1　理事は法令及び定款に定める手続により選任又は解任されているか。	法第43条第1項、第45条の4	○ 評議員会の決議により選任又は解任されているか。 ○ 理事の解任は、法に定める解任事由に該当しているか。	<着眼点> ○ 理事の選任は評議員会の決議により行うため（法第43条第1項）、評議員会が適切に開催されているかについて確認する（評議員・評議員会 3「評議員会の決議」の(2)の2参照）。評議員会の決議に関しては、委任に関する規定に従う（法第38条）。そのため、評議員会により選任された者が就任を承諾したことにより、その時点から（承諾のとき理事の任期が開始）から理事となることから、その就任の承諾の有無についての指導監査を行う必要が当たっては、文書による保存が必要であるが、なお、理事の役割の重要性に鑑み、文書による保存する必要があるものではないが、理事の選任において、選任された者に対する委嘱状による委嘱をすることとともに、就任の意思を伝達することは差し支えない。 ○ 理事の解任は、職務上の義務に違反し、又は職務を怠ったときのいずれかに該当するときに、評議員会の決議により行うが（法第45条の4第1項）、安定的な法人運営や利用者の処遇に及ぼす影響が大きいことから、評議員会によって解任が濫用されてはならないため、理事の職務上の義務に職務状態の悪化という事実や健康状態の悪化のみをもって解任することはできず、現に法人運営に重大な支障を及ぼし、又は、適正な事業運営を阻害するような、理事等の不適正な行為など重大な義務違反等がある場合に限定されると解すべきである。 指導監査を行うに当たっては、同条に基づく就任承諾違反等による理由又は重大な違反に該当する場合に、解任の理由について、当該理事に重大な義務違反等があるかについて確認する。 <指摘基準> 次の場合は文書指摘によることとする。 ・理事の選任が評議員会の決議により行われていない場合 ・理事の解任が評議員会の権限の濫用に当たる場合（現に法人運営に重大な損害を及ぼし、又は、適正な事業運営を阻害するような、理事等の不適正な行為など重大な義務違反等がある場合に該当しない場合） ・理事の就任の承諾の意思表示があったことが就任承諾書等により確認できない場合 <確認書類> 評議員会の議事録、評議員会の招集通知、法人の役員の議題（及び議案）、理事会の議事録、評議員会の議題（及び議案）を決定した理事会の議事録、就任承諾書等
(3) 適格性	1　理事となることができない者又は適切ではない者が選任されていないか。	法第44条第1項により準用する法第40条第1項、第40条第6第1項（参考）法第61条第1項、第	○ 欠格事由を有する者が選任されていないか。 ○ 各理事について、特殊の関係にある者が上限を超えて含まれているか。	<着眼点> ○ 理事は、理事の構成員として、法人の業務執行の決定をする等法人の運営における重要な役割を担い、その職務を全うさせるため、当該理事となることについて、一定の事由が欠格事由（注1）として定められる（法第44条第1項により準用される法第40条第1項）とともに、理事長等や他の理事等との特殊の関係にある者及び当該理事の合計（注2）が、理事総数の3分の1（上限は当該理事を除かず3人）を超えることは

355

項目	根拠	チェックポイント	着眼点、指摘基準、確認書類
	109条から111条まで、審査基準第3の1の八、(3)、(4)、(6)。	○ ～ていないか。 ○ 社会福祉協議会にあっては、関係行政庁の職員が役員の総数の5分の1までとなっているか。 ○ 実際に法人運営に参加できない者が名目的に選任されていないか。 ○ 地方公共団体の長等特定の公職にある者が慣例的に理事長に就任したり、理事として参加していないか。 ○ 暴力団員等の反社会勢力の者が選任されていないか。	ならない（法第44条第6項）。また、法人の高い公益性に鑑み、暴力団員等の反社会的勢力の者と関わりを持ってはならず、評議員と同様に暴力団員等の反社会的勢力の者が理事になることはできない。 （注1）欠格事由（理事となることができない者）については同じく次のとおりである。 ① 法人 ② 成年被後見人又は被保佐人 ③ 生活保護法、老人福祉法、身体障害者福祉法又はこの法律の規定に違反して刑に処せられ、その執行を終わり、又は執行を受けることがなくなるまでの者 ④ ③のほか、禁錮以上の刑に処せられ、その執行を終わり、又は執行を受けることがなくなるまでの者 ⑤ 所轄庁の解散命令により解散を命ぜられた法人の解散当時の役員 （注2）各理事と特殊の関係にある者の範囲は次のとおり。 ① 配偶者 ② 三親等以内の親族 ③ 厚生労働省令で定める者（規則第2条の10） 　i 当該理事と婚姻の届出をしていないが事実上婚姻関係と同様の事情にある者 　ii 当該理事の使用人 　iii 当該理事又はその他の全額その他の財産によって生計を維持している者 　iv i又はiiの配偶者 　v i～iii前の三親等以内の親族でこれらの者と生計を一にする者 　vi 当該理事が役員、業務を執行する社員又は職員（同一の団体の役員等が当該社会福祉法人の理事総数の3分の1を超える場合に限る。） 　vii 次の団体の職員（国会議員又は地方議会の議員を除く。） 　法人ではない団体で代表者又は管理者の定めがある場合には、その代表者又は管理人を含む。（同一の団体の役員等が当該社会福祉法人の理事総数の3分の1を超える場合に限る。） 　・国の機関、地方公共団体、独立行政法人、国立大学法人、大学共同利用機関法人、地方独立行政法人、特殊法人、認可法人 ※ 法人監査における確認事項ではないが、租税特別措置法第40条第1項の適用を受けるための条件ともなる特殊の関係にある者の範囲については、上記（注2）と同一ではないため留意が必要。 法人は、理事の選任に当たり、各理事が欠格事由に該当しないこと、各理事と特殊の関係にある者についての確認を行う必要がある。確認方法としては、履歴書により、これらの者に該当しないことを確認するとともに、本人により候補者本人により官公署が発行する書類により確認する。 ○ 特殊の関係にある者の3の㎡に該当しない場合であっても、関係行政庁の職員が法人の理事となることによって組織される運営されるものであることから、関係行政庁の協力を得て不当な制約を受けることがないよう、役員総数の5分の1を超える役員数を占める場合は、不当な関与となるため、法により認められていない（法第109条第5項）。 ○ 特殊の関係にある者の3のⅶに該当しない場合であっても、「国及び地方公共団体は法人の自主性を重んじ、不当な関与を行わないこと」とし（第1項第2号）及び「国又は地方公共団体は法人に対して不当な管理的援助を求めないこと」（同項第3号）と規定し、公私分離の原則を定める趣旨に照らすと適当ではないことに留意し所轄庁等関係行政が留意する必要がある。 ○ 社会福祉協議会については、公私の関係職員が役員となることのみをもって不当な関与を関わる関与となるものではないが、公私分離の原則に鑑み、関係行政庁の職員が役員を占める割合は、不当な関与といえるため、法により認められていない（法第109条第5項）。

資　料　指導監査ガイドライン（抜粋）

項目	監査事項	根拠	チェックポイント	着眼点、指摘基準、確認書類
				（注3）法第109条第5項は、役員全総数に対する関係行政庁の職員の割合について規定しており、役員、すなわち、理事と監事の合計数で判断する。 ○ 役員の役割の重要性に鑑みれば、実際に理事会に理事や地方公共団体の特定の公職にある者が名目的・慣例的に理事として選任され、その結果、理事会を欠席することとは適当ではないため、理事会にこのような者がいないかについて確認する。 　この場合の理事は、不適当と判断するための基準は、原則として、当該年度及びその前年度において理事会を2回以上欠席し続けている者であることとする。 ＜指摘基準＞ 次の場合は文書指摘によることとする。 ・理事の選任手続において、理事候補者に対して欠格事由に該当しないこと、各理事と特殊の関係にある者が上限を超える合まれていないか、暴力団等の反社会的勢力に属する者でないことを確認していない場合 ・法人が保有する書類により、欠格事由又は、各理事と特殊関係にある者が上限を超えていることが判明した場合 ・暴力団等の反社会的勢力の者が理事となっている場合 ・社会福祉協議会の役員が役員総数の5分の1を超えている場合 ・関係行政庁の職員が欠席し続けており、名目的、慣例的に欠席する役員がいる場合 ＜確認書類＞ 役員の選任手続における関係書類（履歴書、誓約書等）、役員名簿、理事会及び評議員会の議事録等
	2 理事として含まれていなければならない者が選任されているか。	法第44条第4項	○ 社会福祉事業の経営に識見を有する者が選任されているか。 ○ 当該社会福祉法人が行う事業の区域における福祉に関する実情に通じている者が選任されているか。 ○ 施設を設置している場合、当該施設の管理者が選任されているか。	＜着眼点＞ ○ 社会福祉事業の経営に関する識見を有する者とは、「社会福祉事業の経営に関する識見を有する者」及び「当該社会福祉法人が行う事業の区域における福祉に関する実情に通じている者」が含まれている必要がある（法第44条第4項第1号、第2号）。また、施設を設置する場合は、施設経営の実態を（同項第3号）。 （注）「施設の管理者」については、当該法人が複数の施設を設置している場合は、全ての施設の管理者を理事とする必要があるものではなく、施設の管理者のうち1名以上が理事に選任されていれば足り） 　なお、この場合の「施設」とは、原則として、法第62条第1項の第1種社会福祉事業のため設置する施設をいうが、第2種社会福祉事業であっても「当該社会福祉法人が行う事業の中核であり、保育所等、就労移行支援事業所、就労継続支」設置することとする。措置事業所等の経営を行う事業（保育所等、就労移行支援事業所、就労継続支）設置することとする。 ○「社会福祉事業の経営に通じている者」及び「当該社会福祉法人が行う事業の区域における福祉に関する実情に通じている者」については、それぞれ「社会福祉法人の経営に関する識見を有する者」及び「当該社会福祉法人が行う事業の実情に」として適正な手続により選任を受けるものであり、制度を受ける識見を有する者のみ、指導監査を行うに当たっては、監査担当者の主観的な判断のみで、識見を有する者であるか否かを判断するものではなく、必要な書類での証明を求めるものではないことに留意する必要がある。 　なお、当該社会福祉法人が行う事業における福祉に関する実情に通じている者に関する審査要領第3の2の記載は例示であって、それらの者に限定されるものではなく、また、それらの者が選任されなければならないものではないことに留意することが必要である。

項目	監査事項	根拠	チェックポイント	着眼点、指摘基準、確認書類
				<指摘基準> 次の場合は文書指摘によるものとする。 ・理事のうちに「社会福祉事業の経営に関する識見を有する者」として、評議員会の決議等について適正な手続に基づいて選任された者がいない場合。 ・理事のうちに「当該社会福祉法人が行う事業の区域における福祉に関する実情に通じている者」として、当該社会福祉法人の決議について適正な手続に差し支えがいない場合。 ・評議員会を設置している法人であって、施設の管理者が理事として一人も選任されていない場合。 <確認書類> 理事の選任手続における関係書類（履歴書等）、役員名簿、理事会及び評議員会の議事録等
(4) 理事長	1 理事長及び業務執行理事は理事会で選定されているか。	法第45条の13第3項、第45条の16第2項	○ 理事会の決議で理事長を選定しているか。 ○ 業務執行理事の選定は理事会の決議で行われているか。	<着眼点> ○ 理事長は、法人の代表権（法人の業務に関する一切の裁判上又は裁判外の行為を対外的に行う権限を有する者を対外的に行う権限）を有する（法第45条の17第1項）ものであり、理事会で理事の中から選定しなければならない（法第45条の13第3項）。 ○ なお、平成28年改正法の施行後においては、法律上、法人の代表権を有する者は理事長のみとされ、理事の代表権を他の者に委任することはできない（理事会の決議で法人の代表権を行使することを登記する旨の規定は無効である。）。また、法人の代表権を有する者の登記についても理事会で登記することができる旨を理事として登記することはできないことを登記することができる（法人の対外的な業務を執行する理事（業務執行理事）を理事会で選定することができる。なお、業務執行理事は、法人の代表権を有する必要はない（法人の対外的な業務を執行する（法第45条の16第2項第2号）。なお、業務執行理事を置く場合には理事会を執行することに当たり選定する（法第45条の14）として、法令で定めない理事長及び業務執行理事の選定について、理事長及び業務執行理事の選定が法令及び定款に定める特別の規定（注）に従って行う。 ○ 指導監査を行うに当たっては、理事長及び業務執行理事の選定について確認するとともに、理事長及び業務執行理事の選定について、理事会の決議を行う必要がある。また、理事会の決議については、6「理事会」の(1)の2を参照。 （注）定款例第16条第2項参照。 <確認書類> 定款、理事会の議事録
5 監事 (1) 定数	1 法に規定された員数が定款に定められ、その定款に定める員数を満たす選任がされているか。	法第44条第3項、第2項による第1項の準用	○ 定款に定める員数が選任されているか。 ○ 定員で定める員数の3分の1を超える者が欠けたときは選任	<着眼点> ○ 監事は、理事の職務の執行を監査し、監査報告を作成するとともに（法第45条の18第1項）、いつでも理事及び職員に対して事業の報告を求め、又は当該社会福祉法人の業務及び財産の状況を調査することができる（同条第2項、適正な法人運営に関する重要な役割を担っている。 ○ 監事の員数は、2人以上（法第44条第3項）とし、定款に定める員数を定めたところ、指導監査を行うところ、定款に定める員数が実際に選任されているかについて確認する。

項目	監査事項	根拠	チェックポイント	着眼点、指摘基準、確認書類
			○ 滞なく補充しているか。 ○ 欠員が生じていないか。	○ 定款に定めた員数の3分の1を超える者が欠けたときは、遅滞なく補充しなければならない（法第45条の7）。指導監査を行うに当たっては、当該指導監査の時点で定款に定めた員数の3分の1を超える者が欠けていないか、欠けている場合には遅滞なく補充のための手続が進められているかについて、当該法人において確認する。また、「遅滞なく」手続が進められているかについては、定款に定める理事・監事の員数や監事候補者の選定や選任手続が実際に進められているか、評議員会への議案提出、評議員会の開催等の具体的な検討や選任手続に進む意思が発露されているかを確認する。 ○ 監事は評議員会で定める員数が3分の1を超えているが、法令に直接的に明示されているものではないが、監事の役割から十分に発揮できないおそれがあり、法人運営の観点から適当ではないことから、法人において補充のための検討や手続が進められているかを確認する。 ＜指摘基準＞ 次の場合は文書指摘によることとする。 ・定款で定めた員数が選任されていない場合 ・定款で定めた員数の3分の1を超える欠員があるにもかかわらず、法人において補充のための手続が行われていない場合 ・欠員がある場合も、かつ、具体的な検討も行われておらず、法人において補充のための検討が行われていない場合 ＜確認書類＞ 定款、監事の選任に関する評議員会議事録、理事会議事録及びその他関係書類
(2) 選任及び解任	1 法令及び定款に定めるところにより選任又は解任されているか。	法第43条第1項、同条第3項、法第45条の4第1項、法第72条で準用する一般社団・財団法人法第72条第1項、法第45条の9第7項第1号	○ 評議員会の決議により選任されているか。 ○ 評議員会に提出された監事の選任に関する議案は監事の過半数の同意を得ているか。 ○ 監事の解任は評議員会の特別決議によっているか。	＜着眼点＞ ○ 監事の選任は評議員会の決議（注1）により行うため（法第43条第1項）、評議員会の決議が適切に行われていることを確認する。 （注1）評議員会の決議や評議員会の特別決議については、3「評議員・評議員会」の(2)(2)の2参照 ○ 理事会が監事の選任に関する議案を評議員会に提出するためには、監事が理事や理事の職務の執行（理事会の理事会監査等）によって行う必要があり、監事が理事や理事の独立性を確保するため、監事が理事や理事会の構成員として行う行為を含む）（法第43条第3項）の同意を必要とし（法第43条第3項）、監事の独立性を確保するため、監事の過半数の同意を得ている（注2）かを確認する。 （注2）「監事の過半数」については、在任する監事の過半数をいう。 ○ なお、理事が提出する監事の選任の議案に監事の過半数の同意を得ていたことを証する書類は、各監事ごとに作成した同意の書面や監事の連名による同意の記載ある同意書又は記名押印ある書類等でも差し支えない。 ○ 法人と監事との関係は、評議員や理事と同様に、委任に関する規定に従う（法第38条）。そのため、各監事ごとに、監事に選任された者がその就任を承諾することから、その時点（承諾の有無について）の指導監査を開始して、その就任の承諾について（就任承諾書等）の確認を行うに当たっては、監事の役割の重要性に鑑み、文書による確認（就任承諾書等）の有無を確認する必要があり、当該証文書は法人において保存を行うことが必要である。なお、監事の選任の手続において、選任された者に対する委嘱状による委嘱を行うこともあるが、選任された者に委嘱状により監事に選任された旨を伝達することとともに、就任の意思の確認を行うことは差し支えない。 ○ 監事の解任については、評議員会の特別決議（注3）により行われているか（法第45条の9第7項第1号、法第45条の4第1項、評議員会の特別決議が適正に行われているかを確認する。 （注3）評議員会の特別決議については、3「評議員・評議員会」の(2)(2)の2参照

項目	監査事項	根拠	チェックポイント	着眼点、指摘点、指摘基準、確認書類
	2 監事となることができない者が選任されていないか。	法 第40条 第2項、第44条第7項	○ 欠格事由を有する者が選任されていないか。 ○ 評議員、理事又は職員を兼ねていないか。 ○ 監事のうちに、各役員について、各役員の配偶者又は三親等以内の親族その他各役員と厚生労働省令で定める特殊の関係がある者が含まれていないか。 ○ 社会福祉協議会にあっては、関係行政庁の職員が役員の総数の5分の1までとなっているか。 ○ 実際に法人運営に参加しない者が名目的に選任されていないか。 ○ 地方公共団体の長等の公職にある者が慣例的に監事に選任していないか。 ○ 暴力団員等の反社会勢力の者が選任されていないか。	<指摘基準> 次の場合は文書指摘によることとする。 ・ 監事の選任は評議員会の有効な決議により行われていない場合 ・ 監事の選任に関する評議員会の議案について、監事の過半数の同意を得たことが確認できない場合 ・ 監事の解任に関する評議員会の有効な特別決議により行われていない場合 ・ 監事の就任の意思表示があったことが就任承諾書等により確認できない場合 <確認書類> 評議員会の議事録、評議員会の招集通知、評議員会の議案(及び議案)を決定した理事会の議事録、就任承諾書等 監事の選任に関する評議員会の議案についての監事の同意を証する書面、就任承諾書等 <着眼点> ○ 監事は、適正な法人運営に関する重要な役割を担っていることから、欠格事由(注1)がないほか、理事との兼職が禁止されるとともに(法第44条第1項)、理事の職務の執行を監査するという職務の関係で職務を果たすため、理事又は職員を兼ねることはできないこと、また、複数(2人以上)の監事がそれぞれ独立して職務を執行することが含まれないことはならないこと(法第44条第7項)が定められている。さらに、法人の高い公益性に鑑み、法人の高い公益性に鑑み、評議員や理事と特殊の関係にある者とり選任ってはならないのであり、評議員同様に暴力団員等の反社会的勢力の者が監事になることがなくなるまでである。 (注1)欠格事由(監事となることができない場合)は、評議員及び理事と同じく次のとおりである。 ① 法人 ② 成年被後見人又は被保佐人 ③ 生活保護法、児童福祉法、老人福祉法、身体障害者福祉法などの法律の規定に違反して刑に処せられ、その執行を終わり、又はその執行を受けることがなくなるまでの者 ④ ③のほか、禁固以上の刑に処せられ、その執行を終わり、又はその執行を受けることがなくなるまでの者 ⑤ 所轄庁の解散命令により解散を命ぜられた法人の解散当時の役員 (注2)各役員と特殊の関係にある者の範囲は次のとおりである。 ① 配偶者 ② 三親等以内の親族 ③ 厚生労働省令で定める者(規則第2条の11) ⅰ 当該役員と婚姻の届出をしていないが事実上婚姻関係と同様の事情にある者 ⅱ 当該役員の使用人 ⅲ ⅰ又はⅱの配偶者 ⅳ ⅰからⅲに掲げる者の三親等以内の親族であって、これらの者と生計を一にするもの ⅴ 当該役員の役員(注)若しくは業務を執行する社員である他の同一の社会福祉法人以外の団体の役員、業務を執行する社員又は当該団体の職員(同一の団体の役員が当該社会福祉法人の監事の総数の3分の1を超える場合に限る。) ⅵ 当該役員が役員若しくは業務を執行する社員である他の同一の社会福祉法人以外の団体の役員、業務を執行する社員又は当該団体の職員(同一の団体の役員が当該社会福祉法人の監事の総数の3分の1を超える場合に限る。) (注)法人ではない団体で代表者又は管理人の定めがある者の場合には、その代表者又は管理人 ⅶ 当該監事が役員若しくは業務を執行する社員である他の同一の社会福祉法人以外の団体の役員、業務を執行する社員又は当該団体の役員等が当該社会福祉法人の監事の総数の3分の1を超える場合に限る。)

項目	監査事項	根拠	チェックポイント	着眼点、指摘基準、確認書類
				viii　他の社会福祉法人の役員又は評議員（当該他の社会福祉法人の評議員となっている当該社会福祉法人の評議員及び役員の合計数が、当該他の社会福祉法人の評議員の総数の半数を超える場合に限る。） ix　次の団体の職員（国会議員又は地方議会の議員を除く。）（同一の団体の職員の総数の3分の1を超える場合に限る。） ・国の機関、地方公共団体、独立行政法人、大学共同利用機関法人、国立大学法人、地方独立行政法人、特殊法人、認可法人 ※　法人監査における確認事項ではないが、欠格事由の適用を受けるための条件となる特殊関係者の範囲については、上記（注2）と同一ではないか、各役員（理事及び監事）と特殊の関係にある者が含まれていないか、履歴書若しくは誓約書又は候補者本人により宣誓書が発行されることにより確認を行う必要がある。確認を行う方法としては、監事の選任に当たり、欠格事由を有していないか、暴力団員等の反社会的勢力の者が含まれていないか、履歴書として差し支えないが、法人の判断によりこれらの書類を行うことも考えられる。指導監査を行う方法で確認を行うことに当たっては、法人が何らかの方法でこれらの事項を確認しているかを確認する。 ○　上記（注2）の特殊の関係にある者の③に該当しない場合であっても、関係行政庁の職員が法人の監事となることは、関係行政庁の職員が役員と監事をもって不当な関与を与えるものであり、不当な関与を行わないこと（同項第3号）と規定し、公私分離の原則を定める趣旨に照らすと適当ではないことに留意すること。関係行政庁の職員が法人の監事となることは第61条に国及び地方公共団体は法人の自主性を重んじ、不当な関与を行わないこと（第1項第2号）及び国（法人が国及び地方公共団体に対して不当に管理的援助を求めないこと）と規定し、公私分離の原則を定める趣旨に照らすと適当ではないことに所轄庁等関係行政庁は留意する必要がある。 ○　社会福祉協議会については、公私の関係にある者が役員となることのみをもって不当な関与を与えるものであることから、関係行政庁の職員が役員となることはいるべきないが（注3）の5分の1を超える割合を占める場合は、法により認められている。（注3）法第109条第5項。 ○　役員、すなわち、理事と監事に鑑みると、役員と監事の合計数について規定しているものである。 すなわち、理事と監事の合計数みれば、実際に理事会に参加できないことが多く、監事の合計数として欠席する。その結果、理事会の監査として不適当であることがあるため、法により認められている者が、当該年度及びその前年度において理事会において欠席し続けて不適当であると考えられる監事を2回以上続けて欠席している者であることによるものとする。（注3）法第109条第5項。 〈指摘基準〉 ○　次の場合は文書指摘することとする。 ・監事の選任手続において、監事候補者が欠格事由に該当しないこと、理事又は職員を兼ねていないこと、各役員と特殊の関係にある者が含まれていないこと、暴力団員等の反社会的勢力の者が含まれていないことを確認していないとき。 ・監事の選任手続において、監事候補者が欠格事由に該当する者が含まれていることが判明したとき。 ・法人が保有する書類により、監事と特殊の関係にある者、各役員と特殊の関係にある者、暴力団員等の反社会的勢力の者が役員又は監事になっている場合 ・社会福祉協議会において、関係行政庁の職員が役員総数の5分の1を超えている場合 ・理事会への欠席が常態化しており、関係行政庁の職員が慣例的に選任されていると考えられる監事がいる場合 〈確認書類〉 監事の選任手続における書類（履歴書、誓約書等）、役員名簿、役員又は監事の議事録 監事の選任手続における文書指摘において、名目、名簿、理事会及び評議員会の議事録

項目	監査事項	根拠	チェックポイント	着眼点、指摘点、確認書類
	3 法に定める者が含まれているか。	法第44条第5項	○ 社会福祉事業について識見を有する者及び財務管理について識見を有する者が含まれているか。	<着眼点> 監事は、監査を行うに当たり、法人の業務及び財産の状況を確認するものであることから、「社会福祉事業について識見を有する者」（注1）及び「財務管理について識見を有する者」（注2）が含まれている必要がある。（法第44条第5項） ・「社会福祉事業について識見を有する者」及び「財務管理について識見を有する者」について、それぞれ適正な選任手続により選任者の主観的な判断を受けていない限り、指摘を行うものではない。このため、指摘監事を有する者であることの証明を求める必要がない。 （注1）「社会福祉事業について識見を有する者」は例示であって、それらの者に限定されるものではないので、それらの者であることの証明を求めるものではない。また、それらの者に限定して指摘を行うものではない。 （注2）「財務管理について識見を有する者」として、公認会計士又は税理士が望ましい（「審査基準」第3の4の(5)）。また、社会福祉法人、公益法人や民間企業を経理・経営を担当した経験を有する者など法人経営に専門的知見を有する者が考えられるが、これらの者に限られるものではない。 <指摘基準> 次の場合は文書指摘によることとする。 ・ 選任された者のうちに「社会福祉事業について識見を有する者」がいない場合 ・ 監事のうちに「財務管理について識見を有する者」がいない場合 <確認書類> 監事の選任手続における書類（履歴書等）、役員名簿、理事会及び評議員会の議事録
(3) 職務・業務	1 法に定めるところにより業務を行っているか。	法第45条の18第1項、第45条の28第1項、規則第2項、規則第2条の26から第28まで、第2条の31、第2条の34から第2条の37まで	○ 理事の職務の執行を監査し、厚生労働省令で定めるところにより、監査報告を作成しているか。	<着眼点> 監事は、理事の職務の執行を監査し、監査報告を作成しなければならない（法第45条の18第1項）。 毎事業年度の計算書類及び事業報告並びにこれらの附属明細書、厚生労働省令で定めるところにより、計算書類及びその附属明細書（以下「計算関係書類」という。）、事業報告及びその附属明細書（規則第2条の26第1項）の監査、それぞれ監査報告を法及び規則に規定する規定に関する手続により作成する手続として規定されている。 ・ 監事の監査について、計算関係書類の監査と事業報告等の監査のそれぞれについて、監査報告の内容を理事等に通知する監査（特定監事）を定めることができる（この監査を定めることができない場合は、全ての監事が監査報告の内容を理事等に通知することとなる。規則第2条の28、第2条の34、第2条の37）。会計監査人設置法人では、計算関係書類に係る会計監査報告に係る会計監査報告並びに会計監査人非設置法人と会計監査人設置法人では会計監査人非設置法人と会計監査人設置法人では会計監査人非設置法人を前提とした規定であることから、それぞれ監査の内容は異なるものである（規則第2条の28）。 ・ 監査報告の内容は次のとおりである（規則第2条の27）。 ① 監査した社会福祉法人の計算関係書類の内容 ② 計算関係書類が当該社会福祉法人の財産、収支及び純資産の増減の状況を全ての重要な点において適正に

362

資　料　指導監査ガイドライン（抜粋）

項目	監査事項	根拠	チェックポイント	着眼点、指摘基準、確認書類
				表示しているかどうかについての意見 ③ 監査のため必要な調査ができなかったときは、その旨及びその理由 ④ 追記情報 　ⅰ 会計方針の変更 　ⅱ 重要な偶発事象 　ⅲ 重要な後発事象のうち、監事の判断に関して説明を付す必要がある事項又は計算関係書類の内容のうち強調する必要がある事項（規則第2条の27第2項） ⑤ 監査報告（注1）は、次に掲げる日のいずれか遅い日までに、特定理事（注2）に対し、計算関係書類について監査報告の内容を通知しなければならない（規則第2条の28第1項）。 ① 計算書類の全部を受領した日から4週間を経過した日 ② 計算書類の附属明細書を受領した日から1週間を経過した日 ③ 特定理事及び特定監事が合意により定めた日（合意がある場合） (注1) 計算関係書類についての監査報告の内容を通知すべき監事を定めたときはその監事、定めていない場合は全ての監事をいう（規則第2条の28第5項）。 (注2) 計算関係書類についての監査報告の通知を受ける職務を行った理事をいう（規則第2条の28第4項）。 い場合は計算関係書類の内容及びその監査報告の内容が相当ではない ろ（規則第2条の31及び第2条の34）。 ○ 監査報告の内容は次のとおりである（規則第2条の31）。 ① 会計監査の方法及びその内容 ② 会計監査人の監査の方法又は結果を相当でないと認めたときは、その旨及びその理由（会計監査人設置法人の計算関係書類について監査する場合を除く。） ③ 重要な後発事象（会計監査報告の遂行すべきものを除く。） ④ 会計監査人の職務の遂行が適正に実施されることを確保するための体制に関する事項 ⑤ 監査のため必要な調査ができなかったときは、その旨及びその理由 ⑥ 監査報告を作成した日 ・特定監事（注3）は、次に掲げる日のうちいずれか遅い日までに、特定理事（注4）及び会計監査人に対し、計算関係書類についての監査報告の内容を通知しなければならない（規則第2条の34第1項）。 ① 会計監査報告を受領した日から1週間を経過した日 ② 特定理事及び特定監事が合意により定めた日（合意がある場合） (注3) 計算関係書類についての会計監査報告の通知を受ける監事をいう（規則第2条の32第5項）。 (注4) 計算関係書類についての監査報告の通知を受ける職務を行った理事をいう（規則第2条の32第4項）。 めていない場合は全ての監事をいう（規則第2条の36）。 事業報告に係る監査については、次のとおり定められている。 ○ 監査報告等の内容は次のとおりである（規則第2条の36）。 ① 監査の方法及びその内容 ② 事業報告及びその附属明細書が当該社会福祉法人の状況を正しく示しているかどうかについての意見 ③ 当該法人の理事の職務の遂行に関し、不正の行為又は法令若しくは定款に違反する重大な事実があったときは、その旨及びその理由 ④ 監査のため必要な調査ができなかったときは、その旨及びその理由 ⑤ 監査に関連する内部管理体制に関する決議又は決定の内容が相当でない

363

項目	監査事項	根拠	チェックポイント	着眼点、指摘基準、確認書類
				と認めるときは、その理由及びその作成した日 ⑥ 監査報告を作成した日 　特定監査（注5）にあっては、次に掲げる日のいずれか遅い日までに、特定理事（注6）に対し、事業報告等についての監査の内容を通知しなければならない（規則第2条の37第1項）。 ① 事業報告を受領した日から4週間を経過した日 ② 事業報告の附属明細書を受領した日から1週間を経過した日 ③ 特定理事及び特定監事が合意により定めた日（合意がある場合） （注5）事業報告等の内容を通知すべき監事を定めたときはその監事、定めていない場合は全ての監事をいう（規則第2条の37第5項）。 （注6）事業報告等の内容の通知を受ける理事を定めた場合は当該理事、定めていない場合は当該監事の監査を受ける職務に関する監事をいう（規則第2条の37第4項）。 ○ 指導監査を行うにあたっては、監事の監査報告の作成及びその附属明細書の作成について、必要な事項が記載されているか、作成等の手続が法令に定めるところにより行われているか確認する。 ＜指摘基準＞ 次の場合は文書指摘によることとする。 ・監査報告に必要な記載事項が記載されていない場合 ・監事が期限まで（特定理事（計算関係書類については会計監査人設置法人にあっては特定理事及び特定監事及び会計監査人）に監査報告及び特定理事及び特定監事及び会計監査人）に監査報告の内容を通知していない場合 ＜確認書類＞ 監査報告、監査報告の内容の通知文書
		法第45条の18第3項により準用される一般法人法第100条から第102条まで	○ 理事会への出席義務を履行しているか。	＜着眼点＞ ○ 監事は、理事の職務の執行を監査する役割を有し、毎年度の監査報告の作成の義務を負うとともに、次の義務を負う（法第45条の18第3項に準用される一般法人法第100条から第102条まで）。 ① 理事の不正の行為をするおそれがあると認めるとき、又は法令、定款違反の事実若しくは著しく不当な事実があると認めるときは、その旨を理事会に報告すること。 ② 理事会に出席し、必要に応じて意見を述べなければならないこと。 ③ 理事が評議員会に提出しようとする議案、書類、電磁的記録その他の資料を調査すること。特に問題がなければその旨を、法令違反、定款違反の事実若しくは著しく不当な事実があると認めるときは、その旨を理事会に報告すること。なお、上記の②及び③は当該監事の職務の履行のため、特に問題なければその旨を監査報告の記載内容であり、上記②の義務を調査を行うにあたっては、当該内容を確認することが必要であり、指摘事項を行うにあたっては、監事が理事会に出席することは、理事や理事会の職務の執行に出席から重要であることから、法律上の義務を述べるほか、理事や理事会の職務の執行に対する牽制又は監事が出席できるよう理事会の日程調整を行う等の配慮を行う場合であり、理事会において監事が欠席した理事会がある場合である。 ＜指摘基準＞ 次の場合は文書指摘によることとする（所轄庁がやむを得ない事情があると認める場合を除く。）。 ・理事会に2回以上続けて欠席した監事がある場合 ・監事の全員が欠席した理事会がある場合 ＜確認書類＞ 理事会の議事録

資　料　指導監査ガイドライン（抜粋）

項目	監査事項	根拠	チェックポイント	着眼点、指摘基準、確認書類
6 審議状況 (1) 理事会	1 理事会は法令及び定款の定めに従って開催されているか。	法第45条の14第1項、同条第9項、法により準用される一般社団法第94条第1項、第2項	○ 権限を有する者が招集しているか。 ○ 各理事及び各監事に対して、期限までに招集の通知がされているか。 ○ 招集通知の省略は、理事及び監事の全員の同意により行われているか。	<着眼点> ○ 理事会は、各理事（理事会を招集する理事を定款又は理事会で定めたときは、その理事）が招集することとされている（法第45条の14第1項）。また、その他の理事は招集権者である理事に対して、理事会の目的である事項を示して、理事会の招集を請求することができる（同条第2項）。当該請求があった場合には、請求の日から5日以内に、理事会の招集通知が発せられない場合は、その請求をした理事が理事会を招集することができる（同条第3項）。 ○ 理事会を招集する者は、各理事及び各監事に対して理事会の日の1週間前（これを下回る期間を定款で定めた場合にあってはその期間）までに、理事及び監事の全員に対してその通知を発しなければならない（法第45条の14第9項）。ただし、理事及び監事の全員の同意があるときは、招集の手続を経ずに理事会を開催することができる（法第45条の14第9項により準用される一般社団法第94条第2項）。 なお、理事会の招集通知は、各監事に対しても発出する必要がある。 ○ 指摘監査を行うに当たっては、理事会を招集した理事が招集通知を期限まで発出しているか、招集通知を省略した場合は、全員の同意があるかを確認する。 ○ 招集通知の省略に当該同意があったことを記載する等、書面若しくは監事の同意、書面若しくは電磁的記録による何らかの形で保存できるようにしておくことが望ましい。 <指摘基準> 次の場合は文書指摘とする。 ・理事及び監事の全員の招集通知が発出されていない場合 ・招集権を有しない理事が招集している、招集通知を省略している場合 ・招集通知が省略された場合に、理事及び監事の同意が確認できない場合 <確認書類> 理事会の招集通知、理事会の議事録、招集通知を省略した場合の理事及び監事の全員の同意を証する書類
	2 理事会の決議は、法令及び定款に定めるところにより行われているか。	法第45条の14第4項、第5項	○ 決議に必要な数の理事が出席し、必要な数の賛成をもって行われているか。 ○ 決議が必要な事項について、決議が行われているか。 ○ 決議について特別の利害関係を有する理事が決議に加わっていないか。	<着眼点> ○ 理事会の決議は、議決に加わることのできる理事の過半数（定数）が出席し、その過半数をもって行われる（法第45条の14第4項、第5項）。 ○ 法律上、決議要件（定数）は議決に加わることのできる理事の過半数であるが、定款及び賛成数は理事の過半数を超える割合を定める場合には、その割合となる。なお、定款において、特定の議決については、過半数を超える割合をもって決することとすることもできる。 ○ 次の事項については、理事会の決議を要する。 ・評議員会の日時及び場所並びに議案・諸案の決定 ・理事長及び業務執行理事の選定及び解職 ・重要な役割を担う職員の選任及び解職

365

項目	監査事項	根拠	チェックポイント	着眼点、指摘基準、変更及び廃止
			○ 理事会で評議員の選任又は解任の決議が行われていないか。 ○ 書面による議決権の行使が行われていないか。	・従たる事務所その他の重要な組織の設置、変更及び廃止（特定社会福祉法人のみ） ・内部管理体制の整備（特定社会福祉法人のみ） ・競業及び利益相反取引の承認 ・計算書類及び事業報告等の承認 ・役員、会計監査人の責任の一部免除（理事長等に委任する場合に限る。） 　その他重要な業務執行の決定（定款に定めがある場合に限る。） ○ 理事会の決議は、決議に特別の利害関係を有していない理事が行ったことについての確認（法第45条の14第5項。）を行うことができない。この確認は、法人において行われるものであるが、その確認に関して特別の利害関係を有する法人について指導監査を実施する場合は、当該理事が加わっていないかについての確認は原則として閲覧を行うのであるが、当該理事について、理事の職務の執行に関する規程に、法人に申し出て議事録を発出した場合や、理事会の決議に届け出出なければならない、決議に利害関係を有する理事が個別の議案の議決の際に改めてその確認が必要ではなく、決議に利害関係を有する理事がいない場合には、議事録への記載も不要であるとも考えることに留意が必要である。 ○ 「特別の利害関係」とは、理事が、その決議について、法人に対する忠実義務（法第45条の16第1項）を履行することが困難と認められる利害関係を意味する（特別の利害関係がある場合としては、理事の競業取引（注2）や利益相反取引（注3）の承認（法第45条の16第4項により準用される一般法人法第84条第1項）や理事の損害賠償責任（注2）の決議（法第45条の20第4項により準用される一般法人法第114条第1項（法人の定款に規定する場合に限る。）等 （注2）理事が自己又は第三者のために当該法人の事業の部類に属する取引を行うこと （注3）理事が自己又は第三者のために法人と取引を行うこと ○ 理事若しくは理事長又は評議員を選任する旨の定款の定めは効力を有しないため（法第31条第5項）、指導監査若しくは理事会による評議員の選任又は解任は行っていないか。理事又は理事会が行うに当たり、書面による取扱いをすることはできなくなっており、評議員等による評議員の選任又は定款による選任を是正する規程等に基づきに補欠の推薦を行うことは可能である。なお、理事又は理事会は、評議員の選任等を行うに当たってはこの書面の行使がなされていないことを確認する。 ○ 書面による議決権の行使について、定款に定められていた場合には、この定めがある場合には理事会の書面決議の行使がなされていないかを確認する。 　平成28年改正法の施行前は、欠席した理事による書面行使（書面決議）が認められていたが、平成28年改正法の施行後は、理事会における対面（テレビ会議等による場合を含む。）により行うこととされており、書面決議の方法による書面は対面又は書面に準用される（法第45条の14第9項に準用される一般法人法第96条）。この場合には、理事会の全員の意思表示を記す書面に準備を置かなければならない（法第45条の15第1項）。また、当該理事の書面に同意の書面を徴収することが望ましい。 　議決を省略する当該議案について理事会の決議があったものとみなされたときは、理事会の全員の意思表示を記す書面又は電磁的記録は、理事会議事録の記載とし、決議が省略された場合を含むことを決議を省略する当該議案について理事会の決議があったものとみなされる場合については、6の(2)議事録を参照。（指導監査を省略する当該議案について理事会の決議があったものとみなされた日から10年間それらを備え置かなければならない。（規則第2条第17第4項第1号）、この場合において、監査役について監査が異議を述べることが望ましい。 　たとえば、決議要件を満たさなかった場合は、監査から当該議案について理事会の決議に加わっている場合 〈指摘基準〉 次の場合は文書指摘によることとする。 ・成立した決議について、法令又は定款に定めた定足数又は賛成数が不足していた場合 ・議案について特別な利害関係を有する理事が加わっていないことが書面で確認できていない場合 ・議案について特別な利害関係を有する理事が理事会の決議に加わっている場合

項目	監査事項	根拠	チェックポイント	着眼点、指摘基準、確認書類
				・理事会で評議員の選任又は解任が行われている場合 ・欠席した理事が書面による議決権の行使をしたこととされている場合 ・理事会の決議を要する事項について決議があったとみなされる場合 ・理事会の決議の省略があった場合に、理事全員の同意の意思表示及び監事が異議を述べないことを示す書面又は電磁的記録がない場合 ＜確認書類＞ 定款、理事会議事録、理事の職務の執行に関する規程、理事全員の同意の意思表示及び監事の異議を述べていないことを示す書面又は電磁的記録
	3 理事への権限の委任は適切に行われているか。	法第45条の13第4項	○ 理事に委任できない事項が理事に委任されていないか。 ○ 理事に委任される範囲が明確になっているか。	＜着眼点＞ ○ 理事会の権限である法人の業務執行の決定（法第45条の13第2項第1号）を、理事長等に委任することはできるが、法人運営に関する重要な事項（注1）等については、理事会で決定しなければならず、理事長等にその決定を委任することはできない（法第45条の13第4項）。また、理事へ権限を委任する際は、その責任の所在を明らかにするため、委任する権限の内容を明確にすべきである。指導監査を行うに当たっては、理事に委任されている権限の内容や理事等の決定となっているものなのかを規程等や理事会の議事録により確認する。 ○ なお、法令上、理事会で定める規程あるいは個別の決議によって行うことができ、理事に委任することができる事項がある場合は、理事会で定める規程あるいは理事会の規程の明確化のため、権限の明確化のために、法令上、必ずしも規程とはならないけれども、規程で定めるべきである。 （注1）重要な事項に委任することができない事項（第45条の13第4項各号） ① 重要な財産の処分及び譲受け、②多額の借財、③重要な役割を担う職員の選任及び解任、④従たる事務所その他の重要な組織の設置、変更及び廃止、⑤内部管理体制の整備、⑥役員等の損害賠償責任の一部免除 ○ なお、理事に委任することができない重要な事項のうち、①「重要な財産」、②「多額」の借財、③「重要な役割」を担う職員、④「重要な組織」の範囲については、法人が実施する事業の内容や規模等に応じて、法人の判断として理事会で決定されるべきものであるが、金額、職位、役職員等を具体的に決定するため、組織が行う事業等を具体的に決定するため、そのため、指導監査を行うに当たっては、これらの内容（金額等）についての判断を行うことではなく、理事会の決定において、理事会に委任される範囲が明確に定められているかを確認する。 ＜指摘基準＞ 次の場合は文書指摘によることとする。 ・理事に委任することができない事項が理事に委任されている場合 ・理事に委任されている範囲が理事会の決定において明確に定められていない場合 ＜確認書類＞ 理事会議事録、理事に委任する事項を定める規程等
	4 法令又は定款に定めるところにより、理事長等が、職務の執行状況について、理事会に報告としているか。	法第45条の16第3項	○ 実際に開催された理事会において、必要な回数以上の報告がされているか。	＜着眼点＞ ○ 理事長及び業務執行理事は、理事会（注1）において、3か月に1回以上職務の執行状況についての報告をする。ただし、3か月に1回以上の報告の相対的記載事項を定款で定めることにより、毎会計年度に4か月を超える同隔で2回以上（注2）とすることができる（法第45条の16第3項）。指導監査を行うに当たっては、理事長及び業務執行理事が定款の定める回数以上の報告をしているかを確認する。

367

項目	監査事項	根拠	チェックポイント	着眼点、指摘基準、確認書類
				(注1) この報告は、実際に開催された理事会の報告は、実際に開催された理事会の報告とならない。 (注2) 定款で理事会長及び理事長が業務執行の報告を「毎会計年度に4か月を超える間隔で2回以上」と定めた場合、同一の理事会の報告の間隔が4か月を超えている必要がある場合、会計年度ごとに、定数の定めにつき、前回理事会から4か月を超える間隔が空いていなくても差し支えない。例えば、定数の定めにつき、理事会を毎会計6月と3月に開催しているものではない場合、3月の理事会と当該理事会の開催が4か月を超えるものではないが、会計年度を超えていている報告については、当該間隔が4か月を超えるため、当該開催において報告を行う必要がある。 なお、理事会への報告事項については、理事及び監査の全員に当該事項を通知したときは、一般法人法第98条第1項、同条第1項の報告を要しない(法第45条の9第9項により準用される一般法人法第98条第2項)。ただし、競業又は利益相反取引した場合がある場合には、文書指摘によることがある。 <指摘基準> 理事会長及び業務執行理事(選任その年度において、理事会に1回以上〔定款に定めがある場合は、3か月に1回以上〔定款に定めがある場合〕)が、理事会に4か月を超える間隔で2回以上)において職務執行に関する報告をしていない場合は、文書指摘によることとする。 <確認書類> 定款、理事会の議事録
(2) 記録	1 法令で定めるところにより議事録が作成され、保存されているか。	法第45条の14第6項、第7項、第45条の15第1項	○ 法令で定めるところにより議事録が作成されているか。 ○ 議事録に、法令又は定款で定める議事録は署名人が署名又は記名押印がされているか。 ○ 議事録が電磁的記録で作成されている場合、必要な措置をしているか。 ○ 議事録又は同意書の意思表示の書面等の必要な期間備え置いているか。	<着眼点> ● 理事会は、法人の業務執行の決定等を決議により行う重要な機関であり、その決議の内容について、適切に記録される必要があるため、法令により議事録及び作成手続が定められている。 ① 議事録の記載事項は、次のとおりである(規則第2条第17第3項)。 ② 理事会における当該出席しない理事、監事又は会計監査人が理事会に出席した場合における日時及び場所(当該場所に存しない理事、監事又は会計監査人が理事会に出席した場合における出席の方法(例:テレビ会議)を含む。) i 招集権者以外の理事が招集することいずれかに該当するときは、その旨 ⅱ 招集権者以外の理事が招集を請求したこと(法第45条の14第3項) ⅲ 監事が招集を請求したこと(法第45条の18第3項により準用される一般法第101条第2項) ⅳ 監事が招集したこと(法第45条の18第3項により準用される一般法第101条第3項) ② 理事会の議事の経過の要領及びその結果 なお、理事会の決議に参加した理事であって、その決議に異議をとどめないものは、その決議に賛成したものと推定される(法第45条の14第8項)ことから、当該理事会に異議をとどめた理事は、議事録にその氏名、決議に関する各理事の賛否について正確に記録する必要がある。 ③ 決議を要する事項について特別の利害関係を有する理事があるときは、当該理事の氏名 ④ 次に掲げる規定により理事会で述べられた意見又は発言の内容があるときは、その意見又は発言の概要 i 監事が述べた理事会で行った理事会による報告(法第45条の16第4項により準用される一般法人法第92条第2項) ⅱ 理事が不正の行為をし、若しくは当該行為をするおそれがあると認めるとき、又は法令若しくは

資　料　指導監査ガイドライン（抜粋）

項目	監査事項	根拠	チェックポイント	着眼点、指摘基準、確認書類
				定款に違反する事実若しくは著しく不当な事実があると認めるときの監事の報告（法第45条の18第3項により準用される一般法人法第100条） iii 第3項により準用される一般法人法第101条第1項 ⑥ 理事長が必要があると認めた場合に行う監事の意見（法第45条の18第3項により準用される一般法人法第101条第1項）の、理事長以外の理事の氏名 ⑦ 理事会に出席した会計監査人の氏名又は名称（監査法人の場合） ⑧ 議長の氏名（議長が存する場合） ○ 理事全員の同意により理事会の決議があったものとみなされた場合（法第45条の14第9項により準用される一般法人法第96条）は、理事会の決議があったものとみなされた事項の内容（規則第2条の17第4項第1号）。 ① 理事会の決議があったものとみなされた事項の内容 ② ①の事項の提案をした理事の氏名 ③ 理事会の決議があったものとみなされた日 ④ 議事録の作成に係る職務を行った理事の氏名 ○ 理事、監事及び会計監査人が、理事会への報告事項について報告を要しないこととされた場合（法第45条の14第9項により準用される一般法人法第98条第1項）は、理事会において実際に報告があったものではないが、次の事項を議事録に記載する（規則第2条の17第4項第2号）。 ① 理事会への報告を要しないものとされた事項の内容 ② 理事会への報告を要しないものとされた日 ③ 議事録の作成に係る職務を行った理事の氏名 ○ 議事録について、その真正性を確保するため、出席者の署名又は記名押印に関する規定が設けられている。法律上、出席した理事及び監事は議事録に署名又は記名押印が必要とされているが、理事会署名人の範囲は定款の相対的記載事項である。定款に定めがある場合は、その定めるところにより、理事長及び監事の署名又は記名押印で足りることとなる（法第45条の14第6項）。なお、議事録は、書面又は電磁的記録により作成する（規則第2条の17第2項）。 ○ 議事録が書面をもって作成されている場合には、出席した理事及び監事が署名又は記名押印する。また、電磁的記録により作成する場合には、署名又は記名押印に代わる措置をとる（規則第2条の18第1項第1号、第2項）が、電磁的記録により重要な決定を行うものであり、書面又は電磁的記録の署名権 ○ 理事会は、法人の業務執行の決定等の重要な決定を行うものであり、理事会の日から10年間、議事録又は電磁的記録を主たる事務所に備え置く必要がある（1の2参照）には、理事会の議決を省略した書面又は電磁的記録の備え置きが必要となる（法第45条の15第1項）。 者が閲覧又は謄写を行えるようにする必要がある。また、理事会の日から10年間、議事録又は電磁的記録を主たる事務所に備え置く（法第45条の15第1項）。 ○ 指導監査を行うに当たっては、議事録に必要事項が記載されているか、理事会の議決を省略した書面等があるか、議事録又は電磁的記録の備え置きが主たる事務所に備え置かれているか確認する。 <指摘基準> 次の場合は文書指摘による。 ・ 議事録に必要事項が記載されていない場合 ・ 議事録に議事録署名人の署名等がない場合 ・ 必要な議事録又は理事全員の同意書面が主たる事務所に備え置かれていない場合 <確認書類> 定款、議事録、理事全員の同意書面を記した書類

項目	監査事項	根拠	チェックポイント	着眼点、指摘点、確認書類
(3) 債権債務の状況	○ 借入は、適正に行われているか。	第45条の13第4項第2号	○ 借入(多額の借財）は、理事会の決議を受けて行われているか。	<着眼点> ○ 多額の借財については、法人の経営に影響を与えるおそれがあるため、理事会が理事長等の理事に委任することができない。（法第45条の13第4項第2号）とされており、これに該当する多額の借財は、理事会の権限の範囲として明確に定めるべきものである。（定款例第24条参照）。 定款例第24条においては、「日常の業務として理事会が定めるものについては、理事長において、専決することができる」とされ、理事に、多額の借財等の規程を定めている場合には、理事会において、専決処理等が必要か否かの権限が委任されているものとして定める範囲を定める。なお、理事長等の理事への借入の委任は、全ての借財の決議が必要となる。理事長等の理事に委任する範囲として明確に定めるものである。なお、理事会において、理事長等の決議が必要ではない借入の権限が委任されている場合には、理事会の決議を受けた上で行われているかを確認する。 <指摘基準> 多額の借財（専決規程等がない場合は全ての借財）について理事会の決議を受けた上で行われていない場合は文書指摘による。 <確認書類> 定款、理事会議事録、借入金明細書（計算書類の附属明細書）、専決規程等、借入契約書等
7 会計監査人	1 会計監査人は定款の定めにより設置されているか。	法 第36条、第2項、第37条、法第13条の3（参考）法第45条の6第3項	○ 特定社会福祉法人が、会計監査人の設置を定款に定めているか。 ○ 会計監査人を定款に定めた法人は、会計監査人を設置しているか。 ○ 会計監査人が欠けたとき会計監査人を、遅滞なく選任しているか。	<着眼点> ○ 法人は定款の定めによって、会計監査人を設置することができる（法第36条第2項）。定款に会計監査人を設置しなければならない。会計監査人を設置することを定款に定めた法人（会計監査人設置社会福祉法人（2 内部管理体制）参照）は会計監査人の設置が義務付けられており、定款に会計監査人の設置について定めなければならない。 また、設置義務がない法人も定款の定めにより会計監査人を設置することができる（法第36条第3項）。 会計監査人設置社会福祉法人は、財務会計に関する事務処理の適正を通じて、指導監査が行われることから、定款に会計監査人を設置する場合に、特定社会福祉法人の補充のための検討や手続が進められているかを確認する。 ○ 法人の運営上会計監査人が欠けた場合に有する役割を通じ、財務会計に関する附属明細書（計算関係書類）を定めた法人が会計監査人を設置していないときは、指導監査の対象から、法人の業務執行理事に職務を行うべき者を選任しなければならない（法第45条の6第3項）。その職務を行うべき者を選任しない場合、決算時に計算関係書類の監査を行うだけでなく、会計年度を通じて設置するのが望ましい。また、会計監査人に関する事項は、いつでも会計監査人は一時会計監査人の職務を行うべき者を選任しなければならない（法第45条の19第3項）。法人の会計監査に関する附属明細書を運営しない法人は、運営するための監査を行う（3 同条第4項）。 ○ 会計監査人を設置した場合に、会計監査の監査を行うことから、会計年度の状況を調査することができる（法第37条）。監査は、会計監査人設置社会福祉法人は、法人の業務及び財産の状況を調査する場合である。 なお、会計監査人が欠けている場合に、会計監査人の補充のための検討や手続が進められているかを確認する。

資　料　指導監査ガイドライン（抜粋）

項目	監査事項	根拠	チェックポイント	着眼点、指摘基準、確認書類
				<指摘基準> 次の場合は文書指摘とする。 ・特定社会福祉法人が会計監査人の設置を定款に定めていない場合 ・定款に会計監査人を定めている法人が会計監査人を設置していない場合 ・会計監査人が欠けている場合に会計監査人の選任のための検討が進められていない場合 <確認書類> 定款、会計監査人の選任に関して検討を行った理事会議事録等
	2　法令に定めるとおりに選任されているか。	法第43条第1項、同条第3項により準用される一般法人法第73条第1項	○　評議員会の決議により適切に選任等がされているか。	<着眼点> ○　会計監査人の選任に当たっては、会計監査人として、公認会計士又は監査法人を評議員会において選任する（法第43条第1項、法第45条の2第1項）。 　評議員会で会計監査人の選任を行う際は、理事会は特定の公認会計士又は会計監査人候補の選定を行うに当たって、その業務の性質上、入札により最低価格を提示した者のみを選定の基準とすることは適当ではなく、複数の公認会計士等の中から提案等を求め、会計監査人の選任する候補とすることとし、法人において選定基準を作成し、通常の契約のルールとは別に、提案等を得るための方法をとることが適当である。 　なお、会計監査人候補の選定に当たっては、公認会計士法の規定により、計算書類の監査を行うことができない者（注1）は会計監査人となることができない（公認会計士法第24条の2第3項）ことから、このような者でないかを確認する必要がある。 （注1）公認会計士又は監査法人が、計算書類の監査を行うことができない者には次の場合がある。 　・公認会計士又はその配偶者が、当該法人の役員、これに準ずるもの若しくは財務に関する事務の責任ある担当者であり、又は過去1年以内にこれらの者であった場合（公認会計士法第24条第1項第1号） 　・公認会計士又は監査法人がその受任している報酬を受けている場合（公認会計士法第24条第1項第3号、同施行令第7条第1項第6号） ○　評議員会に提出された会計監査人の選任等の議案及び解任並びに再任しない（注2）ことに関する議案については、監事（法第43条第3項により準用される一般法人法第73条第1項により準用される上記評議員会の同意を得ることが必要である。これらの議案を提出するには上記評議員会の同意を得ることが必要である。 手続を経た上で、監事の過半数の同意を得ることが必要である。 （注2）会計監査人の任期は、選任後1年以内に終了する事業年度のうち最終のものに関する定時評議員会の終結の時までであるが（法第45条の3第1項）、その定時評議員会において再任しないとする決議がされなかったときは当該定時評議員会において再任されたものとみなされ、会計監査人を再任する際には、会計監査人の選任の手続と同様の手続を要しないものとみなされる（同条第2項）。そのため、会計監査人を再任する際に当該候補者に確認しているかを確認する。 <指摘基準> 次の場合は文書指摘とする。 ・評議員会の決議によること。

371

項目	監査事項	根拠	チェックポイント	着眼点、指摘基準、確認書類
				・理事会による会計監査人候補者の選任が適切に行われていない場合 ・理事会による会計監査人候補者の選定に当たって、候補者に対して、できない者でないことを確認していない場合 ・評議員会に提出された会計監査人の選任並びに解任等及び再任をしないことに関する議案について、監事の過半数の同意を得ていない場合 <確認書類> 評議員会の議事録、理事会の議事録、監事の過半数の同意を証する書類(理事会の議事録に記載がない場合)、会計監査人の選定に関する書類
	3 法令に定めるところにより会計監査を行っているか。	法第45条の19第1項、第2項	○ 省令に定めるところにより会計監査報告を作成しているか。 ○ 財産目録を監査し、その監査結果を会計監査報告に併せて記載又は記録しているか。	<着眼点> 会計監査人は、法人の計算関係書類(計算書類及びその附属明細書)(注)及び財産目録を監査し、会計監査報告を作成する(法第45条の19第1項、第2項)。 (注)会計監査の対象は、法人単位貸借対照表、法人単位正味財産増減計算書、法人単位資金収支計算書、法人単位事業活動計算書及びこれらに対応する附属明細書であり、本項中の計算書類及び附属明細書はこれらのものを指す。 ① 会計監査報告の記載事項は次のとおりである(規則第2条の30)。 ① 会計監査の方法及びその内容 ② 監査意見(法人単位計算書類及びその附属明細書が当該法人の財産、収支及び純資産の状況を全ての重要な点において適正に表示しているかどうかについての意見) (i) 無限定適正意見 (ii) 除外事項を付した限定付適正意見、(iii) 不適正意見、(iv) 意見不表明 ③ 追記情報 (i) 継続事業の前提に関する注記に係る事項、(ii) 会計方針の変更、(iii) 重要な偶発事象、(iv) 重要な後発事象 ④ 会計監査報告を作成した日 ・会計監査人は、次に掲げる日のいずれか遅い日まで(合意により定めた日があるときはその日)に、特定監事及び特定理事(※1)に対し、会計監査報告の内容を通知しなければならない(規則第2条の32第1項)。 ① 計算関係書類の全部を受領した日から4週間を経過した日 ② 計算書類の附属明細書を受領した日から1週間を経過した日 ③ 特定理事、特定監事及び会計監査人が合意により定めた日(合意がある場合) (※1)会計監査報告の通知を受ける監事を定めるときはその監事、定めないときは全ての監事(規則第2条の32第5項)。 (※2)会計監査報告の通知を受ける理事(規則第2条の32第4項)。 ○ 指導監査に関する職務を行う場合に当たっては、会計監査人が会計監査報告を作成し、会計監査人が期限までに特定監事及び特定理事に会計監査報告の内容を通知する。 <指摘基準> 次の場合は文書指摘によることとする。 ・会計監査人が必要な会計監査報告を作成していない場合 ・会計監査報告に必要な記載事項が記載されていない場合 ・会計監査人が期限までに特定監事及び特定理事に会計監査報告の内容を通知していない場合 <確認書類> 会計監査報告、会計監査人が必要な会計監査報告を特定監事及び特定理事に通知した文書

資　料　指導監査ガイドライン（抜粋）

項目	監査事項	根拠	チェックポイント	着眼点、指摘基準、確認書類
8 評議員、理事、監事及び会計監査人の報酬				○ 評議員、役員（理事及び監事）の報酬等（注）については、法人の公益性から、法人の事業運営の透明性の向上を図るために情報公開を徹底する観点から、報酬等の額について、次の方法で定める 　ⅰ　役員：定款で定める、又は、評議員会の決議により定める 　ⅱ　評議員、理事、監事の報酬等の支給基準を作成し、評議員会の承認を受け、公表する ②　評議員、理事、監事の報酬等の額の区分毎の報酬等の総額を公表する （注）「報酬等」とは、報酬、賞与その他の職務遂行の対価として受ける財産上の利益及び退職手当をいい、実費相当額を超えて支給を受ける場合には、報酬相当額は該当しないが、理事が職員を兼務している場合の職員部分の給与は含まない。また、理事及び監事の退職手当は、報酬等の利益及び財産上の利益及び退職手当は、報酬等の有無にかかわらず、必ず両方を規定する必要がある。 ○ 報酬等の支給基準について、民間事業者の役員の報酬等の給与、当該社会福祉法人の経理の状況その他の事情を考慮し、不当に高額なものとならないよう定める基準（水準）の妥当性について、民間事業に不当高額なものでないこと及び具体的な基準を作成し評議員会の承認を受けることと並びに、不当に支給基準及び報酬等の額を公表することにより担保する仕組みが適正に機能しているかを確認する必要がある。 ○ 報酬等の支給基準について、不当に高額なものとならないことを認めることには、原則として報酬等の額となるべき基準を別途作成する必要はない。支給基準に定める場合については、法人内においてこれらの仕組みが適正に機能しているかを確認する。
(1) 報酬	1 評議員の報酬等の額が法令で定めるところにより定められているか。	法第45条の8第4項により準用される一般法人法第196条	○ 評議員の報酬等の額が定款で定められているか。	<着眼点> ○ 評議員の報酬等の額は定款に定められる（法第45条の8第4項により準用される一般法人法第196条）ことから、定款の規定を確認する。また、定款の報酬等の額を定める必要があることに留意する必要がある。評議員の報酬等の額に係る定款の規定は所轄庁の認可事項であり、(2)の報酬等の支給基準や(3)の報酬等の関係で確定するものであることから、指導監査には文書指摘による。 <指摘基準> ○ 評議員の報酬等の額が定款で定められていない場合には文書指摘による。 <確認書類> 定款
	2 理事の報酬等の額が法令の定めるところにより定められているか。	法第45条の16第4項により準用される一般法人法第89条	○ 理事の報酬等の額が定款又は評議員会の決議によって定められているか。	<着眼点> ○ 理事の報酬等の額は、定款にその額を定めない場合には、評議員会の決議によって定める（法第45条の16第4項により準用される一般法人法第89条）ことから、定款に理事の報酬等の額を定めるか、定款の定めによって定められているかを確認する。なお、定

373

項目	監査事項	根拠	チェックポイント	着眼点、指摘基準、確認書類
				款にその額を定めていない場合であって、その報酬について無報酬とする場合には、評議員会で無報酬であると決議する必要がある。 <指摘基準> 理事の報酬等の額が定められていない場合は、文書指摘することとする。 <確認書類> 定款、評議員会の議事録
	3 監事の報酬等の額が法令に定めるところにより定められているか。	法第45条の18第3項により準用される一般法人法第105条第1項、第2項	○ 監事の報酬等が定款又は評議員会が定めることにより定められているか。 ○ 定款又は評議員会の決議によって監事の報酬総額のみが定められているときは、その具体的な配分は、監事の協議によって定められているか。	<着眼点> ○ 監事の報酬等の額は、理事の報酬等の額と同様に、定款にその額を定めていない場合には、評議員会の決議によって定める（法第45条の18第3項により準用される一般法人法第105条第1項）ことから、定款又は評議員会の決議によって定められているか確認する。 　なお、無報酬である場合には、評議員会の決議で定めることを原則とする。 　定款又は評議員会の決議によって監事の報酬等を定めるときは、その具体的な配分は、監事の協議による（法第45条の18第3項により準用される一般法人法第105条第2項、第3項）。この監事の協議は全員一致の決定により具体的な配分がなされることから、監事の全員一致の決定による決定が行われているかを確認する。 　なお、この場合の具体的な配分の協議については、手続的な記録を残すべきものであり、法人又は監事において、監事の全員一致に基づいて支給されるべきであり、監事の全員一致の決定内容を記載・記録した書類を作成すべきである。 <指摘基準> 次の場合は文書指摘することとする。 ・定款又は評議員会の決議によって監事の報酬等の額を定めていない場合 ・定められていない場合 ・評議員会の決議によって監事の報酬総額のみが定められている場合に、監事の報酬等の具体的な配分が定められていない場合 <確認書類> 定款、評議員会の議事録、監事の報酬等の具体的な配分の決定が行われたこと及びその決定内容を記録した書類
	4 会計監査人の報酬等を定める場合に、法令に定めるところにより定められているか。	法第45条の19第6項により準用される一般法人法第110条	○ 会計監査人の報酬等を定める場合に、監事の過半数の同意を得ているか。	<着眼点> ○ 会計監査人の報酬等については、評議員や役員と異なり、法令上定款又は評議員会の決議と異なり、会計監査人の業務執行に関するものとして、監事の過半数の同意を得ることとなる（法第45条の19第6項により準用される一般法人法第110条）。指導監査の際には理事等が定めるかを確認する。 　同意を得ているかを確認する。 　なお、理事が会計監査人の報酬等を定める際に監事の過半数の同意を得る際には、会計監査人の署名又は記名押印により、監事の過半数の同意を得ていたことが確認できる書類とは別に監事の過半数の同意を得たことを証する書類を作成する際に監事の過半数の同意を得ていたことが確認できる書類を作成する必要がない。

資　料　指導監査ガイドライン（抜粋）

項目	監査事項	根拠	チェックポイント	着眼点、指摘基準、確認書類
(2) 報酬等支給基準	1　役員及び評議員等の支給に対する報酬等の支給基準について、法令の定めるところにより、支給の基準に定め、公表しているか。	法第45条の35第1項、第2項、規則第2条の42	○　理事、監査及び評議員に対する報酬等について、厚生労働省令で定めるところにより、支給の基準を定め、評議員会の承認を受けているか。	＜指摘基準＞ 会計監査人の報酬等を定める場合に監事の過半数の同意を得ている場合は、文書指摘による同意の過半数の同意を得たことを証する書類。 ＜確認書類＞ 理事会の議事録、監事の過半数の同意を得たことを証する書類 ＜着眼点＞ 法人の経理に対する報酬等について、民間事業者の役員の給与、当該法人の経理の状況その他の事情を考慮して、不当に高額なものとならないような支給の基準を定めなければならず（法第2条第2項）、支給基準については、評議員会の承認を受けなければならない（同条第1項）。また、支給基準については、評議員会の承認を受けなければならない（同条第2項）。 ①　役員等の勤務形態に応じた報酬等の区分 役員等の内容については、次の事項に応じた報酬等の区分として、役員等の勤務形態に応じて報酬等の区分に応じて報酬額を定めることが考えられる。常勤・非常勤別に報酬額を定めることが考えられる。 ②　報酬等の金額の算定方法 報酬等の金額の算定方法としては、報酬等の算定の基礎となる額、役職、在職年数など、どのような過程を経てその額が算定されたか、法人として説明責任を果たすことができる基準を設けること考えられる（注1～注4）。 （注1）評議員会が、理事や評議員一人当たりの上限額については評議員会が決定するというような規程は許容される。各理事の具体的な報酬金額については職員 （注2）退職慰労金について、監事や評議員については理事会が決定するという規程や、単に職員の月例給与に在職年数に応じた支給率を乗じた算出した額を上限に各理事について報酬について理事会で算定する方法も許容される。 （注3）法人は、国等の地方公共団体の職員と一体のものとして定めるとともにする。評議員の算定方法については理事会が。 （注4）評議員会の決議によって定められた支給基準に準じて決定するという規程や、具体的な報酬額が決定されるのかを第三者が理解することは困難であり、法人として説明責任を果たすことができないため、認められない。 ③　支給の方法 支給の方法については、支給の時期（毎月か出席の都度か）、各月又は各年のいつ頃か）等が考えられる。 ④　支給の形態 支給の形態については、現金・現物の種類別等を記載する。ただし、報酬額につき金額の記載しかない場合は、［現金］等である旨の記載がなくても差し支えない。 など、金銭支給であることが客観的に明らかな場合は、［現金］等である旨の記載がなくても差し支えない。 なお、理事、監査及び役員の報酬等の支給基準については、定款や評議員会の決議で定めた支給基準と整合性を図る必要がある。 指導監査を行うに当たって、理事、監査及び評議員に規定すべき支給基準について、民間事業者の役員の給与、当該法人の経理の状況その他の事情を考慮した上で定めるものであることについて、どのような検討を行ったかを含め、具体的に説明できる 指導監査を行うに当たっては、理事、監査及び評議員の報酬等の支給基準が定められており、また、当該支給基準に規定された事項に係る報酬等の支給が「不当に高額」であるかどうかについては、所轄庁が「不当に高額」であるかどうかが認。

375

項目	監査事項	根拠	チェックポイント	着眼点、指摘点、確認書類
				める場合は、法人で支給基準を作成する際に、民間事業者の役員の報酬等及び従業員の給与、当該法人の経理の状況その他の状況を勘案して検討が行われたかを確認する（具体的な検討内容は問わない）。 次の場合は文書指摘によることとする。 ・理事、監事及び評議員の報酬等の支給基準が作成されていない場合 ・理事、監事及び評議員の報酬等の支給基準について評議員会の承認を受けていない場合 ・理事、監事及び評議員の報酬等の支給基準において規定すべき事項が規定されていない場合 ・理事、監事及び評議員の報酬等の支給基準が定めた報酬等の額と整合が取れていない場合 ・支給基準を作成する際に、民間事業者の役員の報酬等及び従業員の給与、当該法人の経理の状況その他の事情を勘案した検討が行われていない場合 <確認する書類> 理事、監事及び評議員の報酬等の支給基準、評議員会の議事録
		法第59条の2第1項第2号、規則第10条	○ 理事、監事及び評議員の報酬等に対する報酬等の支給の基準を公表しているか。	<着眼点> ○ 理事、監事及び評議員の報酬等に対する報酬等の支給の基準については、法人の透明性を確保するため、評議員会の承認を受けたときは、公表することが義務付けられている。（法第59条の2第1項第2号）、法人（又は法人が加入する団体）の公表の方法については、インターネットの利用（原則として、ホームページ）により行う（規則第10条第1項）。 ○ 指摘監査を行うに当たっては、インターネットの利用による公表がなされているかを確認する。 <指摘基準> 理事、監事及び評議員の報酬等に対する報酬等の支給の基準がインターネットの利用により公表されていない場合は、文書指摘によることとする。 なお、法人が法人のホームページの利用による公表を行うことができないやむを得ない事情がある場合には、所轄庁が、この限りではなく、法人が適切にインターネットの利用による公表を行うことができるよう助言等の適切な支援を行うものとする。
(3) 報酬の支給	1 役員及び評議員の報酬等が法令等に定めるところにより支給されているか。	法第45条の8第4項により準用される一般社団法人法第196条、法第45条の16第4項により準用される一般社団法人法第89条、法第45条の18第3項により準用される一般社団法人法第105条、法第45条の35第1項、第2項、規則第2条の42	○ 評議員の報酬等が定款により定められた額及び報酬等の支給基準に従って支給されているか。 ○ 役員又は評議員の報酬等が定款により定められた額及び報酬等の支給基準に従って支給されているか。	<着眼点> ○ 評議員の報酬等については、（1）の定款で定められた額に従って支給される必要がある。また、役員の報酬等については、（1）の報酬等の支給基準に従って支給する必要がある。 ○ 指摘調査を行うに当たっては、評議員及び役員の報酬等が、定款等で定められた額及び報酬等の支給基準に反するものとなっていないかを確認する。 <指摘基準> 次の場合は文書指摘によることとする。 ・定款により定められた額又は報酬等の額が定款等で定められた額を超えている場合 ・支払われた報酬等の額が報酬等の支給基準に規拠がない場合 <確認書類> 定款、評議員会の議事録、報酬等の支給基準、報酬等の支払いの内容が確認できる書類

資　料　指導監査ガイドライン（抜粋）

項目	監査事項	根拠	チェックポイント	着眼点、指摘基準、確認書類
(4) 報酬等の総額の公表	1 役員及び評議員の報酬等について、法令に定めるところにより公表しているか。	法第59条の2第1項第3号、規則第2条の41、第10条	○ 理事、監事及び評議員の区分ごとの報酬等の総額について、現況報告書に記載の上、公表しているか。	<着眼点> ○ 法人運営の透明性を確保する観点から、役員及び評議員の報酬等の総額については、理事、監事及び評議員の区分ごとにその総額を現況報告書に公表する。 （注）理事の報酬等の総額について、職員を兼務しており、その職員給与も含めて公表する。ただし、職員給与を受けている理事が1人であって、個人の職員給与が特定されてしまう場合には、職員給与を受けている理事がいる旨を明記した上で、当該理事の職員給与額を含めずに理事の報酬等の総額として公表することとして差し支えない。 ○ 公表の方法については、インターネットの利用により行うこととされている（規則第10条第1項）が、行政機関等のインターネットの利用による「社会福祉法人の財務諸表等電子開示システム」を利用した届出を行い、当該システムによりその内容を公表した場合には、法人が公表するものとみなす（規則第10条第2項）。 ○ 指導監査においては、理事、監事及び評議員の区分ごとにその報酬等の総額について、現況報告書に記載した届出がなされているかを確認する。 <指摘基準> 理事、監事及び評議員のそれぞれの報酬等の利用により公表されておらず、かつ、財務諸表等電子開示システムを利用した届出がなされていない場合は、文書指摘によることとする。
III 管理 1 人事管理	1 法令に従い、職員の任免人事管理を行っているか。	法第45条の13第4項第5号	○ 重要な役割を担う職員の選任及び解任は、理事会の決議を経て行われているか。 ○ 職員の任免は適正な手続により行われているか。	<着眼点> ○ 職員の任免は、理事会で定める規程あるいは個別の決議により、その決定を理事長等に委ねることができるが、施設長等、その選任及び解任を担う職員の選任及び解任については、法人の事業運営への影響がある（法第45条の13第4項第3号）。この「重要な役割を担う職員」の範囲については、定款又は定款の委任を受けた理事会において明確に定めておくべきである（Iの6「重要な役割を担う職員」の3参照。 ○ 指導監査を行うに当たっては、その手続等について相互に理解の程度に明確に定めている程度に基づいて適切に行われているかを確認する。なお、当該指導監査における職員の範囲については、「重要な役割を担う職員」に関してどの程度を占めているか否かの範囲については、その他の職員に関しては必要に応じて行うものとする。 <指摘基準> 次の場合は文書指摘によることとする。 ・「重要な役割を担う職員」として定める職員の選任及び解任について、理事会の決議を経ずに行われている場合 ・職員の任免が法人の規程等に定める手続により行われていない場合 <確認書類> 理事会の議事録、職員の任免に関する規程、辞令又は職員の任免について確認できる書類
3 会計管理 (3) 会計処理	資金収支計算書	留意事項2の(1)、(2)	○ 資金収支計算書は、定款の定め等に従い適正な手続により	<着眼点> ○ 法人は、毎年度、全ての収入及び支出について予算を編成し、資金収支予算書を作成した上で、その予算に基づいて事業活動を行うものとする。また、資金収支予算書は、事業計画を基に、各勘定区分

377

項目	監査事項	根拠	チェックポイント	着眼点、指摘基準、確認書類
			り作成されているか。	ごとに資金収支計算書の勘定科目に関する手続に準拠して作成しているか（留意事項2の(1)、(2)）。 資金収支予算書の作成手続は法定されていないが、収入支出予算の編成又は法人の運営に関する重要事項であり、その作成方法に関して定めておくべきである。（注） （注）定款例第31条第1項では、毎会計年度開始の日の前日までに、予算は理事長が作成し、 （例1）理事会の承認 （例2）理事会の決議を経て、評議員会の承認 を受けなければならないとしている。 ※ 定款において、予算を評議員会の承認事項とすることは、租税特別措置法第40条の適用を受ける場合の要件とされているため、同条の適用を受ける場合には、定款等に定める手続により資金収支予算書が作成されているかを確認する。 ○ 指導監査を行うに当たっては、定款等に定める手続が定款等により作成されているかを確認する。 <指摘基準> 資金収支予算書が定款等に定める手続により作成されていない場合は、文書指摘とする。 <確認書類> 資金収支予算書、定款、理事会議事録、評議員会議事録
		留意事項2の(2)	○ 予算の執行に当たって、変更を加えるときは、定款等に定める手続を経ているか。	<着眼点> ○ 法人は、予算の執行に当たって、年度途中で予算との乖離事由が見込まれる場合は、必要な収入及び支出及び支出について予算との乖離が生じないものであるが、乖離額等が法人の運営に支障がなく、軽微な範囲にとどまる場合は、この限りではない（留意事項2の(2)）。 ○ 理事長等法人の業務執行権限及び責任を有する理事については、定款や経理規程について明確に決定・承認された範囲内で権限及び責任を有するものであり、補正予算を編成する場合の手続について、法人の定款・経理規程するため、当初予算を変更し、補正予算を編成する場合において、定めておくべきものであるが、規程や予算等において定めておくべきであって予算の執行に関する理事長等の範囲内で、支出が当初予算より増加する場合や収入が当初予算より減少する場合であっても予算どおりに支出を行うことで文書乖離が生じるため、補正予算を行う場合において、予算の変更又は補正予算の編成を行う場合には、理事長等予算の執行を担当する理事会等において説明等を行い乖離の対応を行うことが適当である。 （注）定款例第31条第1項に当たっては、予算の変更又は補正予算は作成と同様の手続を経るものとする。 ○ 指導監査を行うに当たっては、予算に経微な範囲とはいえない乖離が予算と定款が定める手続に従って編成されているか確認する。なお、予算に経微な範囲における予算と定款との乖離が生じている場合には、上記の規程や予算の執行における基準が定められているか、基準が定められていない場合にあっては、理事会等において説明等が行われているか乖離から見て明らかに経微とはいえない乖離が生じている手続が行われているか確認する。 <指摘基準> 次の場合は文書指摘によるものとする。 ・予算とその執行に予算と見えない乖離があるが、補正予算が定款等に定める範囲で行われていない場合 ・補正予算の編成について、定款等に定める手続が行われていない場合 <確認書類> 資金収支予算書、資金収支計算書、定款、理事会議事録、評議員会議事録

著者紹介

○菅田　正明（すがた　まさあき）

法律事務所First Penguin代表弁護士
社会保険労務士
中央大学大学院法務研究科実務講師

横浜市役所で社会福祉法人・高齢者施設の実地指導・監査業務等に従事した後に弁護士になる。前職の経験を活かし、社会福祉法改正対応業務、実地指導・監査対応、職員研修等に取り組む他、社会福祉法人の顧問弁護士として役員会の運営アドバイス及び職員対応、就業規則作成等の労務問題への対応実績多数

【著書】
Q＆A社会福祉法人制度改革の解説と実務（ぎょうせい、2017）

【研修・セミナー実績】
「社会福祉法人制度改革対応研修」（東京都社会福祉協議会）
「指導監査ガイドラインと理事会・評議員会運営実務」（山梨県社会福祉協議会）
「社会福祉法人制度改革「後」における予算・決算承認理事会から評議員会開催までの手続方法」（全国公益法人協会）
「社会福祉法人における労働時間管理・問題職員対応の実務」（日本経営協会）
「自治体職員向け　民法改正セミナー」（横浜市役所）など多数

社会福祉法人
評議員会・理事会運営と指導監査Q＆A

2018年6月25日　第1刷発行
2024年5月31日　第7刷発行

著　者　菅田　正明

発　行　株式会社**ぎょうせい**

〒136-8575　東京都江東区新木場1-18-11
URL：https://gyosei.jp

フリーコール　0120-953-431

ぎょうせい　お問い合わせ　検索　https://gyosei.jp/inquiry/

〈検印省略〉

印刷　ぎょうせいデジタル㈱　　　　　　　　　　　©2018 Printed in Japan
※乱丁・落丁本はお取り替えいたします。

ISBN978-4-324-10485-9
(5108420-00-000)
[略号：社福監査]